改訂第三版

税法の読み方 判例の見方

松蔭大学大学院教授
税理士

伊藤義一
Yoshikazu Ito

TKC出版

推薦のことば

　職業会計人は、それが租税法という法律を実践する職業である限り、「租税正義」という旗標をもつ「法律家」でなければならない。これは、私の長年の主張である。

　そして、職業会計人は、仮にも税務当局の法の解釈に誤りがあれば、断固これを指摘してその是正を求め、ひいては広く社会における税制に関して啓蒙し、世論を指導してこそ、単なる「税務の専門家」ではなく、「法律家たる税理士」としての誇りを持って職務に当たることができるといえよう。

　そのためには、職業会計人がリーガル・マインド（法的思考）とリーガル・リテラシー（法律を読み、活用できる能力）を持つ必要がある。

　幸い、TKC税務研究所の伊藤義一君は、長年にわたり大蔵省主税局に勤務して税法改正の立案作業に従事したという経験を踏まえ、この度『税法の読み方　判例の見方』を上梓された。

　本書を、ひろく職業会計人諸君に推薦する。

　是非、本書からリーガル・マインドとリーガル・リテラシーを得るに至る糸口を掴み、そして、「法律家たる税理士」の立場の確立と租税正義の確立に資することを願ってやまない。

　平成10年12月吉日

TKC全国会会長・弁護士
日本大学大学院法学研究科講師

松　沢　　智

改訂に当たって

　平成19年の改訂新版の上梓から早や6年の月日が経過した。その間、毎年のように税制改正が行われ、また、これまで税に関して支配的であった考え方を根底から覆す判決もいくつか見受けられる。
　本書は、基本的な税法の読み方と判例の見方について解説しているものであるから、上記の税制改正や判決の動向によって直ちに影響を受けるものではないが、例示の引用条文等をもっと多くして欲しいとか、最新の引用条文にして欲しいといった要望が税理士や税法学担当教授等から寄せられており、かねてから、これに応えたいと考えていたところであった。今回、その機会を得て、本書の内容を一新することができるのは、誠に幸せである。

　今回の改訂に当たっては、読者の理解の容易化のために例示の引用条文をさらに多くし、その際、従前からの引用条文のほか、法人税法の条文をなるべく多く引用するように心掛けた。また、判例の見方については、本書でいわんとしていることが読者に直ちに伝わることを願い、引用判決を入れ替えた。
　さらに、初心者の方々にも理解し易くするため、平易な表現となるように心掛けたが、本書の性質上、限界があることを了解されたい。

　世に条文の読み方に関する著書は数多く出回っている。しかし、それらの多くは、当然のことながら税法に限定されたものではなかったり、また、税法条文に限定されたものであっても、理論面及び技術面の両面から解説したものは少ない。ましてや、判例の重要性にまで触れたものは殆ど見当たらない。
　本書は、税法学に関する研鑽を志す学徒をはじめ、現職の税理士、税務職員の要請にも十分に応えることができる程度の高い内容を含んでい

る。本書が、そのような方々の一層の研鑽や適正な業務遂行の一助となれば、これに勝る喜びはない。

　終わりに、株式会社TKC出版の中村秀樹次長の献身的なご努力がなければ、本書が日の目を見なかったことを付言し、感謝の意を表する次第である。

　平成25年11月吉日

著者しるす

改訂に当たって
〔改訂新版の序〕

　平成11年の初版は、幸いにして江湖の好評を博し、とりわけ、第9回租税資料館賞を受賞したことは、望外の幸せであった。
　その後8年を経過したが、その間、法令改正や判例の変遷もあり、各地の大学教授をはじめ多くの方々から是非改訂版をとの声があったところ、株式会社TKC代表取締役飯塚真玄氏のご推挽を得て、これらを織り込んだ改訂版を世におくる。

　この8年間に本書の「税法の読み方」や「判例の見方」を演題とした講演は、全国各地で実に100回近くもあり、その受講者は1万3,000人にも上る。
　この改訂版は、この講演等における受講者からのご質問や私自身で気が付いた点を添削し、あらたに内容の理解を助けるためにポイントを設け、できる限り、図表も充実させた。
　本書の意図するところは、初版発刊の際に、第2代TKC全国会会長松沢智先生から頂戴した「推薦のことば」に尽きるが、重複をお許しいただければ、職業会計人は、リーガル・マインド（法的思考）とリーガル・リテラシー（法律を読み、活用できる能力）を持つべきであるとして、そのための一助となることである。この考え方は、随所に現れているとは思うが、とりわけ、第3章第4節の「公正な解釈のために」と第4章第5節の「判例は実務における攻撃防御の強力な武器」に集約されている。

　納税義務の適正な実現は、税理士の使命であることはもち論、税務職員の使命でもあり、この両者の使命は、法律解釈を通して究極的には一致する。

本書が、さらに読者諸氏の租税正義の実現に資することができれば幸いである。

　改訂に当たり、株式会社TKC代表取締役飯塚真玄氏のご推挽に感謝し、併せてTKC出版中村秀樹次長の格別のご協力に謝意を表する次第である。

平成19年3月吉日

著者しるす

はじめに
〔初版の序〕

　本書が世に出るに至った契機は、そもそも 3 年前に遡る。

　当時の TKC 全国会某有力役員先生が、私が大蔵省主税局で長年にわたり税制改正のための調査、企画、立案を担当し、税法条文を書いていたという経歴をお知りになり、是非、傘下税理士のために「税法の読み方」を書いてほしいと要請されたことに始まる。

　そのとき私は、昭和 48 年 2 月頃の主税局係長時代に「税と経営」という雑誌に「税法の読み方」を 3 回にわたり連載したことを想い出し、税理士先生のお役に立つことができればとそれを膨らませて、TKC 税務研究所の機関誌「税研時報」(11 巻 2 号・12 巻 1 号) に連載することにした。そして、執筆するにつれて次第に欲が出て、単なる方法論の解説にとどまらず、この機会に私自身が絡んだ事件等についてそのときの考え方を残しておきたいという想いもあり、そのようなエピソードもいくつか挿入した。そのため、方法論の解説書としては、やや書き過ぎの箇所も多々あるが、立法の背後を知るという意味において、参考になればと考えている。

　また、誠に失礼ながら、税理士先生方は判例にあまり慣れておられないことも知ったので、「判例の読み方」まで広げることにした。

　ところが、この連載が極めて好評で、各地の税理士先生方の研修用はもとより、税務大学校の本校をはじめ各地域研修所からも教材にと「税研時報」を求める声が相次ぎ、また、各地での講演依頼も相次いだのである。

　そして今回、TKC 会員先生方をはじめ、内外のご支持を受けて、単行本として刊行するに至ったことは誠に身に余る光栄であり、感謝に堪えない。

本書は、序章「法律家たる税理士のために」に続き、第1章が「税法の構成」、第2章が「法令解釈の必要性とその原理」、第3章が「税法の読み方」、第4章が「判例の読み方」となっている。

　まず、第1章に「税法の構成」を書くこととしたのは、税法を解釈するためには、国税通則法等の共通法と所得税法等の個別各税法との関係を理解し、何がどこに書いてあるかということと、何と何とを検索しなければならないかということを知る必要があるからである。第2章及び第3章は、これらを踏まえた上で、解釈に際しての基本的態度と技術、即ち考え方の柱とコツが書かれている。第4章は、判例の重要性、判例を読むときの基本的態度、判例の射程範囲、予測等について書かれている。

　本書は、税理士先生を念頭に置いて書かれているが、税理士を目指す学生諸君はもちろんのこと、現職の税務職員にとっても有益な書となると考えている。

　本書が、税法を容易に読みこなして正しく理解し、かつ判例を正しく読んでその射程範囲を知り、具体的事件に適用するための一助となり、ひいては法律家としての税理士の立場を確立し、租税正義に資することができれば幸いである。

　本書について、幾多の貴重なアドバイスとご示唆を下さった多勢陽一先生、平山紀美子先生、東郷毅志先生、単行本として出版することをお勧め下さった株式会社TKC飯塚真玄社長、それに私の堅い文章を読みやすく平易な記述にして下さったTKC出版中村秀樹課長に感謝の意を捧げる。

　平成10年12月吉日

著者しるす

目 次

序　章　「法令を読み解く力」「判例を活用する力」を養うことがなぜ必要か ―― 1

1. 解説や通達は、すべてのケースを網羅しているわけではない　3
2. 法令を読まずに解説や通達のみに頼ると失敗する　4
3. 条文を読んでも正確な解釈ができなければ失敗する　6
4. さらに、判例を活用する力を養うことも大切　9

第1章　税法の構成 ―― 11

第1節　税法の構成と解釈との関係 ―― 13

1. 適用すべき法令の発見　13
2. 税法には際立った特色がある　14
3. 実質面では公共的性格などの特色が　15
4. 形式面では画一的規律などの特色が　16

第2節　成文の税法 ―― 18

1. 「租税法律主義」は憲法上の要請　18
2. 法文上の表現は抽象的　20
3. 政省令では法律の委任なく権利の制限等ができない　21
4. 「委任命令」と「実施命令」の違い　23
5. 条例や条約も成文の税法に含まれる　24

第3節　不文の税法 ―― 26

1. 制定法の解釈を補い、欠缺等を補填する「判例」　26
2. 通達、裁決等が果たす役割も大きい　27

第4節　税法の構成 ―― 30

1　税法は、「実体法」「手続法」「救済法」「処罰法」の4種類　*30*
　　2　各税法に共通する部分をまとめたものが「国税通則法」　*31*
　　3　通則法と各税法とは"一般法と特別法の関係"　*32*
　　4　国税通則法以外の共通法の位置づけ　*36*

第2章　法令解釈の必要性とその原理 ——————— *39*

第1節　法令解釈の必要性 ——————————— *41*

　　1　抽象的な法文を具体的事件に当てはめるために法令解釈は不可欠　*41*
　　2　法令解釈の必要性の例──簡単に見えても難しい「日の出」、「日没」の解釈　*43*
　　3　法令解釈の必要性の例──趣旨解釈が求められた"旧入場税の納税義務者"　*44*
　　4　法令解釈の必要性の例──適用が違憲とされた"相続税の3年縛り"（大阪地裁平成7年10月17日判決・LEX/DB22008371）　*45*
　　5　規定の種類によって解釈が異なる──訓示規定と効力規定、強行規定と任意規定、創設規定と確認規定　*46*
　　6　解釈には通説、多数説、少数説など数多く存在する　*48*

第2節　解釈の原理──基本的態度と方法 ——————— *50*

　　1　解釈の基本的態度──「正義と公平」と「結論の妥当性」　*50*
　　2　法令解釈の方法は「法規的解釈」と「学理的解釈（文理解釈・論理解釈）」の2種類　*52*
　　3　「法規的解釈」（立法解釈）は法令自体が下す解釈　*53*
　　4　通達や内閣の統一解釈は一つの"行政解釈"に過ぎない　*56*
　　5　学理的解釈〈その1〉──「文理解釈」　*57*
　　6　税法の解釈は、基本的に民法等が大前提　*58*
　　7　文理解釈では税法特有の概念に注意　*59*
　　8　杓子定規な文理解釈は禁物　*61*
　　9　文字や用語の意味は相対的　*62*

10　学理的解釈〈その2〉――「論理解釈」　*64*
11　「拡張解釈」は文言（文字ないし文章）の意味を若干拡げる　*65*
12　「縮小解釈」は拡張解釈の逆の手法　*67*
13　「変更解釈」は立法上のミスが明白な場合等に限る　*68*
14　「反対解釈」は規定の裏に隠されている意味を読み取る　*68*
15　「類推解釈」は反対解釈とは同様の状況で逆の結論を導く　*69*
16　「もち論解釈」は類推解釈の採用が当然な場合に　*72*
17　論理解釈の古典的事例"靴、草履の外、昇るべからず"　*73*
18　適用法令が複数の場合の優先順位　*74*
19　「法令の所管事項の原理」により、所管外の規定は無効　*75*
20　「法令の形式的効力の原理」により、憲法違反の税法も　*75*
21　「特別法優先の原理」により、租税特別措置法を優先適用　*76*
22　「後法優越の原理」により、新法令を優先適用　*77*
23　租税正義の要請に合致した解釈を　*78*

第3章　税法の読み方　*79*

第1節　法律の全体像の把握　*81*

1　法律の全体像を把握する　*81*
2　その条文に関連する法令等を見る　*84*

第2節　解釈の前提――「事実の確定」と「法令の発見」　*89*

1　問題解決の第一歩は「事実の確定」　*89*
2　「事実の確定」は正義と公平に基づかねばならない　*90*
3　事実確定の次は「適用すべき法令の発見」　*90*
4　古典的な検索方法では「目次と条文見出し」を活用する　*91*
5　電子政府の法令データ提供システムでは「キーワード設定」に注意　*92*
6　雑誌記事、通達等で引用されている条文に当たる　*92*
7　「法令への事実の当てはめ」の段階で法令解釈が必要に　*93*

第3節　法令の読み方——大筋の把握から細部へ ── 94
　　1　条文の特色を知る　94
　　2　まずは大筋を把握し、そして細部へ　98
　　3　立法技術等を理解する　108
　　4　正確な解釈のために　115

【参考1】条文の大筋から細部に至る実際例 ── 118

第4節　代表的な法令用語 ── 137
　　1　「又は」と「若しくは」　137
　　2　「及び」と「並びに」　145
　　3　「場合」と「とき」　151
　　4　「ところ」　154
　　5　「者」・「物」・「もの」　155
　　6　「……で……もの」　156
　　7　「以上」と「超える」、「以下」と「未満」　159
　　8　「以前」と「前」、「以後」と「後」、「以内」と「内」　161
　　9　「以外」　163
　　10　「……から……まで」と「……から」　163
　　11　「経過する日」と「経過した日」　165
　　12　「その他の」と「その他」　166
　　13　「係る」と「関する」　169
　　14　「……により」と「基づき」　170
　　15　「経る」と「付す」　171
　　16　「当該」と「その」　171
　　17　「みなす」と「推定する」　174
　　18　「する」と「……とする」　175
　　19　「(する)ものとする」　176
　　20　「することができる」　178
　　21　「してはならない」と「することができない」　180
　　22　「この限りでない」と「……の規定にかかわらず」　181
　　23　「妨げない」　182

24 「準用する」、「適用する」と読替規定　*183*
25 「例による」と「例とする」　*185*
26 「準ずる」、「類する」と「同様とする」　*186*
27 「直ちに」、「すみやかに」と「遅滞なく」　*187*
28 「当分の間」　*191*
29 「時」と「……の際」　*191*
30 「別段の定め」と「特別の定め」　*192*
31 「なお従前の例による」と「なおその効力を有する」　*193*
32 「……の……」、「……に規定する」と「……の規定による」　*194*
33 「……に定める」と「……に掲げる」　*196*
34 「……のほか」と「かかわらず」　*197*
35 「理由」と「事由」　*199*
36 「正当な理由」、「やむを得ない理由」と「やむを得ない事情」　*199*
37 「相当の理由」と「特別な事情」　*201*
38 「かつ」と「……と……と」　*202*
39 「価格」と「価額」　*204*
40 「現状」と「原状」　*205*
41 「時期」、「期日」、「期限」と「期間」　*205*
42 「取消し」、「撤回」と「無効」　*208*
43 「著しく」　*210*
44 「相当の」、「不相当に」と「不当に」　*212*
45 「通常必要である（でない）」　*214*
46 「おおむね」　*215*
47 「隠ぺい又は仮装」と「偽りその他不正の行為」　*215*
48 「施行」と「適用」　*220*
49 「……等」　*220*

【参考2】法令用語を踏まえた条文の読解例 ——————　*223*
　1　法人税法第22条第2項　*223*
　2　法人税法第34条第1項・第2項　*235*
　3　租税特別措置法第41条の18の3第1項　*245*

第5節　公正な解釈のために ──────────── 256

1　解説や通達に頼らず、自分の頭で条文を解釈する　256
2　公正な解釈が要求される税理士や税務職員は、各々の立場に基づき「結論は妥当か」を反省すべし　257

第4章　判例の読み方 ■■■■■■■■■■■■■■■■■■　261

第1節　判例を学ぶ必要性とその心得 ──────── 263

1　厳密な法令解釈によっても判断に迷う場合に「判例」がモノを言う　263
2　税理士は補佐人として法廷陳述をすべき　264
3　判決文を読むときの基本的心得 ──「はじめに結論ありき」も、そして「饒舌」　265
4　押さえておきたい「主要な用語の定義」　266

第2節　税務訴訟の概要 ──────────────── 270

1　税務訴訟には取消訴訟以下6つの類型がある　270
2　訴えの利益などの訴訟要件の一つでも欠ければ取消訴訟は却下　274
3　取消訴訟を提起する裁判所は3〜4カ所の中から選択可能　277
4　「争点整理手続の整備」と「証拠収集手続の拡充」　279
5　審理の対象をめぐる「総額主義」と「争点主義」の対立　280
6　時機に後れた攻撃防御方法は原則却下　283
7　証拠調べの手続は民事訴訟と同様　283
8　立証責任に関する通説（法律要件分類説）は修正の方向へ　284
9　行政処分の是非の判断は処分時の事実を基礎とする　286
10　裁判の形式は判決、決定、命令の3種類　287
11　判決には「却下」、「認容」、「棄却」、「事情判決」がある　288
12　判決が確定すると形成力、既判力等の効力が発生　289
13　判決は法律解釈、事実の認定判断に対して先例性を持つ　290

第3節　判例の意義とその重要性 ── *292*

1. 判例の重要性──判例の働き　*292*
2. 「判例」は法律上の論点についてなされた裁判所の判断　*293*
3. 「傍論」（余論）には判例としての拘束力はない　*293*
4. 法律上の論点についての判断には"結論命題"と"理由付け命題"とがある　*294*
5. 具体的事実を前提として法律的効果を述べる命題及び重要な事実と射程範囲との関係　*295*
6. 判例は学説に具体的素材と結論を提供し、学説は判例に理論面で寄与　*296*
7. 判例も情勢の変化に伴い変更される　*298*
8. 最高裁の専権に属する判例変更は遡及効を有する　*299*
9. 判例の働き・その1「実務の支配」──判例は裁判官を事実上拘束するが故に、その実務に及ぼす影響は大きい　*300*
10. 検察官や弁護士を通じて判例を動かし、作り上げることも税理士の大きな役割　*302*
11. 判例の働き・その2「法の創造」──税法を含む民事の分野では「判例法」が重要な役割を担う　*303*
12. 判例の働き・その3「解釈の統一」──最高裁による司法判断の統一には上告理由の制限等、制度上の限界がある　*304*
13. 最高裁の憲法判断は慎重に行われる　*304*
14. 高裁等の事実認定は最高裁を拘束　*306*

第4節　判例の読み方 ── *308*

1. 判例の特定とその入手 ──「LEX/ DB」を利用すれば欲する判例の検索・入手は比較的容易　*309*
2. 判例集には時系列、法条別に掲載したものや理論的立場から整理したものなどがある　*310*
3. 民事事件（行政事件を含む）の判決書は「主文」、「事実」、「理由」から構成　*312*
4. 判例は、その読む目的に即してその事件の具体的事実との関連性に立脚して読む　*314*
5. 裁判所の判断の予測等を目的とする判例研究の場合は、さらに深い読み方が必要　*315*

    6 判例の事実関係の中から、結論を左右する「重要な事実」を
      読みとる　*316*
    7 「重要な事実」を把握した後に「法律上の論点」を把握する　*317*
    8 法律上の論点についての裁判官の判断が「判旨」　*319*
    9 重要な事実の多寡がその判例の射程範囲を左右　*319*
   10 判例予測の方法には「既存の判例からの類推」と「判例理論
      の発見」がある　*320*

  第5節　判例の活用 ──────────────────── *323*
    1 判例は実務における攻撃防御の強力な武器　*323*

【参考3】実際の判例の読み方の例 ──────────── *325*

【参考4】「LEX/DB インターネット」の概要 ──────── *363*

索　引 ══════════════════════════ *369*

序 章

「法令を読み解く力」「判例を活用する力」を養うことがなぜ必要か

あなたは、現在、直面している問題を解決するために、関係する解説や通達のみに頼って解決策を得ようとしていませんか。しかし、それではなかなか解決策は得られないし、また、大きな間違いを犯すおそれもあります。

　なぜなら、解説や通達は、起こり得るすべてのケースをカバーしているわけではなく、解説は解説者が書きたいこと（あるいは、書けること）だけを書いているし、また、通達は国税庁が言いたいことだけを表記しているからです。

　したがって、最終的には、自分で法令を解釈して解決策を導き出す必要があります。法令の条文は、どのような問題に対しても答えが出るように書かれています。ここに、法令を読み解く力が必要となる理由があります。

　さらには、判例を学ぶことも大切です。判例は、ある特定の裁判において示された裁判所の判断ですが、実務に大きな影響を及ぼすからです。

1　解説や通達は、すべてのケースを網羅しているわけではない

　解説には、解説者が書きたいこと、あるいは自信を持って書けることだけが書かれています。少しでも疑問があれば、解説者はその部分には触れませんし、また、解説者が思い至らなかったことは書かれていません。これは、自分で何らかの文章を書いてみれば、思い当たることです。仮に、あなたが何らかの解説文を執筆するとしましょう。その際、この点は内容的にすこし怪しいとか危ないとか思ったことは、当然、書かないでしょう。また、そのときに頭に浮かばなかった問題には、当然、触れることはないわけです。

　つまり、解説に書かれていることを金科玉条と思い込んではいけないということです。

通達も、一種の解説です。法令解釈通達は、国税庁長官が税法を自分なりに解釈したことを同庁の職員に周知させようとするものです。もちろん、それなりに権威のある解釈です。しかし当然、通達においても、国税庁が言いたいことだけしか書かれていないし、また、問題があると考えれば触れないし、通達の執筆者が思い至らなかったことは書かれていません。通達には、このような制約があるのです。

　したがって、会計事務所の場合、解説や通達のみに頼って仕事をすれば、顧問先に損害を与えるおそれもあることを肝に銘じておく必要があります。順次、その理由を説明します。

2　法令を読まずに解説や通達のみに頼ると失敗する
(1)　こんな失敗例

　1つの例を挙げましょう。消費税法第37条第1項の「消費税簡易課税制度選択届出書」に関するある解説を見ると、「事業年度末までに届け出れば、その翌事業年度から簡易課税の適用を受けることができる」旨が書かれています。この解説によれば、あたかも事業年度末がこの届出書の「提出期限」のように読めます。

　一方、国税通則法第10条第2項の「提出期限が休日等の場合の期限の特例」に関する解説を読むと、申告、申請、提出等の期限が日曜日等の場合には、期限はその翌日に延長されると書かれています。そこで、この2つの解説を併せて、それでは簡易課税制度選択届出書の提出期限（正確には提出可能な最終日）がたまたま日曜日であった場合には、月曜日に提出すればよいなどと勝手に解釈すると大間違いとなります。

　なぜなら、消費税法第37条第1項の条文を読むと、「事業者が……届出書を提出した場合には、当該届出書を提出した日の属する課税期間の翌課税期間……以後の課税期間……については」簡易課税を適用すると規定されており、これによれば、届出書の提出は簡易課税制度の適用を受けるための要件であって、事業年度末は決して届出書の提出期限ではないのです（消費税法は、「事業年度末までに届け出なければならない」

などと規定していません。簡易課税制度の適用を受ける・受けないは納税者の任意ですから、これは、当然のことです)。

　また、国税通則法第10条第2項の規定は、期限について適用があるのであって、期限でないものには適用されません。ということは、簡易課税制度選択届出書を提出しようとする事業年度末が日曜日である場合に、仮にその翌日の月曜日に提出すれば、それは、その事業年度末までに提出したことにならず、翌事業年度に提出したことになり、その結果、簡易課税制度は翌々事業年度からしか適用されないということになります。

　このような誤りを犯して、税理士が顧問先から損害賠償請求を受けたケースが非常に多いのです（拙著「税理士の民事責任とその対応策」298頁）。

(2) 解説を自分勝手に解釈してはいけない

　上記の失敗例は、解説を自分勝手に解釈したことが原因です。解説に書かれていることは、その額面どおりに受け取らなければならず、書かれていることを超えて解説を解釈してはいけないのです。

　解説に書かれていないことについて答えが必要なときは、その根拠である条文を解釈しなければなりません。そこに、根拠条文を読む必要性があるのです。根拠条文を読まずに解説等のみに頼って解釈をすると、上記のような誤りを犯すことになります。

(3) 通達を読むときは必ず条文に当たること

　先にも触れましたが、通達も、一種の解説です。そして、通達は、税法の条文が理解されているという前提で書かれています。ということは、条文に書かれていることで、国税庁長官として付け加えることが何もなければ、特に改めて通達で取り上げることはしないのです。したがって、条文を読まないまま通達だけを読むと、理解しなければならない重要な部分が欠落していることもあるのです。

　以上のことから、解説や通達を読む際には、併行してその根拠条文を

確認することが必要であるということになります。

　解説や通達で引用されている根拠条文を読むことを「条文に当たる」又は「条文を当たる」といいます。解説等を読むときは、必ず、そこで引用されている根拠条文に当たって下さい。記憶が二重になるし、また、条文には解説等で触れられなかったことが一杯詰まっているし、解説等の内容がさらに整理された形で頭に入ります。

　あなたが税理士であれば、事務所職員が解説や通達で仕事をしているときは、「条文に当たったか」と確認してみて下さい。

(4) 条文は、どのような問題に対しても答えが出るように書かれている

　これまでは想像もつかなかったようなことがしばしば起こる世の中ですから、あなたが直面している事案は、あなたが参考にしようとしている解説や通達の執筆者が想定していなかったケースであることが少なくありません。そのような場合には、当然、解説や通達は全く参考になりません。

　そういう場合に頼るべきものは、法令の条文そのものです。条文は、どのような問題が提起されようと、それに対する答えが出るように書かれています。最終的には、条文を読み解き、解釈することにより、解決すべき問題に対処することができるのです。

　ここに、法令を読み解く力を養う必要性があります。

3　条文を読んでも正確な解釈ができなければ失敗する
(1) こんな失敗例

　次に、実際に条文を読んだものの、その解釈を誤ってしまったために失敗した例を挙げてみます。

　国税通則法第22条は、「納税申告書（当該申告書に添付すべき書類その他当該申告書の提出に関連して提出するものとされている書類を含む。）その他国税庁長官が定める書類が郵便……により提出された場合には、その郵便物……の通信日付印により」提出日を判定すると規定し

ています。平成18年度の税制改正により、上記のように「その他国税庁長官が定める書類」が追加されたので、それまで生じていた次に述べるような問題の大部分は解決されるに至りましたが、法令解釈の基本として、この条文の読み方について述べたいと思います。

　実際にあった例は、相続税の物納申請書だけを郵送し、その日付印は期限内でしたが、税務署への到着は期限後であったというケースです（税理士界1112号11頁）。

　結論からいえば、上記の改正前は、相続税の申告書と一緒に物納申請書を郵送すれば、ともにその提出が期限内であったかどうかは、その通信日付印で判定しましたが、本件のように物納申請書のみを郵送したときは、現実にその申請書が税務署に到達した日でもってその提出が期限内であったかどうかの判定が行われました。

　これは、上記条文中の「当該申告書」（波線の箇所）の解釈によります。つまり、法令用語としての「当該」を用いた「当該申告書」とはその字句の直前に規定されている「納税申告書」を指し、上記条文の場合には、「今まさに郵送しようとしているその納税申告書」を指すことになります。すなわち、「当該」とあれば、具体的な事物を念頭に置かなければなりません。したがって、上記の改正前においては、いま郵送しようとするその納税申告書に同封して郵送する物納申請書には上記条項は適用されましたが、物納申請書のみの郵送にはその適用はなかったのです。

(2)「当該」とは既出の特定の事柄を指す

　上記条文のかっこ書が、仮に「(当該申告書に添付すべき……)」ではなく、「(納税申告書に添付すべき……)」という表現であれば、一般的に納税申告書に添付すべき書類等についても、その通信日付印で判定されることになるのですから、物納申請書だけを郵送してもこの特例規定は適用されます。しかし、条文は「納税申告書（当該申告書……）」と規定していますから、今まさに提出しようとしているその相続税申告書と一緒にその申告に関連する物納申請書を提出して、初めてこの規定が

適用されるのです。「当該」とあれば、そのように限定された意味になるのです。「納税申告書」という一般名称と「当該申告書」という個別具体的な名称とを区別して理解しなければならないのです。

　ところが、当時の解説書の多くはそこまで詳しく説明しておらず、税理士等の間でも誤解が多く、それによるトラブルも少なくなかったため、上述のように、平成18年度の改正において「その他国税庁長官が定める書類」が追加され、特定の書類を除き、納税申告書と無関係に単独で郵送しても適用されることとなりましたが、「当該」の意味が正しく解釈できないと失敗するという例です（なお、「当該」については第3章第4節171頁参照）。

(3) 趣旨を知れば、法令の解釈も簡単に

　ちなみに、平成18年度の税制改正以前には、国税通則法第22条がなぜ「納税申告書（当該申告書……）」と限定して適用することとしていたかといいますと、納税者から税務署への通知等も、本来は民法の原則に従い、「到達主義」によるのですが、納税申告書のようにその作成に膨大な労力と時間とを要するものにあっては、この原則をそのまま適用するとすれば、税務署から遠隔の地に居住する者は2か月（法人税）ないし2か月半（所得税）の申告書作成期間が1週間近くも短縮される結果となり、納税者間で不公平な事態を招く恐れがあります。それで、作成に時間を要するもの（納税申告書、課税標準申告書、更正請求書、不服申立書）に限り、その通信日付印で判定することとして、全納税者に等しく法律上の2か月ないし2か月半の余裕期間を与えようとしたのです。したがって、例えば、青色申告承認申請書、簡易課税制度選択届出書等のように、経営者がその選択の是非を決断すれば直ちに提出することができるような書類にあっては、上記のような余裕期間を設定する必要性がなく、民法の原則によっていたのでした。ただ、納税申告書と一緒に（同封して）提出するような添付書類や関連書類まで民法の原則によるとすると混乱するので、例外として、納税申告書と一緒に（同封し

て）提出するものに限り、この特例（通信日付判定）を適用するとしていたのです。物納申請書は、まさにこの類いの書類に該当します。

このように、その法令の立法趣旨が理解できれば、解釈も極めて簡単であるといえましょう。

4　さらに、判例を活用する力を養うことも大切
(1) 判例は、ときには法律をも凌駕する

法令を読み解く力とともに、もう一つ、判例を活用する力を養うことも大切です。なぜなら、確立された判例は、当然のことながら通達を超越し、ときには法律をも凌駕して適用されるからです。

いうまでもなく、法律は、一旦制定されると改正されるまでは固定されています。しかし、社会経済情勢は日々変遷しますから、そこにギャップが生じます。判例は、租税法律主義の範囲内で、利害関係者がそのギャップを埋めようとした努力の結晶です。このことは、例えば、サラリーマンの転勤とその居住用宅地との関係とか、土地収用と居住用宅地との関係などに関する判例の変遷によく現れています。

また、例えば、平成23年12月の税制改正前の法人税法第68条第3項（所得税額控除における限度額）及び第69条第10項（外国税額控除における限度額）では、所得税額控除又は外国税額控除を受けるべき金額として確定申告書に記載された金額を限度とする旨の規定があり、これについて判例は、いくつかの例外を認めました（最高裁平成21年7月10日第二小法廷判決民集63巻6号1092頁、福岡高裁平成19年5月9日判決税務訴訟資料257号順号10708等）。しかし、このような例外については、通達では何ら触れられていませんでした。したがって、例えば、税理士が通達に頼って仕事をしていたとすれば、顧問先に重大な損害を与えたかも知れないのです。

ここに、判例を学び、そして、それを活用する能力が必要な理由があります。

(2) 判例は、納税者側勝訴判決・納税者側敗訴判決ともに有用

　例えば、税理士にあっては、税務調査において非違がある旨の指摘を受けた際に、同様の問題を扱った「納税者側勝訴判決」があれば、その判例は自己の主張の正当性の裏付けとなります。

　また、「納税者側敗訴判決」については、顧問先の税務処理等について他山の石とすることができます。いずれにしても、判例を利用することにより、よりクオリティの高い業務を遂行することができると考えます。

第1章

税法の構成

第1節 税法の構成と解釈との関係

　法令を正しく解釈して問題を解決するためには、まずもって、その問題に対処できる（適用すべき）法令を発見する必要があります。その発見に誤りがあれば、発見した法令をいかに正確に解釈したとしても、それによって得られた結論は誤ったものであることはいうまでもありません。

　適用すべき法令を誤りなく発見するためには、国税通則法等の共通法と法人税法等の個別税法等との関係をはじめとする「税法の構成」を、きちんと理解しておく必要があります。

1　適用すべき法令の発見

　わが国の租税の体系は、多くの諸外国のそれと同様に、個人、法人の所得に対する収得税を中心にして、それに各種の財産税、消費税、流通税を補完税として配するという形になっています。

　このように、単一租税制度ではなく、複数租税制度によっている理由は、国庫上の要請のほか、単一租税制度では各種の租税政策上の要請を実現させることが期待できないからです。

　このため、国税だけでもその税目は17にものぼり、国税に関する法律の数も、国税通則法や租税特別措置法等の主な共通法規は五指に余り、個別税法も所得税法以下16本にも達しています。そして、これらの殆どすべての法律に政令や省令が附属しており、執行官庁たる国税庁が発する通達まで含めると膨大な数となります[注]。

　いま、なんらかの具体的事件が起きた場合において、それを租税法律関係として把握しようとするときは、まずそれに関して規定している法

令（条文）を発見し、その具体的事件にその発見した法令が当てはまるかどうかを検討する必要があります。つまり、法令の発見の後に解釈の作業が続くことになります。この場合において、その具体的事件に適用されるべき条文が複数であることも多く、これらが二つ以上の法令に分散しているケースもあります。したがって、その発見が誤っておれば、その条文を如何に正確に読んでも、出された結論は誤ったものとなることはいうまでもありません。

　ここに、税法の構成の理解を前提とした法令の発見とその検認の作業の重要性があり、このような前提が正しく整えられて、初めてその後の解釈も正しいものとなるのです。

(注)　その他臨時的な税法として、「東日本大震災からの復興のための施策を実施するために必要な財源の確保に関する法律」（平成23年法律第117号）その他の臨時特例法があります。

2　税法には際立った特色がある

◆ 図1：税法とその関連分野との関係

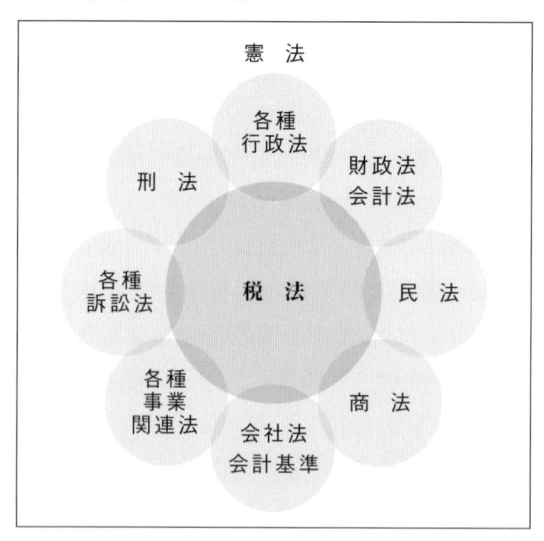

（図：中央に「税法」を配し、その周囲に「憲法」「各種行政法」「財政法・会計法」「民法」「商法」「会社法・会計基準」「各種事業関連法」「各種訴訟法」「刑法」が配置されている）

税法は、法体系の上では、行政法の中の租税法学として独立の法の分野を形成しており、その実質及び形式において、他の法の分野とは異なった特色を持っています。税法とそれに関連する分野との関係を図示すれば、前頁の図１のようになります。

　税法は、これに関連する民法、商法、会社法をはじめ、各種関連法律の規定を前提として構成されているので、まず、これら各種関連法律の理解が必要となります。その意味で、税法学は、これら各種関連法律の統合領域に位置する学際学であるといえます。

３　実質面では公共的性格などの特色が

　まず、税法の実質面を見ると、税法は、課税権者たる国、地方公共団体と納税者たる国民、住民との間の租税債権債務関係を規律・調整し、租税原則を法的に実現することを期していることから、次のような特色があります。

(1)　公共的性格

　税法は、その目的においても、その実現のための手続においても、強い公共的性格を持っています。そこで、税に関する主な事項はすべて法律によって規定されており、行政官庁の自由裁量は否定されています。逆に、納税者も、租税債権債務関係を任意に処分することはできません。

　手続面では、例えば、申告納税制度の採用等によって、私人の行為の介入する余地が広く認められていますが、これらの行為も単純な私法上の行為としての性格ではなく、私人の公法上の行為としての性格を持っているのです。

(2)　租税債権債務関係の強行性

　税は、課税権者が課税権に基づいて課するものであるところから、国等と納税者との間の債権債務関係とはいえ、その背後には強行性を有しています。

　まず、租税債権確定の段階においては、税法で定められた課税要件の充足によって、抽象的な租税債権債務関係が成立し、その大部分は私人

である納税者の行為によって確定されますが、その具体的に確定された租税債務が抽象的に成立した租税債務と乖離するときは、更正・決定という課税権者による処分の余地が残されているという特色があります（もち論、この課税権者の処分が適法なものであるか否かは、最終的には、裁判所の判断するところです）。

次に、租税債権の実現の段階では、私法上の債権債務関係とは異なり、国又は地方公共団体は自力執行権を行使することができるという特色があります。

その他にも、納税者の義務違反に対しては行政制裁の制度があることも、強行性を認めたものといえましょう。

4　形式面では画一的規律などの特色が

次に、形式面を見ると、税法は、複雑多岐な社会経済情勢の下で多数の納税者を名宛人として、その担税力に応じて公平かつ普遍的に税を課するものであり、そして、その課税に当たっては、経済人たる納税者に税負担の予測可能性を保障することにより、経済活動の安定に資する必要があるところから、次のような特色があります。

(1) 成文性

税法は、租税法律主義の下に、成文の法律の形式を採ることが要請されています。もっとも、裁判所が税法の解釈を示した判例ないし判例法は、重要な法源の一つです（なお、26頁参照）。

(2) 技術性

税法は、複雑多岐な社会経済情勢の下で、担税力ありと認められる者を対象としてその課税要件を規定しており、極めて技術的性格の強い法律といえます。したがって、税法の解釈に当たっては、その技術性を正しく理解し、その目的との関連において、合目的的に解釈しなければなりません。

(3) 外観性と実質主義

公平な課税の尺度は、いうまでもなく実質的担税力です。しかし、複

雑多岐な社会経済情勢の下で、納税者とその取引先等との間の実質的関係にまで立ち入って具体的事実を明らかにすることは極めて困難であることから、税法は、第一次的には、所得や財産が法律上形式的に帰属する者を対象として規定しています。多種多様な納税者を対象として規定する税法には、形式的、外観的な表象に着目して、ある程度画一的に規律せざるを得ないという制約があるからです。

しかし、当然のことながら、その所得や財産が法律上形式的に帰属する者とその経済的利益を享受する者とが異なることが判明すれば、公平の原則から、実質主義に基づき課税をすることになるのです。

第2節　成文の税法

> 広い意味での税法には、所得税法や法人税法、国税通則法といった明文の税法——これを「成文法」といいます——のほかに、不文法たる税法があります。前者には、いわゆる各税法やその附属の政令、省令等があり、後者には、判例、裁決、行政先例があります。

1　「租税法律主義」は憲法上の要請

　私有財産制度を認めているわが国にあっては、租税は、課税という形で国民の財産権に干渉し、国民の経済生活に重要な影響を及ぼす要素です。そこで、憲法第84条は、国民の財産権を保障し、その経済活動に法的安定性と予測可能性を与えるため、租税の内容を法律で定めることとしています。これが「租税法律主義」です。

　しかし、税法は、この要請を満たすと同時に、複雑多岐にわたる経済事象に対処するため、迅速な改正や弾力的な運用をしたりする必要もある[注1]ので、すべての事項を法律で規定するわけにはいきません[注2]。

　したがって、租税に関する事項のうち、課税物件、納税義務者、課税標準、税率等の課税要件や申告納付等の重要な手続は法律で規定し、この法律の範囲内での課税標準等の計算についての技術的、専門的事項や手続の細目は、政令・省令や告示に委任されるのが通例です。この場合に、課税要件等に関する委任はあくまでも具体的・個別的に行うべきであり、政省令等への一般的・白紙的委任は、租税法律主義に反するというべきでしょう[注3]。

　なお、講学上「不確定概念」といわれるものがあり、「正当な理由」（国税通則法65条4項）、「やむを得ない理由」（同法77条3項）[注4]など

がその一例です。これらについては、その概念に含まれるべき内容が不明確であるところから、租税法律主義との関係が問題にされることもありますが、これらは、仮に具体的、個別的にその内容を限定列挙すれば、逆にその範囲が問題となる恐れがあり、細部にわたり精緻に法定するには限界があるため、立法技術上やむを得ず用いられる表現です。また、これらは法規裁量事項[注5]であって行政庁の自由裁量を許したものではなく、仮に行政庁がその裁量を誤れば、それは裁判所による判断の対象となります。したがって、不確定概念であっても、法の趣旨、目的に照らしその意義が明確であれば、租税法律主義に反しないと解されています（最高裁昭和53年4月21日二小判決・LEX/DB21061670）。この類に属するものに、「不当に」（所得税法157条、法人税法132条等）、「不相当に」（法人税法36条等）、「不適当」（所得税法18条等）、「相当の」（所得税法150条等）等があります。

(注1) その典型的なものが、いわゆるダンピング関税（関税定率法8条）です。ダンピング関税は、ダンピングの事実があれば直ちに発動しなければならないので、「政令で定めるところにより、貨物、当該貨物の供給者又は供給国及び期間（5年以内に限る。）を指定し、……」と規定され、租税法律主義の大例外となっています。

(注2) 租税に関する国税庁長官通達は、「租税法律主義」を宣明する憲法第84条違反であるという説があり、その代表例として、相続税法第22条に規定する「時価」に関する評価通達を挙げるものが少なくありません。しかし、私見によれば、膨大な量（時価の解釈だけでも200カ条を超える）の評価通達はいずれも、いわば調査省略基準を公表しているものです。すなわち、例えば、貸家建付地の評価、奥行逓減率、二方路線の影響加算等、その評定者によって見方が変わり、一義的でないものについて、標準的な評価方法を示し、その基準、方法により申告すれば「原則として」その「評価そのもの」については調査しない、とするものです。したがって、その性質上、通常は固めに（納税者に有利に）算出されており、納税者にその適用を強制していないが、これを適用し

ないで独自の方法で評価すると、通常、納税者に不利となり（例えば、借家権の評価がそうです）、また、この評価通達によらないで独自の方法で評価をしようとすれば、膨大な手間と時間と金が必要となります。さらには、評価基準、方法は社会経済情勢に即応して改正していく必要があることから、そのすべてを法律で書くということは現実には困難であり、これを憲法違反ということはできないと考えます（なお、21頁参照）。もち論、この評価通達によるか否かは、納税者の自由です。

(注3) 現に、政省令で規定された事項が、法律の委任の範囲を超えるとして、無効とされた事件については、22頁の(注)を参照して下さい。

(注4) 「正当な理由」と「やむを得ない理由」の差異と内容については、199頁を参照して下さい。

(注5) 法規裁量事項にあっては、行政庁は、その裁量により処分することができます。しかし、全くの自由裁量ではなく、その裁量は、法が当然に予定している客観的基準に拘束されるのであり、その基準からはみ出れば、違法となります（この限界は、裁判所が認定します）。

2 法文上の表現は抽象的

本来、法律は抽象的に表現し、規定するものです。

その典型的な例を挙げます。旧物品税法時代のことですが、個別具体的に掲名されている物品に限り物品税を課税するとする制度の下で、「遊戯具、玩具」という規定がありました。当初、国税庁は、この遊戯具、玩具の中には「パチンコ球遊器」は入らないと解釈して、パチンコ球遊器には物品税を課していませんでした。

しかし、その後に国税庁は解釈を変更して、パチンコ球遊器はこの遊戯具、玩具の中に入るとして課税し始めたのです。当然、納税者も一部の学者も、通達課税だ、憲法違反だと主張して訴訟にまでなったのです。しかし、最高裁[注]の結論は、国税庁は「遊戯具、玩具」の解釈を変更したに過ぎないのであって、通達課税とかいう問題ではないとして、その課税処分を支持したのです。

要するに、法律は抽象的に表現するものであって、これを具体的事象に当てはめて、法律が本来予定しているものに該当するかどうかを判断するのは、解釈であるというのです。

（注）最高裁昭和33年3月28日二小判・LEX/DB21009760

3　政省令では法律の委任なく権利の制限等ができない

　法律が政省令に委任できる範囲には限度があり、政省令は、その範囲内で規定します。仮に、政省令でその範囲を超えて規定したときは、その規定は無効となります。

　政令や省令等のことを「命令」といいますが、これは、法律を実施するための命令（実施命令）と法律の委任を受けた命令（委任命令）とに分けられます。ともに、高度の専門的事項や手続の細目を規定します。

　政令は、「内閣が制定する命令」であって、憲法第73条は、内閣の職務として、憲法及び法律の規定を実施するために政令を制定することを挙げています。この政令では、法律の委任がなければ、義務を課し、又は権利を制限する規定を設けることはできません（内閣法11条）。法律は、国民によって選出された国会議員によって構成される衆参両院の可決がなければ成立しませんが、政令は、閣議において各大臣が賛成すれば成立するので、規定することができる内容を制限し、法律の下位に置いているのです。

　次に、省令は、「各省大臣が発する命令」であって、各省所轄の行政事務について法律又は政令を施行するために、又はこれらの特別の委任に基づいて発せられるものです。国税に関しては財務大臣が発する「財務省令」が、地方税に関しては総務大臣が発する「総務省令」があります。

　省令においても、政令と同じく、法律の委任がなければ、義務を課し、又は権利を制限する規定を設けることはできません（国家行政組織法12条）。

　命令で規定される事項のうち、重要なものは政令で、軽微なものは省

令で規定されます。一般的に、税法関係の省令で規定されている事項は、手続的規定や様式等に限られています[注]。

　なお、各省大臣は、その所掌事務について、一般的公示を必要とする場合には「告示」を発することができます（国家行政組織法14条1項）。財務大臣又は国税庁長官が法令に基づいてする指定、決定その他の処分で公示を要するものは、通常、告示の形式によります。

（注）省令で規定している内容が、法律で委任している範囲を超え、無効であるとされた例を挙げます。

　　　平成15年改正前の租税特別措置法第78条の3（中小企業者が集団化のため取得する土地等の所有権の移転登記の税率の軽減）は、登録免許税法がその税率1,000分の50としているところ、一定の要件を満たせば1,000分の30に軽減するとしていましたが、その要件の一つとして「省令で定めるところにより」（正確には政令からの再委任）と規定していました。そして、これを受けて、平成15年改正前の大蔵省令第29条は、大要「登記申請書に知事の証明書の添付を要する」としていました。

　　　本件は、当初の申請時にはこの証明書の添付がなく、したがって軽減税率の適用を受けることができなかった者が、後日この証明書を提出し、1,000分の50と1,000分の30との差額の還付を求めた事件であり、国側は、当初申請時における添付が条件であって、後日になって提出しても適法な添付とはいえないとして拒否しました。

　　　これに対して裁判所は、「省令で定めるところにより」との委任文言は、追加的な課税要件として手続的な事項を定めることまで委任しているとは解することができないとして、要するに時間の前後を問わず証明書の添付があればよいのであり、後日、要件を満たせば、過大に納付した登録免許税を還付すべきであるとしました（東京高裁平成7年11月28日判決・LEX/DB22008571）。正当な判断といえます。

　　　この東京高裁判決を受けて、平成8年度税制改正により、前出租税特別措置法78条の3の「大蔵省令で定めるところにより」（正確には政令からの再委任）

が、「大蔵省令で定めるところにより……登記を受けるものに限り」と改正されました。この表現であれば、法律を読めば、省令で追加的課税要件を定めていることが想定できることとなります。

4 「委任命令」と「実施命令」の違い

　前述のとおり、命令には、「委任命令」と「実施命令」とがあります。
　この委任命令とは、法律で「政令（省令）で定めるところにより……」とか、「……については、政令（省令）で定める」とかいうような規定がある場合に、その法律の規定に基づいて定められる命令です。租税法律主義の原則により、法律で規定されるべき重要な事項（例えば課税物件）については、法律の委任がない限り、命令で規定することはできません。
　また、実施命令とは、法律を実施するための細目を規定した命令であって、委任命令のように法律の委任という根拠はありません。したがって、実施命令において、納税者の権利義務に関する規定を設けることはできません(注)。
　税法を読んで解釈しようとする場合において、政省令に委任している事項があったときは、その政省令も必ず読む必要があります。他方、実体が理解できても、その手続が不明確であるというようなときは、法律の委任に基づかない実施命令があるかどうかを確認する必要があります。

（注）実施命令では、納税者の権利義務に関する規定を設けることができないという例を挙げてみます。
　　イ　国税通則法施行令第6条第2項は、更正請求書に一定の書類の添付を求めています。しかし、これは法律の委任に基づくものでないところから、仮にこの政令違反があっても、この規定は訓示規定であるのでその更正の請求は適法であり、それのみを理由に却下することはできないと解されています。
　　　もっとも、過大申告であった旨の立証責任は納税者にあるので、この不添

付は、納税者に不利に働くことになると思われます。
ロ　所得税法第10条（障害者等の少額預金の利子所得等の非課税）は、その第1項で「障害者等……が、……預入等をする場合において、……非課税貯蓄申込書を提出したときは、……所得税を課さない。」と規定し、第3項で「……最初に……預入等をする日までに、非課税貯蓄申告書を……金融機関の営業所等を経由し、……税務署長に提出した場合に限り、適用する。」と規定しています。そして、所得税法施行令第47条の2（金融機関の営業所等の非課税貯蓄申告書の税務署長への送付等）は、「金融機関の営業所等の長は、……翌月10日までに……これらの申告書を……税務署長に送付しなければならない。」と規定しています。

　　ここで、この政令違反があった場合における非課税貯蓄申告書の効果等が問題ですが、この規定は全くの訓示規定であり、金融機関の営業所等の長がこの規定違反をしても、非課税貯蓄申告書の効力、その効果の発生日等には何らの影響もないと解されています。

5　条例や条約も成文の税法に含まれる

　成文の税法の一つに、「条例」や「条約」があります。

　条例は、地方公共団体の議会の議決により制定されます。

　憲法は地方公共団体の自治権を保障し、地方公共団体は自己の行政活動の財源を得るため課税権を有していますが、その課税は、条例に基づくことが必要であるとされています（地方税法3条）。この条例は、いわば国の法律に相当するものであり、その下位規定として、政省令に相当する「規則」があり、これは、地方公共団体の長が制定します。

　ここで注意すべきことは、地方公共団体の自治権といっても、憲法は、地方公共団体の運営に関する事項は地方自治の本旨に基づいて法律でこれを定める（憲法92条）とされていることです。地方税の課税を各地方公共団体の完全な自由とすれば、地方公共団体の住民の間で不均衡が生じたり、国税と地方税との体系上矛盾が生じたりすることも考えられるからです。

そこで、地方税については、重要な事項は地方税法で規定することとし、各地方公共団体は、地方税法の枠の範囲内で条例を制定することができることとされているのです（地方自治法14条1項）。したがって、地方税に関しては、地方税法と条例とを併せて読む必要があります。さらに規則まで見る必要があるかどうかについては、国税の場合の法律と政省令との関係と同じです。

条約は、国家間又は国家と国際機関との間において締結され、国際法によって規律される国際的合意です。その締結の事前又は事後に国会の承認を必要とするものが憲法上の条約であり、憲法上の条約は、公布によって国内法としての効力を有することになります。

国家間での租税に関する合意は、租税条約として公布されます。現在、二重課税防止等のための二国間の租税条約は55条約、66か国・地域（平成25年6月末現在）であり、その他にも外交官や国際機関の特権等を規定する万国条約も数多くあります。これらの条約は国内法的効力を有しており、国民はこれを誠実に遵守する義務を課されています。

なお、仮に、条約と国内法とが抵触することがあれば、条約が優先するというのが通説となっています[注]。

以下、本書は、特にことわらない限り、国税を中心として解説します。

（注）条約と国内法とが抵触する例として、非居住者の国内源泉所得に対する源泉徴収税率があり、所得税法上は原則100分の20です（所得税法170条）が、二国間条約ではこれを100分の10に軽減しているのが通常であり、この条約が優先して適用されます。

第3節 不文の税法

　租税に関する判例や行政先例（国税不服審判所裁決等）は、法令のような成文の形式では存在しませんが、広い意味での税法に含まれます。もち論、その正否は最終的には裁判所の判断するところではありますが、税法を解釈しようとする場合には、これらの存在は、無視することができない重要な要素といえます。

1　制定法の解釈を補い、欠缺(ケンケツ)等を補填する「判例」

　裁判所（主として最高裁）の判決で示された法律的判断が「判例」であり、同一の判断が積み重ねられれば、これを「判例法」といいます。判例ないし判例法は、制定法の解釈を補い、あるいは制定法の欠缺等を補填する役割を果たします。稀には、制定法の明文の規定に反した解釈もあります（なお、303頁参照）。

　判決は、その事件についてのみ当事者を拘束するに過ぎず、制度的には一般的な判例ないし判例法に拘束力はありません。上級審と下級審との関係にあっても同様です（なお、裁判所法4条、民事訴訟法321条1項参照）。しかし現実には、最高裁判所は、その判例を変更しようとする場合には大法廷による慎重な判断が要求されているところから、軽々には変更しませんし、下級裁判所は、最高裁判所の判例と異なった解釈で判決をすれば、最高裁判所で破棄されることが予想されるので、相当の理由がない限り判例に従った解釈で判決をします。そこで、一般人もあるいは行政庁も、敗訴を避けるため、判例ないし判例法に従った行動をすることになるのです。これが、現実の姿です。

　英米法系の国と異なり、わが国は成文法が中心ですが、税法の分野に

おいても、次第に判例ないし判例法が重要な地位を占めつつあり、税法を読むに際しては、それに関する重要な判例を参照する必要があります。

近時における重要判例ないし判例法の例としては——、

- 税務訴訟の立証責任（最高裁昭和38年3月3日三小判決・LEX/DB21017180）
- 利息制限法と所得税法第36条の収入金額の解釈（最高裁昭和46年11月9日三小判決・LEX/DB21037410）
- 財産評価通達の形式的適用による租税回避の不許（最高裁平成5年10月28日一小判決・LEX/DB22007879）
- 貸倒れに関して社会通念に従って総合的に判断すべきであるとした、いわゆる興銀事件（最高裁平成16年12月24日二小判決・LEX/DB28100148）
- 贈与により取得したゴルフ会員権の名義書換料の取得費構成（最高裁平成17年2月1日三小判決・LEX/DB28100311）
- 被相続人の居住の用に供されていた土地についての区画整理事業による仮換地の指定と小規模宅地の特例の適用（最高裁平成19年1月23日三小判決・LEX/DB28130317）
- 相続税の課税対象となった年金形式で受け取る生命保険金に対する所得税の課税の適否（最高裁平成22年7月6日三小判決・LEX/DB25442386）
- 破綻したゴルフ会員権を譲渡した場合における取得費等（東京高裁平成24年6月27日判決・LEX/DB25482403）

など、数多く見受けられます。これら判例の射程範囲を知り、実務に適用する必要があります。

ここに、判例の読み方の重要性があるのです。

2　通達、裁決等が果たす役割も大きい

行政庁において、長い間繰り返して採用されてきた取扱いを、「行政先例」といいます。これを税法の法源というかどうかについては議論の

あるところですが、現実の税の賦課・徴収において、課税当局がとるべき基準を示すものとして果たす役割を無視することはできません。

租税に関する行政先例の主なものには、国税不服審判所裁決があります。なお、通達は、行政先例ではないとする説が通説ですが、便宜、この箇所で述べることとします。

通達は、国税庁長官がその所掌事務について、国税局、税務署の職員に対して発する命令です（国家行政組織法14条2項）。

既に述べたように、法文の表現には限界があり、そのため、税法の具体的な適用に当たっては解釈上の疑義が生ずることがあります。例えば、法律で「生計を一にする親族」（所得税法2条1項34号）といっても、勤務、修学、療養等の関係から日常の起居を共にしていない場合はどうか、同一の家屋に起居していても独立した生活を営んでいたり、賄料を負担している場合はどうか、元夫が離婚した前妻が親権を行使する未成年の子供に養育費を支払っている場合はどうか、などの解釈を明らかにする必要があります。そして、その解釈や取扱いが全国の税務署間ないし税務職員間で区々であれば不公平となるので、これを全国的に統一する必要があります[注1]。

また、すべての事象を法律上で表現し切れないため、既述のように、不確定概念である「正当な理由」とか「やむを得ない理由」[注2]等の文言で表現せざるを得ない場合があります。このような場合にも、各税務署間、各税務職員間でその解釈等に差があるようでは不公平になります。そこで、その統一解釈を示したり、運用方針や具体的な執行方法を示したりする必要があり、それが通達という形で明らかにされます。

したがって、例えば、国税庁長官が発する解釈通達は、行政庁内部での解釈を示すに留まり、納税者をなんら拘束するものではないことは当然であり、その解釈が正当であるかどうかは、最終的には具体的事件に即して訴訟で争い得るものです[注3]。もっとも、行政庁内部の解釈とはいえ、税法の専門家が立法趣旨や国会での審議を踏まえ、立法担当者（国税にあっては財務省主税局）の意見を開き、必要なときは法制担当者（内

閣法制局）の見解も確かめるなど、慎重に審議した結果のものであり、徴税側からの一方的見解というようなものではないといえましょう。

　このように、通達そのものは税法の法源ではないというべきですが、通達に従い、長い間繰り返して採用されてきた取扱いが実際上果たしている役割は、大きいといわざるを得ません。

　一方、裁決は、国税不服審判所長が個別的、具体的審査請求事件に対して示す判断です。国税不服審判所長は、国税に関する審査請求事件において、一定の手続（国税通則法99条）を踏んで、国税庁長官が発した通達に示されている法令の解釈と異なる解釈により裁決をすることができるし、また、従来解釈が明らかでなかったものについて自己の解釈により裁決をすることもできます。

　このような裁決が積み重ねられたときは、これらの裁決は行政先例ということができるでしょう。もち論、裁決の当否は、最終的には裁判所によって判断されることになります。

（注1）もっとも、通達レベルまで降りても、なおすべての事象をカバーしきれないので、例えば、「この通達の定めにより難い場合」には、「国税庁長官の指示」を受けることを命じたり、「実情に応じ、処理する」ようにしているケースも多く見受けられます。

（注2）「正当な理由」と「やむを得ない理由」のその差異と内容については、199頁を参照して下さい。

（注3）「通達における解釈の是非を巡って訴訟で争っても、裁判官は、通達の肩を持つ」という意見を耳にすることがあります。しかし、それは誤解であり、要するに通達解釈が中正、公正であれば裁判官はそれを支持するのであって、通達に引っ張られて結論を出すということはないといわれています。

第4節　税法の構成

　税法の解釈に際しては、その前提として根拠条文の検索、発見が必要ですが、その作業のためには、まず税法の構成を理解する必要があります。
　国税に関する法律は、国税通則法その他の共通法と、所得税法、法人税法等の個別税法とに分けることができますが、税法の構成を理解するためには、この共通法と各税法との関係、特に国税通則法と各税法との関係を把握することが重要であり、基本といえます。

1　税法は、「実体法」「手続法」「救済法」「処罰法」の４種類

　税法は、その内容によって、大きく次の４種類に分類することができます。

　① 課税権者である国又は地方公共団体と納税者との間の租税法律関係の実体を規律している「租税実体法」
　② 租税の賦課、徴収等の租税債権の実現のための手続を規律している「租税手続法」
　③ 租税の賦課、徴収等の税務官庁の処分に対する不服申立て及び訴訟等の権利救済制度について規律している「租税救済法」
　④ 税法違反に対する処罰とその手続等を規律している「租税処罰法」

　一般的には、①には所得税法、法人税法、相続税法等の各税法が属し、②には国税通則法、国税徴収法等が、③には国税通則法、行政不服審査法、行政事件訴訟法等が、④には所得税法等の各税法と国税犯則取締法等が属します。

ところで、これらは、それぞれ単独の法律として完結的に規定されているわけではなく、①、②、③、④に属する規定の内容は相互に入り組んでおり、例えば、①に属する所得税法にも②に属する手続規定が盛り込まれています(注)。

また、例えば、租税の賦課に関する手続は、後述するように（32頁以下）、一般的には国税通則法に規定されていますが、各税法の特色に基づく特例はその各税法でも規定されているという関係にあります。これらの関係を正確に把握しないと、税法相互の関係が理解できなくなります。

（注）当然のことですが、実体規定と密接な関係にある申告、申請手続、その承認手続等に関する規定は、その各税法で規定されています。

2　各税法に共通する部分をまとめたものが「国税通則法」

各税法に共通する事項を規定する法律として、「国税通則法」があります。この国税通則法が理解できていないと、各税法を正確に理解することができません。

この共通部分と各税法との構成については、諸外国の税法の構成を見ても、通則法と各税法とを統合して一つの税法とする単一法典方式か、これらを別個の単行法として併存させる方式かに分かれます。しかし、いずれにしても税体系の原則として、通則法典を有することに変わりはありません。

わが国も、昭和37年の国税通則法の制定によって、このような国々の仲間入りをしました。それでは、国税通則法制定前においては、この各税に共通する部分はどのように規定されていたのでしょうか。

所得税なり法人税なりには、それぞれその税独自の課税物件、納税義務者、課税標準、税率等の課税要件があり、さらにその税特有の事情を踏まえて、その申告手続や納期等に関する手続があります。国税通則法が制定されるまでは、各税法で個別にこれらのすべてについて規定していました。しかし、これらの税や資産税、消費税等を併せ見ても、例え

ば、更正・決定や不服審査のように各税の特有性を持たせる必要が全くない共通事項も少なからずあります。これらの共通事項については、本来、税目にかかわらず同一の取扱いとすべきものですが、昭和37年以前はその根拠法律を異にしているために、合理的な理由がないまま各税目間に差が生じていたものもあったのです。

そこで、このような不合理を解消するために、個別税法の共通部分をまとめて一つの法律にしたのが、国税通則法です。

3 通則法と各税法とは"一般法と特別法の関係"

各税法の手続面については、まず国税通則法を適用するのですが、同法の規定を各税の特殊性から変更すべきところについて各税法で規定しているのです。

各税に関する手続のうち、申告、更正・決定等の納税義務の確定、納付、徴収、猶予、担保、還付、附帯税、期間計算、税務調査、不服審査、訴訟、端数計算等は、各税共通であるところから、国税通則法で規定されています。もっとも、これらに関する部分でも、例えば、青色申告書に係る更正の場合の理由付記など、各税特有の事情から取扱いを変える必要がある場合には、個別税法（各税法）でその旨を規定することとしています。したがって、国税通則法と個別税法との関係は、いわゆる「一般法と特別法の関係」にあり[注1]、国税通則法で規定している事項について個別税法にも特別の規定があるときは、その個別税法の規定が優先して適用されることになります。この場合に、個別税法の規定は国税通則法の規定を前提として規定されているので、国税通則法の規定が理解できていないと、それに関連する個別税法の規定も理解できないことが少なくありません。

この関係は、一般的にいって、国税通則法以外の共通法（例えば、租税特別措置法）と国税通則法との関係又は個別税法と各種共通法との関係にあっても同様であり、例えば、国税通則法で規定している事項について他の共通法でも規定している場合には、他の共通法の特別の規定が

優先して適用されます。

　しかし、この関係はあくまでも相対的なものであって、例えば、一般法たる行政不服審査法や行政事件訴訟法に対しては、国税通則法は特別法たる地位に立つのです。

　したがって、ある具体的事件に当てはめるべき法令が二つ以上あるときは、それらが一般法と特別法の関係にあるかどうかをまず確認する必要があります（これについては76頁で詳説します）。

　なお、ここで国税とは、関税、とん税、特別とん税以外の国が課する税、すなわち内国税をいい、以下、特にことわらない限り、国税とは内国税をいうこととします[注2]。

　これらの関係を手続の流れを中心に図解すれば、次頁の図2−1のようになり、さらに、一般法と特別法という観点からその適用関係を図にすれば、図2−2のようになります。上位にある法律（特別法）が下位にある法律（一般法）と抵触する場合には、特別法が適用されます。また、国税通則法に規定する事項を中心に図解すれば、次々頁の図3のようになります。

（注1）ある事柄について一般的に規定した法令があり、他方、同じ事柄について、特別の「場合、対象、地域等」を限定して、この一般的に規定した法令の内容と異なる内容を規定した法令がある場合には、この二つの法令は、「一般法」と「特別法」の関係にあるといいます。

（注2）ここで、個別税法（各税法）を列挙すれば、次のとおりです。

　　■国　税
　　・所得税法（申告所得税、源泉徴収所得税）
　　・法人税法（法人税）
　　・相続税法（相続税、贈与税）
　　・地価税法（地価税）［凍結中］
　　・登録免許税法（登録免許税）
　　・消費税法（消費税）　［※36頁に続く］

◆ 図2−1：手続の流れから見た個別税法（各税法）と国税通則法及び租税特別措置法との関係

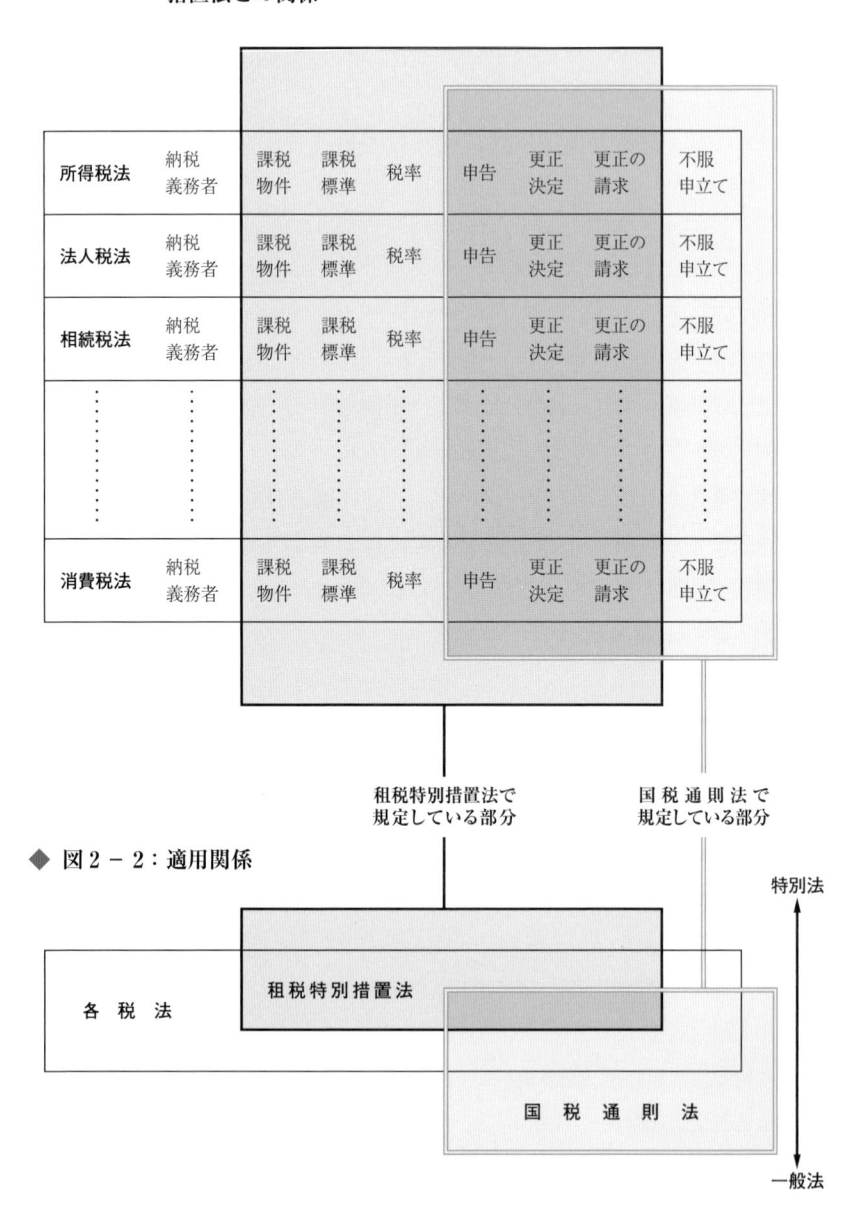

所得税法	納税義務者	課税物件	課税標準	税率	申告	更正決定	更正の請求	不服申立て
法人税法	納税義務者	課税物件	課税標準	税率	申告	更正決定	更正の請求	不服申立て
相続税法	納税義務者	課税物件	課税標準	税率	申告	更正決定	更正の請求	不服申立て
⋮	⋮	⋮	⋮	⋮	⋮	⋮	⋮	⋮
消費税法	納税義務者	課税物件	課税標準	税率	申告	更正決定	更正の請求	不服申立て

租税特別措置法で規定している部分　　国税通則法で規定している部分

◆ 図2−2：適用関係

各　税　法	租税特別措置法	
		国　税　通　則　法

特別法 ↑

↓ 一般法

第1章 税法の構成

◆ 図3：国税通則法に規定する事項を中心にした同法と各税法との関係

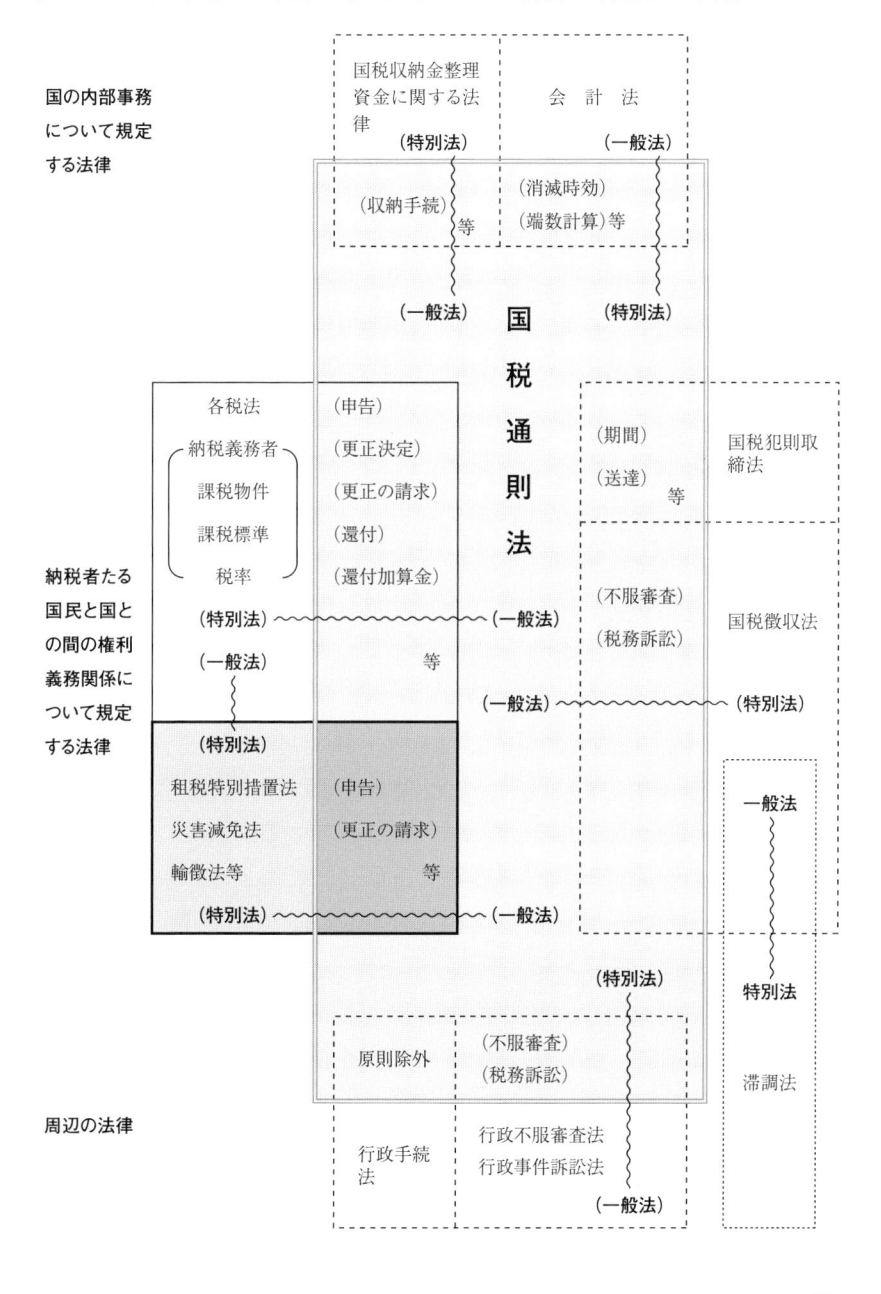

国の内部事務について規定する法律

| 国税収納金整理資金に関する法律 (特別法) | 会　計　法 (一般法) |

(収納手続) 等　　(消滅時効)(端数計算)等

(一般法)　　(特別法)

国税通則法

各税法
（納税義務者
　課税物件
　課税標準
　税率）

(申告)
(更正決定)
(更正の請求)
(還付)
(還付加算金)

(期間)
(送達) 等

国税犯則取締法

納税者たる国民と国との間の権利義務関係について規定する法律

(特別法)〜〜〜(一般法) 等

(一般法)

(不服審査)
(税務訴訟)

国税徴収法

(一般法)〜〜〜(特別法)

(特別法)
租税特別措置法
災害減免法
輸徴法等

(申告)
(更正の請求)
等

(特別法)〜〜〜(一般法)

一般法

特別法

滞調法

(特別法)

原則除外
(不服審査)
(税務訴訟)

周辺の法律

行政手続法　　行政不服審査法　行政事件訴訟法

(一般法)

35

・酒税法（酒税）

・たばこ税法（たばこ税）

・揮発油税法（揮発油税）

・地方揮発油税法（地方揮発油税）

・石油ガス税法（石油ガス税）

・航空機燃料税法（航空機燃料税）

・石油石炭税法（石油石炭税）

・自動車重量税法（自動車重量税）

・印紙税法（印紙税）

・電源開発促進税法（電源開発促進税）

　なお、臨時的な特別税として、復興特別所得税及び復興特別法人税を創設する「東日本大震災からの復興のための施策を実施するために必要な財源の確保に関する特別措置法」（平成23年法律第117号）やたばこ特別税を創設する「一般会計における債務の承継等に伴い必要な財源の確保に係る特別措置に関する法律」（平成10年法律137号）、その他旧物品税、再評価税等の旧税に関して規定する多数の旧税法があります。

■地方税

　地方税法（道府県民税、事業税、不動産取得税、道府県たばこ税、ゴルフ場利用税、地方消費税、自動車税、鉱区税等の道府県税及び自動車取得税、軽油引取税、狩猟税等の道府県目的税並びに市町村民税、固定資産税・都市計画税、軽自動車税、鉱産税、特別土地保有税（凍結中）等の市町村税及び入湯税、事業所税、宅地開発税、国民健康保険税等の市町村目的税）

4　国税通則法以外の共通法の位置づけ

　租税特別措置法など、国税通則法以外の共通法が規定している内容の概要に触れておきます。

　租税特別措置法は、所得税、法人税以下の各税について、種々の政策的見地から、当分の間その税負担を軽減、免除若しくは重課し、又はこれらの税に係る納税義務、課税標準、税額の計算、申告書の提出期限若

しくは徴収に関する特例を設けている法律です。したがって、個別税法を読むときは、それについて租税特別措置法で特例が設けられていないかどうかを検索する必要があります。

なお、特別措置と対置させる意味合いから、個別税法で規定されている内容を「本則」と呼ぶことがあります。その意味で、個別税法は租税特別措置法との関係では一般法ですが、国税通則法との関係では特別法となります（なお、この関係については76頁で詳説します）。

災害減免法は、正確には「災害被害者に対する租税の減免、徴収猶予等に関する法律」といい、その題名のとおり、災害を受けた納税者に対し、租税の軽減、免除、徴収猶予、還付及びこれらの手続を定めています。東日本大震災の被災者等の負担の軽減を図る等のため、所得税法その他の国税関係法律の特例を定めた「東日本大震災の被災者等に係る国税関係法律の臨時特例に関する法律」も同様に、いずれも、個別税法との関係及び国税通則法との関係において、特別法となります。

輸徴法は、正確には「輸入品に対する内国消費税の徴収等に関する法律」といい、その題名のとおり、輸入する物品に係る酒税、消費税、揮発油税等の内国消費税について、その納税義務の確定手続、納付、徴収及び免除等について定めています。

国税徴収法は、国税債権の有する二大特色である優先徴収権と自力執行権について定めるもので、私法秩序との調整を図りつつ、国税債権の私債権に対する優先権、滞納処分その他の徴収に関する手続について定めています。

滞調法は、正確には「滞納処分と強制執行等との手続の調整に関する法律」といい、その題名のとおり、同一財産について私債権による強制執行等と公租公課による滞納処分とが競合した場合の手続の調整について定めています。

国税徴収法は、国税通則法との関係においては特別法ですが、滞調法との関係においては一般法です。

国税犯則取締法は、国税の脱税事件は一般の刑事事件とは異なった特

色があるところから、特に収税官吏に調査権限を与え、その調査の方法、告発、通告処分等について定めています。国税犯則取締法は、どちらかといえば刑事訴訟法の特別法でもあります。

　会計法は、国の債権債務の処理方法について定めている法律であり、国税との関係においては消滅時効、端数計算等について規定しているところですが、これらの点については、国税通則法は租税の特質から別段の定めをしており、その意味で、会計法は一般法、国税通則法は特別法となります。

　国税収納金整理資金に関する法律は、国庫金である国税収納金の処理等の面において税務署長や徴収職員に特別の地位を与えており、その意味で、同法は国税通則法の特別法となります。

　行政手続法、行政不服審査法、行政事件訴訟法については、国税の特殊性から、国税通則法において別段の定めをしています。その意味で、これらの法律は一般法であり、国税通則法は特別法です。

　その他情報通信技術利用法（正確には、「行政手続等における情報通信の技術の利用に関する法律」）及び電子帳簿保存法（正確には、「電子計算機を使用して作成する国税関係帳簿書類の保存方法等の特例に関する法律」）があります。前者は、いわゆる電子政府の推進のため、申請、届出等の法令に基づく行政機関等の手続等について、原則として、オンラインによることを可能にするものであり、国税通則法をはじめ、各税法の特別法となります。また、後者は、情報化の進展と規制緩和等の観点から、適正公平な課税を確保しつつ、納税者の帳簿保存に係る事務負担・コスト負担の軽減を図るものであり、各税法の特別法となります。

第2章

法令解釈の必要性とその原理

第1節 法令解釈の必要性

　法令解釈は、①固定的な規定を社会・経済事象の変化に即応させる必要があること、②抽象的な規定に具体的現象を当てはめる必要があること、③文字、文章の表現力には限度があることから、不可欠です。
　そして、法令解釈に際しては、法の趣旨、目的が第一であり、法条の用語による制約は、二の次であるということを理解して下さい。

1　抽象的な法文を具体的事件に当てはめるために法令解釈は不可欠

　法令は、すべて抽象的にその要件、効果等を書いており、経済的事象に当てはめるべき税法も、この点は全く同じです。
　いま、具体的な事件があったときに、その具体的事件に抽象的に書かれた法令を当てはめるわけですが、まずは、その法令が適用できるものかどうか、その内容を分析し、検討する必要があります。その作業が法令の解釈です。したがって、どのような法令にも、多かれ少なかれ法令の解釈は必要であるといえます。
　成文法というものは、それが理想的にできておれば、その文字、文章の意味を辿って解釈すれば、その真意を把握することができるものです。
　また、法令の立案者も、立案にあたっては、文法上も用語上も細心の注意を払ってそのいわんとするところを正確に表現しようと努力しているので、法令の解釈に当たっては、まずその文字を忠実に辿り、文法に従ってその法令の意味を明らかにするようにしなければならないことはいうまでもありません。
　しかし、次のような理由から、どうしても、法令の文字、文章の解釈

だけでは満足な結果を得ることができず、その法令の文字、文章の表現から離れても、法令の趣旨、目的に従って解釈しなければならないことがあります。

① 社会・経済事象は極めて複雑で変転きわまりないものであるのに対し、成文法はどうしてもある程度の固定性を有するものであり、その変化に追い付けない面があること。
② 法令は、その性質上、一般的、抽象的な定め方をせざるを得ないので、その規定が個々の具体的な現象に適合するかどうかについて検証する必要があること。
③ 文字、文章の表現力には限度があること。

①については、「法律は、成立した瞬間から古くなる」といわれています。法律は、成立時の社会・経済情勢を反映して制定されるものであるところから、これは致し方のないことといえます。社会・経済情勢の変遷に伴って解釈が変えられた最近における具体的な例を挙げてみます。

会社法制定に伴う改正前の商法第36条第1項（商業帳簿等の保存）は、「商人ハ10年間其ノ商業帳簿及其ノ営業ニ関スル重要書類ヲ保存スルコトヲ要ス」と規定していました。この規定は、明治32年の商法制定以来の条文であり、昭和13年に大改正があったものの基本的にはそのままでした。ちなみに、この規定に違反して破産すれば、詐欺破産罪等となり、10年以下の懲役などに処せられました（〔旧〕破産法374条3号、375条4号）。

ところが平成に入ってから、条文はそのままでありながら、その解釈が大きく変えられたのです。すなわち、従前は当然のことながら、10年間を通して紙に書かれた商業帳簿等を保存すべきものと解されてきましたが、最近の電子機器等の発達と企業におけるその採用に鑑み、平成7年3月10日発表の法務省見解によれば、「商法は商業帳簿を10年間保存すべきことを規定しているが、書面によって商業帳簿等を保存し

なければならないとする規定はない。したがって、現行商法の下でも、債権者、株主等の閲覧の請求に応じて合理的期間内に商業帳簿等を見読可能なものとすることができるのであれば、商業帳簿等を電磁的記録によって保存することは可能である。」とされたのです[注]。

その後、平成13年11月、（旧）商法33条ノ2（商人ハ会計帳簿又ハ貸借対照表ヲ電磁的記録……ヲ以テ作ルコトヲ得）が規定されたので、電磁的記録の根拠条文が初めて規定され、それが現在の会社法第617条第3項の原型となっています。

②については、既述の「生計を一にする」の解釈（28頁）がそうですし、③については、既述の「遊戯具、玩具はパチンコ球遊器を含むか」の問題（20頁）がそうです。

このように、法令解釈は、一見簡単な文字、文法の解釈でも複雑な問題を含んでいる場合が少なくなく、また、趣旨解釈や憲法問題にまで影響します。

次に、その例をいくつか挙げてみましょう。

（注）このような解釈は、適正・公平な課税を目的とする税法ではとられておらず、電磁的記録によって帳簿書類を保存しようとするときは、「電子計算機を使用して作成する国税関係帳簿書類の保存方法等の特例に関する法律」（いわゆる電子帳簿保存法）及び地方税法第6章の定めるところによらなければなりません。法律が異なれば解釈が異なる例でしょう。

2　法令解釈の必要性の例──簡単に見えても難しい「日の出」、「日没」の解釈

文字、文章の表現力には限度があるので、それを解釈で補う必要があります。

文字の解釈が一見簡単なようでも、非常に難しく、複雑な問題を含んでいる場合の例として、例えば、「日没」、「日の出」とは、正確には何時を指すのであろうか、という問題があります。

国税犯則取締法及び国税徴収法では、夜間における私生活の安寧を保つ趣旨から、原則として、日没から日の出までの間の強制調査を禁止しています。では、この日没、日の出とは、太陽の上端が地平線にかかったときで判断するのでしょうか。それとも、中点か、下端か。曇天などで太陽が見えないときは何で判断するのか。地平線が見えない山間ではどうか。北海道での日没、日の出を東京のそれで判断するのか。それとも、日本標準子午線のある明石か、各地方ごとかなど、簡単なようでも複雑な問題を包含しており、現に訴訟になった事件もあります[注]。

（注）ちなみに、日没、日の出は、太陽の最上点が地平線上に見える時刻をいい、その地方の暦によります（大審院大正11年6月24日判決・LEX/DB23000025）。

3　法令解釈の必要性の例——趣旨解釈が求められた"旧入場税の納税義務者"

　趣旨解釈が必要な例として、例えば、旧入場税法に関する有名な事件ですが、「……者」という表現で「人格のない社団又は財団」（同法には、これらを法人とみなす旨の規定がなかったのです）が含まれるかという問題がありました。法令用語としての「者」（「しゃ」と発音します）は法人と個人のみを意味し、人格のないものも含ませる場合には、「もの」と平仮名で表現するのが通例であるからです（なお、54頁、155頁参照）。

　旧入場税の納税義務者については、旧入場税法では「興業場等（著者注：これについては別に定義がある）の経営者又は主催者」と表現していました。したがって、この経営者又は主催者が個人又は法人の場合には、これに含まれることについては異論がないが、人格のない社団又は財団（例えば、○○地区勤労者音楽協議会）が含まれるかどうかについて争われた事件です。

　これについては、次の点を理由として、人格のない社団等も経営者等に含まれるとされました（東京高裁昭和47年6月28日判決・LEX/DB21039600）。

① 入場税法は、興業場への入場者の娯楽的消費支出に担税力ありとして課税するものであり、その徴収の方法として経営者等に対して入場税を徴収、納付すべきことを命じているものであること。
② 一般社会において催物企画等の社会的活動をなし、催物を主催する立場にある者としては人格のない社団等が多数存在し、入場税法にいう「経営者」、「主催者」なる用語は、これを排斥しているものではないこと。
③ 入場税法の非課税団体として、別表に社会教育関係団体等人格のない社団等を掲げていることは、入場税法が納税義務者につき法人格の有無を問わないものとしていることを裏付けていること。

これは、法律解釈には相当程度その法律の趣旨が入り込むことを示す例であり、用語の制限は絶対ではないということを知る必要があります。

4　法令解釈の必要性の例──適用が違憲とされた"相続税の3年縛り"（大阪地裁平成7年10月17日判決・LEX/DB22008371）

　法律上明文の規定があり、それに基づいた税務署長の処分であっても、それが憲法違反（例えば、財産権の保障）であれば、結局は判決で取り消されます。
　憲法が結論に影響を及ぼした例としては、相続開始前3年以内に取得した土地等の課税価格の特例があります。平成8年度改正前の租税特別措置法第69条の4は、相続開始前3年以内に取得した土地等については、その取得価額でもって課税価格とすると規定していました。これについては──、
① その立法目的との関連で著しく合理性を欠くことが明らかであるとまではいえず、法令自体を憲法違反であるとすることはできないが、
② 土地の実勢価格が取得時に比べて半分以下に下落している場合には、この特例規定を適用して相続税を課税することとすると、納付

すべき税額が相続時の相続財産の実勢価格をも上回るという不合理な結果となり、憲法違反（財産権侵害）の疑いが極めて強いといわざるを得ない[注]。

とされたのです（前掲大阪地裁判決。なお、大阪高裁平成10年4月14日判決 LEX/DB28030855 では、平成8年度改正法附則第19条の適用により逆転国側勝訴）。

この一審判決は、憲法問題が解釈に影響を与えた例であり、たとえ法律上で明文の規定があっても、それが上位概念である憲法に違反すれば無効となる（本件は、適用違憲です。304頁参照）という例です。

（注）憲法第29条（財産権）は、「財産権は、これを侵してはならない」と規定しており、相続財産の価額以上の相続税の課税は、これに抵触するとされたのです。

5 規定の種類によって解釈が異なる——訓示規定と効力規定、強行規定と任意規定、創設規定と確認規定

(1) 訓示規定と効力規定

「訓示規定」とは、法律が一定の義務を課しているが、仮にそれに違反する行為等があっても罰則はなく、その違反した法律行為ないし行政処分の効力にも影響のないものをいいます。

これに対して「効力規定」とは、それに違反する行為等があった場合には、その法律行為ないし行政処分の効力が否定されるような効力を持つ規定のことをいいます。

そこで、税法中のある規定が単なる訓示規定であるのか、効力規定であるのかによって、解釈上差異が生ずることになります。

訓示規定は、通常、公務員等の特別の監督下にある者に対する規定であることが多く、例えば、公務員であれば、その規定の違反行為があった場合に、特に罰則がなくても懲戒処分や分限処分等に処せられ、また、上級行政庁による監督の結果是正されることも考えられます。

これらの具体的な例を挙げると、国税通則法第 36 条第 1 項は、同項各号に掲げる賦課課税方式による国税等を徴収しようとするときは、税務署長は「納税の告知をしなければならない。」と規定していますが、この規定は、国税の徴収を進めるための基本的前提となる重要な規定ですから効力規定と解すべきであり、この手続を欠いた場合には、以後の徴収処分は無効となります。

　これに対して、同じく国税通則法第 37 条第 2 項は、「督促状は、……その国税の納期限から 50 日以内に発するものとする。」と規定していますが、この規定は、滞納処分を開始する前提条件である督促状の発信が各納税者によって区々となっては不公平であるので、なるべく同一時期に発するように、税務署長に対してその時期を示したものですから、たとえこの時期に遅れて発付されても、合理的理由があればその効力には影響がないと解すべきです。

　これらは、挙げてその規定の趣旨から忖度すべきものですが、どちらかといえば、「……しなければならない」と規定されているときは効力規定であることが多く、「するものとする」と規定されているときは訓示規定であることが多いといえます。

　なお、税法のなかには、効力規定か訓示規定かについて誤解が生じないように、例えば、法人税法第 151 条第 5 項の如く、「前各項の規定による自署及び押印の有無は、法人税申告書の提出による申告の効力に影響を及ぼすものと解してはならない。」と規定しているものもあります。

(2) 強行規定と任意規定

　「強行規定」とは、当事者の意思によって左右することが許されず、無条件に適用される規定であり、また、「任意規定」とは、当事者はその規定と異なる内容の意思表示をすることができ、そのような意思表示がない場合に限り、適用される規定です。

　民事法にあっては、通常、公序良俗に反しない限り法律の規定と異なった契約も認められますが、税法にあっては、まずすべての規定が強行規

定に属すると解すべきであり、税務署長と納税者との間の契約等により租税債権債務関係を左右することはできません。

　もっとも、アグリーメント方式によって事前に税務官庁の了解を得た経理処理をすることもありますが、これは民事法上の私的自治とは異なり、例えば二つ以上の経理処理の方法がある場合に、継続適用を条件に一つの方法の選択を認めるものなどであって、税務署長と納税者との間の契約等により租税債権債務関係を左右するものではありません。

(3) 創設規定と確認規定

　「創設規定」とは、新しい法律関係を創設する規定であって、税法の大部分はこの創設規定です。

　これに対して「確認規定」とは、既存の法律又は法理により既に設定されている法律関係について、念のため確認的に規定するものであり、解釈上の疑義を防止しようとするものです。

　例えば、所得税法第12条の「実質所得者課税の原則」に関する規定は、税法には租税正義の立場からまず実質課税という基本原則があり、それを課税客体について確認的に規定したものであると解されています。仮に、租税法律主義の立場からこの規定が創設規定であるとすれば、「所得者」については実質的な所得者に課税することができるが、「所得」そのものについては実質的に把握して課税することができないということになります。

　もっとも、このような法理等による確認規定という解釈には自ずと限界があって、やはり、租税法律主義との関係から租税の基本原則を解釈に持ち込むにも限界がありますが、他方、租税法律主義にも限界があると考えなければならず、これら相互の要請が合理的に満たされる必要があります。

6　解釈には通説、多数説、少数説など数多く存在する

　税法の解釈は、その立場や考え方により差異が生ずるから、当然、一

つの規定の解釈として、通説、多数説、少数説など数多く存在します。

　しかし法律解釈は、最終的には最高裁判所の判断により統一されることになります。すなわち、最高裁判所裁判官の多数（大法廷であれば、15人中8人）の賛同を得た解釈が、その時のその事件に関する関係法律の確定解釈となります（したがって、その後の最高裁判官の異動により、その解釈が覆されることもあり得ます）。

　もっとも、その解釈もその時の社会経済情勢によって変化するものですから、確定不変の解釈はないといってよいでしょう。税に携わる者は、このことを念頭に置き、積極的に自己の解釈を打ち出すべきであると考えます（なお、78頁参照）。

第2節　解釈の原理──基本的態度と方法

　法律解釈に当たっては、まず、「文理解釈」から入り、次に「論理解釈」を行います。いずれにしても、その規定の趣旨、目的に基づき解釈することが重要です。
　解釈に当たって留意すべき基本的態度としては、①正義と公平、②諸事情の変化への対応、③結論における妥当性の三点が挙げられます。

1　解釈の基本的態度──「正義と公平」と「結論の妥当性」

　一般的に、法律解釈（学理的解釈）[注1]の方法としては、法文の文字や文章の意味を理解しようとする「文理解釈」（あるいは文字解釈）と、規定全体の趣旨とか目的から問題としている条文の正しい意味を理解しようとする「論理解釈」（あるいは目的論的解釈）とがあります。
　第1節で述べた例のうち、日没、日の出の解釈はどちらかといえば文理解釈であり、旧入場税法の主催者、経営者の解釈はどちらかといえば論理解釈です。また、相続税3年縛りの解釈は、法令間の矛盾抵触を解決するための原理の一つである「法令の形式的効力の原理」の適用であり、これについては後述します（75頁参照）。
　法令の解釈に際しては、この文理解釈と論理解釈の二つの方法を適切に分配して、まず問題としている条文の文字や文章の意味を汲み取り、次いで規定全体の趣旨や目的に照らし、社会・経済事象の変化を考慮し、その結果が正義と公平の観念に合致するかどうかを検討しながらその内容を判断し、決定しなければなりません。
　この点に関しては、旧ドイツ租税調整法（Steueranpassungsgesetz）

の規定が参考になります。同法の第1条第2項は「租税法の解釈に際しては、国民の通念、租税法の目的及び経済的意義並びに諸事情の発展が考慮されなければならない。」とし、同条第3項は「事実の判断についても同様である。」としていました[注2]。この「国民の通念」の意義などに関しては種々議論のあるところですが、要するに——、

① 租税法の解釈と事実認定に当たっては、その文言に拘泥することなく、
② 国民が税とはどういうものであるかと考えているその観念
③ 租税法全体の目的ないし根本理念
④ 民商法等とは異なる租税法独自の意義
⑤ 社会・経済事象の変遷発展を考慮しなければならない

ということであり、予測可能性等の問題はあるものの、方向としては解釈の基本的態度のあるべき姿を示すものといえるでしょう。

次に、法令解釈の結論は妥当なものでなければならない、という点について、元内閣法制局長官の林修三氏は、大要、次のように述べておられます（林修三『法令解釈の常識』日本評論社・190頁以下）。

「法令解釈は、具体的な事件において、その場合に適用されるべき法は何であるかということを探し出し、知ることである。そして、わが国のように成文法主義をとる国では、法令の解釈は、先ず、成文法の文理解釈から始められるが、文理解釈で足りないところは、論理解釈で補う。この論理解釈に当たっては、法令の趣旨、目的、立法者の意図、立法後における各種の状態の変化、現実の社会における正義と公平の観念への適合ということが重視されなければならない。

法令の解釈は、根本的には、論理的、演繹的なものであるが、結論を帰納的に検算し、検討することを忘れてはならない。

法令の解釈に当たっては、一派の学説のみに頼ることなく、常にひろい心を持ち、弾力性のある態度を持たなければならない。しかし、ご都合主義、融通無碍がいいということではなく、その結論が、その事例のみではなく、他の事例にも適用できるという普遍妥当性が必要である。」

すなわち、結論が妥当でない解釈は、その解釈が間違っているか、立法の誤りかのいずれかであり、前者であればさらに妥当な解釈を模索し、後者であれば変更解釈（68頁参照）をすべきでしょう。

　なお、「結論が妥当か否か」は、解釈した当人が行うこととなりますが、どうしても「自分で出した結論は妥当である」と思い勝ちです。したがって、これを避けるためには、普段から中庸の価値観を培うように努める必要があります。

　ただ、価値観自体も変遷するものであり、また、独自の価値観もあって当然ですが、その価値観がその時の最高裁判所裁判官の多数の賛同を得られるか否かの問題となります。

（注1）このほかに、3で述べる法規的解釈（あるいは立法解釈）があります。
（注2）この旧ドイツ租税調整法第1条第2項及び第3項の規定は、租税通則法（Abgabenordnung. A01977）には承継されていませんが、これは、この規定が租税法に内在する基本原則を確認したものであるからといわれています（小松芳明『法人税法概説（5訂版）』有斐閣双書・16頁）。

2　法令解釈の方法は「法規的解釈」と「学理的解釈（文理解釈・論理解釈）」の2種類

　法令解釈の方法の分類については、種々の説がありますが、代表的なものは、次のように分類しています。

　　A　法規的解釈（立法解釈ともいいます）
　　B　学理的解釈
　　　a　文理解釈（文字解釈ともいいます）
　　　b　論理解釈（目的論的解釈ともいいます）
　　　　(a)　拡張解釈
　　　　(b)　縮小解釈
　　　　(c)　変更解釈
　　　　(d)　反対解釈

(e) 類推解釈
　(f) もち論解釈

　以下、順次解説していきます。

3 「法規的解釈」（立法解釈）は法令自体が下す解釈
　「法規的解釈」とは、法令中のある規定の意味をその法令又は他の法令で規定して、その解釈を示すことをいいます。この方法は、法令の規定の解釈上の疑義を少なくする意味から活用されています。
　この方法には、法令中に用いられている用語の「定義規定」を設ける方法と、「みなす」という法令用語（174頁参照）を使用してある事柄を法令上別の事柄と同視して取り扱う方法とがあり、その他にも「目的規定」や「趣旨規定」、「解釈規定」を設ける方法も、間接的ではありますが、法規的解釈を示す一つの方法であるといわれています。

(1)「定義規定」
　定義規定は、おおむね次のような形で設けられています。
　① 用語の定義をまとめた条文を置く方法
　② 個々の条文中に設ける方法
　③ 後出の条文で引用する方法
　①の例としては、所得税法第2条や法人税法第2条があり、例えば、法人税法上の「欠損金額」とは、「各事業年度の所得の金額の計算上当該事業年度の損金の額が当該事業年度の益金の額を超える場合におけるその超える部分の金額をいう。」（法人税法2条19号）と定義されています。最近の法律には、第2条にこのような定義規定をまとめて設けるものが多く見られます。
　②の例としては、「……合併により消滅した法人（以下「被合併法人」という。）……」（国税通則法6条）のように条文中の随意の箇所で注釈的に説明を加え、いわゆる略称を法定する方法です。また、「第1項の

規定による控除は、寄附金控除という。」(所得税法78条4項)のような定義の仕方もあります注1)。

　さらに、条文中で、「贈与(贈与をした者の死亡により効力を生ずる贈与を除く。以下同じ。)……」(相続税法1条の3第4号)も一つの定義の方法です。しかし、「被合併法人」や「寄附金控除」のような定義規定であれば、その定義規定があるということはほぼ予想が付きますが、このような「以下同じ。」という形式の定義規定は、既出の条文全体を読まないと定義の有無が予想できないという難点があるので、注意が必要です。

　また、③の例としては、「……山林(事業所得の基因となるものを除く。)又は譲渡所得の基因となる資産……」(所得税法59条1項)のような規定を、その次の条文で「前条第1項に規定する資産」(なお、194頁参照)のように引用(同法60条1項)すれば、そのかっこ付きで引用したことになり、これも一種の定義規定といえましょう。

　また、例えば、国税通則法施行令第39条第1項第2号では、「住所及び居所(事務所及び事業所を除く。……)」との表現がありますが、これは、同令第4条第2項の「住所及び居所(事務所及び事業所を含む。以下同じ。)」の規定の存在を理解していないと、なぜこのようなかっこ書きが必要なのかが理解できないこととなります。

(2) みなす規定

　次に、「みなす規定」は「みなす」という法令用語(174頁参照)を使用して、ある事柄を法令上他の事柄と同一視しようとするものです。例えば、「人格のない社団等……は、法人とみなして、この法律の規定を適用する。」(国税通則法3条等)というように規定して、その法律の中で法人に適用される条文はすべて、人格のない社団等にも適用させる方法です注2)。この方法によれば、「法人」という用語を使用している条文ばかりでなく、法人と個人とを含めた意味で用いられる「者」(例えば、納税義務者)を使用している条文も、「人格のない社団等」に適用され

ることになります。

なお、立法的解釈の方法の一つとして、「確認規定」があります。これは、例えば、「…適用があるものとする。」とか「…は、…に該当するものとする。」といった表現で規定され、既存の法律との関係において問題が生じそうな点について規定を設け、解釈上の疑義を防止しようとするものです[注3]。

(3)「目的規定」「趣旨規定」「解釈規定」

「目的規定」や「趣旨規定」が設けられている例は多くあり、前者の例としては、国税通則法第1条は「この法律は、国税についての基本的な事項及び共通的な事項を定め、税法の体系的な構成を整備し、かつ、国税に関する法律関係を明確にするとともに、税務行政の公正な運営を図り、もって国民の納税義務の適正かつ円滑な履行に資することを目的とする。」と規定し、後者の例としては、租税特別措置法第1条は「この法律は、当分の間、所得税、法人税……その他の内国税を軽減し、若しくは免除し、……又はこれらの税に係る……税額の計算……若しくは徴収につき、所得税法、法人税法……及び国税徴収法の特例を設けることについて規定するものとする。」と規定しています。これらは間接的ではありますが、その法律の個々の条文の解釈に際しての指針となります。

「解釈規定」は、ある法律全体又はある法律中のある規定について、その解釈の方向ないし指針を示す規定であって、特にその解釈の仕方が問題となるような場合に設けられます。その法令の解釈の仕方について、立法者がどのように考えているかを明らかにするものです。

このような規定の例としては、例えば、所得税等の調査に係る質問検査権に関して、「……（当該職員の質問検査権等）の規定による当該職員の権限は、犯罪捜査のために認められたものと解してはならない。」（国税通則法74条の8）とする規定があります。これは、税務調査官による質問検査はあくまでも行政目的上の調査であり、納税者の租税に係る

刑事責任追及のための調査ではないことを明らかにすることにより、①税務職員による質問検査権の行使に際しては裁判官の許可状を必要とせず、また、②罰則により間接的に本人に不利益な事実の供述を強制しても憲法違反とはならない（すなわち、納税者には黙秘権がない）ことを明らかにしたものであるといわれています（最高裁昭和47年11月22日大法廷判決・LEX/DB21040750参照）。

　所得税法第155条第1項ただし書も、この解釈規定の一つです。

（注1）このように、各税法の第2条の定義規定の中で定義する方法と、個別の条文の中で定義する方法とがありますが、後者の方法は、その法律を読む者にとっては極めて不親切な方法といえます。しかし、この使い分けは、一種の立法美学ともいうべき考え方によっているのであって、定義といっても定義規定に馴染むものと馴染まないものとがあり、「これが定義規定だ」といえる程の内容があるかどうかによって使い分けられているのであって、その程度に至らない便宜的なものや限定的に使用されるものにあっては、後者の方法によることとなります。

　　なお、「個々の条文中に設ける方法」の場合には、例えば「……第○条までにおいて同じ。」というように、その定義が適用される条文を制限しているときがあるので注意が必要です。

（注2）第1節で述べた旧入場税法には、このような規定がありませんでした。

（注3）この範疇に属するものとして、例えば、所得税法第19条の規定があります。

4　通達や内閣の統一解釈は一つの"行政解釈"に過ぎない

　上述の法規的解釈に関連して、有権解釈、公定解釈や統一解釈という言葉があります。

　巷間、有権解釈、公定解釈といわれるものは、ある法令の施行について責任を有する上級行政庁が、その法令の規定についてその行政庁としての公の解釈を明らかにしたものであって、通常、通達又は質疑応答と

いう形で行われます。行政責任を有する国家機関の解釈という点では一応の権威はあるものの、一つの行政解釈に過ぎず、指揮監督という権限を通じて下級行政機関に対しては拘束力を有しますが、裁判所はもち論、一般国民を何ら拘束するものではありません。

　また、2以上の行政庁が行政責任を有する場合のその法律の解釈や、憲法をはじめ重要な法律の解釈について、内閣としての解釈を統一する場合があります。このような場合には、内閣法制局が中心的役割を果たします。これは、内閣法制局は、「法律問題に関し内閣並びに内閣総理大臣及び各省大臣に対し意見を述べること。」（内閣法制局設置法3条3号）という権限を有するところから、内閣総理大臣等の求めに応じて政府部内の法令解釈の統一を図ることとなっているからです。

　この内閣の統一解釈は、通常、国会における答弁等を通じて明らかにされ、また、内閣法制局の意見年報等により公表されます。このような例としては、集団的自衛権と憲法との関係等があります。

　この統一解釈が、憲法をはじめ法令の解釈の統一に果たす役割は極めて大きいのですが、しかし、これもまた行政解釈の一種であって、国会や裁判所はもち論、一般国民を拘束する力はありません。

5　学理的解釈〈その1〉——「文理解釈」

　上述の法規的解釈に対するものとして、「学理的解釈」があります。法規的解釈は、法令の規定そのものによって解釈するのですが、学理的解釈は、「学理」すなわち学問上の研究によって法令を解釈する方法です。

　この学理的解釈には、「文理解釈」（文字解釈）と「論理解釈」（目的論的解釈）とがあります。

　文理解釈とは、法令の規定をその文字や文章の意味するところに従って解釈する方法、すなわち、その文字を忠実に辿り、文法に従ってその意味を明らかにする方法であり、論理解釈とは、これらの文字、文章にとらわれることなく、それ以外の道理に主眼を置いて解釈する方法です。

　両者は、どちらの方法が正しく、どちらの方法が誤っているというよ

うな関係にあるものではなく、その場合に応じて、この二つの方法を適切に分配して結論を導き出さなければならないのです。

　もっとも、先にも述べたように、法令の立案者は立案に当たっては、文法の上でも用語の上でも細心の注意を払ってそのいわんとするところを正確に表現しようと努力しているのですから、法令の解釈に当たっては、まず、その文字を忠実に辿り、文法に従ってその意味を明らかにするようにしなければならないことはいうまでもありません。

6　税法の解釈は、基本的に民法等が大前提

　税法の解釈に当たっては、その趣旨に反しない限り、私法上の効果等を前提としています。

　税法の解釈に際して、陥り易い過ちとして、この民法等の私法上の効果を見逃すという点が挙げられます。次項でも述べるところに関連しますが、例えば、所得税法における「居住者」や、消費税法における「事業者」に関する規定を解釈する場合において、居住者や事業者の代理人や補助者がおり、その代理人や補助者がその居住者や事業者の意に反する行為で、かつ、その効果が彼らに帰属するような行為を行ったときは、それが「居住者」や「事業者」自身の行為でなくても、また、その意に反していても、「居住者」や「事業者」自身が行ったものとしてその規定を解釈します。それは、民法第110条（権限外の行為の表見代理）及び第109条（代理権授与の表示による表見代理）の規定から当然であり、このような関係は、国税通則法における「納税者」に関する規定についても、同様です[注]。

（注）最高裁は、国税通則法第68条第1項（重加算税）の「納税者が……隠ぺいし、……仮装し……」の解釈に際して、代理人が隠ぺい仮装行為を行った場合について、納税者においてその代理人の選任監督に落ち度があるというだけでは、その代理人の行為を納税者の行為と同視することはできないと判示しました（最高裁平成18年4月25日三小判決・LEX/DB28111079）。しかし、重加算

税は、納税者の不正を咎める制裁措置ではなく、納税義務違反を防止する行政上の措置ですから、納税者の認識の有無は問わないとした判決（大阪高裁平成3年8月8日判決を正当として是認した最高裁平成5年6月10日一小判決・LEX/DB22007326）にも反し、前出平成18年の第三小法廷判決は問題であると考えます。

7 文理解釈では税法特有の概念に注意

　私法上の用語を借用している場合の解釈に際しては、租税法上の概念の独自性に注意する必要があります。

　法令は、一部の人のものではなく、広く国民全体が読んで理解できるものでなければなりません。したがって、法令で用いられている用語についても、特殊な法令用語（137頁以下）は別として、通常は、世間一般に理解されている意味を表現しているものと解釈しなければなりません。もし、ある用語に特殊な意味を持たせるのであれば、その用語の意義をその法令中で定義する必要があります。

　例えば、「親族」といえば、民法で用いられている「親族」と同じ意味であって、六親等内の血族、配偶者及び三親等内の姻族をいいます。また、「配偶者」といえば、同じく戸籍法上の届出のある者に限られ、内縁関係者は含まれないということになります（内縁関係者も含める場合には「婚姻関係と同様の関係にある者を含む」等の表現がされ、いわゆる「二号さん」も含める場合には「特殊関係者を含む」等の表現がされます）。このように、統一的な法秩序の下においては、民商法や会社法上の用語と税法上の用語とは、原則として同一の内容を表現しているものと見るべきであり、これを「借用概念」といいます。もっとも、これについては、次のような種々の問題があります。

　その第1は、租税法上の概念の独自性です。

　すなわち、民法や商法は、本来、私的自治の原則を承認し、それを補充する意味で各種の規定を設けているのに対し、租税法は、ある事実が課税対象となるかならないかという見地などから規定を設けていること

から、両者を全く同一に理解するということはできないという問題です。

例えば、賭博等の公序良俗に違反する行為は、私法上はその効力を否定されますが、税法上は、その行為によって現実に金銭等の収入があれば、それは課税対象とすべきであり、これについては多くの判例があります。同様に、税法が「配当」の用語でもって規定していても、旧商法の立場からは不適法とされる蛸配当の如きも含まれることとなります（最高裁昭和35年10月7日二小判決・LEX/DB21013760）[注1]。

また、負担付き贈与も民法上贈与であり、贈与税の課税の対象になりますが、他方、所得税法第60条第1項（贈与等により取得した資産の取得費等）に規定する贈与には含まれないと解されています（最高裁昭和63年7月19日三小判決・LEX/DB22002503）。すなわち、その条文の趣旨に即して読まなければならないということです。

その第2は、実質課税の原則です。

所得税法第12条等には、実質所得者課税の原則が規定されていますが、これらの明文の規定の有無に拘わらず、租税負担の公平の原則を裏付けるため実質課税の原則が存在します。同族会社の行為計算の否認の規定は、その一つの現れです。したがって、税法の解釈に際しては、この実質課税の原則に基づき、名目の如何にとらわれず、経済的実質に着目して読まなければならないとされます[注2]。

もっとも、これについては、罪刑法定主義と同様に厳格に解釈しなければならないという意見（税法は国庫に有利に解釈すべきであるとする説、逆に納税者に有利に解釈すべきであるとする説など）もありますが、このような片寄った解釈によるべきではなく、公正・公平と租税正義を実現するため、経済的実質に着目した解釈によるべきでしょう。

（注1）同最高裁判決は、(旧)商法が規制の対象とし、その見地から不適法とする蛸配当、株主平等の原則に反する配当等の如きも、所得税法上の利益配当のうちに含まれるものと解すべきであるとしています。

（注2）行為計算の否認に関する規定は、典型的な同族会社について設けられてい

ます。これについては、非同族会社の行為も、実質課税の原則から当然に否認することができると解する説（東京地裁昭和40年12月15日判決・LEX/DB21022431、東京高裁昭和43年8月9日判決・LEX/DB21028610他）と、できないと解する説（多くの学説、判例）とがありますが、現在は、非同族会社についても適用がある過大役員給与等に関する規定（法人税法34条2項等）や、無償による資産の譲渡等の益金算入等の規定（同法22条2項）があるところから、その持つ意味は小さくなっていると考えられます。

なお、近時、租税回避行為の否認は、何が私法上の真実の法律関係であるかについて当事者が真に意図した私法上の法律構成による合意内容に基づいて課税するという、いわゆる「私法上の法律構成による否認」という手法が用いられています（最高裁平成18年1月24日三小判決・いわゆる映画フィルムリース事件等・LEX/DB28110320）。

8　杓子定規的な文理解釈は禁物

文理解釈に際しては、その条文の趣旨・目的に即して解釈しなければなりません。すなわち、上記のような税法独自の問題のほかに、一般的な留意事項として、①文理解釈に際しては杓子定規的な解釈をしてはならないこと、及び②文字や用語の意味は相対的であること、の2点が挙げられます。

まず第1に、一般的に文理解釈に際しては、杓子定規的な解釈をしてはならないことは当然です。これを戒めるために昔からよく挙げられる例に、「靴、草履の外、昇るべからず」という言葉があります。これは、「下駄（昔のことですから）で学校の廊下（昔は板張りでした）を歩いてはいけない（下駄で廊下を歩けば、ガタガタと音がして授業に差し支える）」という意味ですが、ある学校の玄関にこの貼紙があったので、それを見た学生が早速その横に、靴と草履が大威張で階段を昇り、その下で人間が指を喰わえているマンガを書いて貼り付けたといいます。あまり文字にこだわり過ぎると、このような結果になるという戒めの例です。

このような例としては、民法第207条（土地所有権の範囲）は「土地の所有権は、法令の制限内において、その土地の上下に及ぶ。」と規定していますが、例えば、200平米の土地を所有する者が自分の土地の上を通過する航空機や宇宙船に対して所有権侵害を主張できるか、また逆に、その土地の下から地球の中心を通った反対側のブラジルの土地の所有者に対して所有権侵害を主張できるかという問題があります。しかし、ここで「その上下に及ぶ」といっても当然限度があり、例えば、大深度地下利用法は、地表から40メートル下か建物の基礎から10メートル下かいずれか深い地下であれば、土地所有者の了解を必要としないで掘削できるとしています。したがって、民法第207条は、管理可能性、支配可能性という観点からの限界があり、管理可能・支配可能な範囲内で所有権の主張ができるというように読まなければならないのです。

　このように、文理解釈により条文を読むときは、杓子定規的に読まないで、その目的に即して解釈しなければなりません。

9　文字や用語の意味は相対的

　第2に、文字や用語の意味は相対的であることに留意する必要があります。ある文字や用語は、その用いられている条文の趣旨・目的に即して意味が変わることがあり、決して「一つの言葉には一つの意味しかない」わけではありません。

　前述のように、文字や用語の意味は、社会一般に用いられている意味に従って用いられていると解釈すべきですが、この社会一般に用いられている意味といっても、必ずしも一つではありません。ある文字、用語が二つ以上の意味を持つ場合も多く、ある法律ではAという意味に、他の法律ではBという意味に解すべき場合があります。

　同じ法律の中にもこのような例があり、例えば、税法よりもさらに厳格な解釈が求められる「刑法」上の「暴行」という文字は、公務執行妨害罪（95条）、騒乱罪（106条）、暴行罪（208条）、強盗罪（236条）のそれぞれの場合によって、若干異なる意味を持っていると解されていま

す注）。したがって、その条文の趣旨、目的に即してその文字や用語の意味を考える必要があるのです。

　例えば、前述のように、同じ「贈与」という用語であっても、相続税法では負担付贈与を含むとされますが、所得税法では取得価額を引き継ぐような場合には、これを含まないと解します。また、担保目的で資産を譲渡する「譲渡担保」は、契約上も登記上も譲渡ですが、所得税法及び法人税法にあってはキャピタルゲインに課税する趣旨であるので、キャピタルゲインが生じない譲渡担保は譲渡に該当しないと解し、他方、不動産取得税にあっては形式的な不動産の取得にも課税するところから、譲渡担保も含むと解されています（地方税法73条の27の3参照）。

　また、所得税法と消費税法とで「事業」の意味するところが異なります。所得税法は、所得を10分類し、その業態や規模により「事業」と「業務」に区分しており、「事業」とは社会通念上事業と認められる規模のものをいいますが、消費税法上は、資産の譲渡等を課税の対象とするものであるので、「事業」とは資産の譲渡等が反復、継続、独立して行われるものをいい、その規模の大小を問いません。

（注）ちなみに、①公務執行妨害罪のそれは物に対する有形力を含み、例えば、税務職員が税務調査に訪れた際に、納税者がそばにあったコップを壁に投げ付けたとすると、そのコップの破片や水などが税務職員に掛からなくても、同罪にいう「暴行」に当たり、②騒乱罪のそれは一地方における公共の平和、安寧を害する程度のものであることが必要であって、例えば、大勢で車を転覆させて火をつけるなどの行為が同罪の「暴行」に当たり、③暴行罪のそれは人の身体に対するものに限られ、傷害にまで至らないものであって、例えば、相手の顔を殴ったが何の痕跡も残さなかったときに同罪の「暴行」に当たり、血を流したときは「傷害」になります。さらに、④強盗罪のそれは人の反抗を抑圧するに足りるものであればよく、例えば、ナイフ等で人を脅かしたが傷を付けるに至らなくても、同罪の「暴行」に該当します。

10 学理的解釈〈その2〉──「論理解釈」

　論理解釈に際しては、社会経済情勢の変化に対応して合目的的に、租税正義に合致する妥当な結論を得るようにすべきであり、そのためには以下に述べるように、①その趣旨・目的、②沿革や他の法令との関係、③結論の妥当性に留意しなければなりません。また、税法は、常識を条文の形にしたものと考えてもよく、結論を出す際に、現状維持主義や現状打破主義に偏らないように、できれば中庸の結論となるように心掛ける必要があります。

　第1に、その法令の趣旨、目的、立法の背景を考え、それに合うように解釈しなければなりません。この場合に、その法令の制定後に背景となる社会・経済情勢が変化してしまったときは、立法当時予想されていなかったというだけで当初の解釈に固執すべきではなく、法令の文字、文章から合理的に導き出される限り、租税正義に合致するような解釈によるべきでしょう。

　第2は、沿革、外国の立法例、他の法令との関係です。法令は、その時々の社会・経済事象に適応するように改正されるのが通例ですから、いま問題とされている条文がどのように改正されてきたかを知ることによって、現在のその条文の狙いがわかることが少なくありません。また、税法関係では例は少ないですが、その母法たる外国法の解釈も調査する必要があります。

　さらに、いま問題としている法令だけではなく、他の同種の法令との関係も考慮する必要があります。例えば、国税諸法と地方税法との間や所得税法と法人税法との間において同種の規定がある場合には、その両者について合理的な理由もなく異なった解釈をすることは許されません。それぞれの法令は、他の法令と無関係に存在しているのではなく、それらのすべてが集まって統一的な法秩序を形成しているのですから、個々の法令を解釈する場合にも、法秩序の調和を乱さないようにしなければなりません。

　第3に、結論の妥当性に留意する必要があります。

税法は、常識を条文の形にしたものともいえますから、常識に反するような結論になれば、その結論は間違っていると考えなければなりません。したがって、結論を出す前に、健全な社会通念でもって判断し、論理解釈の結果が正義と公平の要請に合致するかどうかを検討する必要があります。

　また、租税法の解釈に際しては、租税債権者の側からは国庫に有利にとか、逆に納税者の側からは国庫に不利益にとかの割り切った単純な解釈の建前があるわけではなく、これら双方の立場を超えたところで、租税正義、負担の公平を実現し得るような結論を出さなければなりません。解釈に一般的建前はないのです。

　以上の注意事項を柱にして、いたずらな現状維持主義でも、いたずらな現状打破主義でもなく、法秩序の維持と法の理想の実現という積極、消極の両面に常に留意して解釈しなければなりません。

11　「拡張解釈」は文言（文字ないし文章）の意味を若干拡げる

　「拡張解釈」は、法令に規定されている文字の意味を、普通に意味しているところよりも若干拡げて行う解釈の方法です。租税法律主義の範囲内で、「拡張解釈」もあり得るのです。

　拡張解釈の典型的な例として挙げられるものにいわゆる「電気窃盗」があります。刑法第235条（窃盗）は「他人の財物を窃取した者は、窃盗の罪とし、……」と規定し、同法第245条は「この章の罪については、電気は、財物とみなす。」と規定しています。しかし、この「電気は、財物とみなす」旨の規定は、明治40年改正法で追加されたものであって、それ以前の旧刑法時代にもいわゆる電気窃盗はあったのです。すなわち、大審院は、「電流も可動性と管理可能性を併せもっており、窃盗罪の成立に必要な窃取の要件を満たすことができる」（大審院明治36年5月21日刑一判決）としましたが、これが拡張解釈の代表例といわれています。

　税法における拡張解釈の例を挙げると、納税者の利益となるような拡

張解釈としては、例えば、国税通則法では、各税法や共通法を一括して表現するときは、「国税に関する法律」という文言を採用しています。ところが、その規定の内容は、法律に限らず、政省令まで含めなければならない場合が少なくありません。期間計算の方法とか、休日・祝日の翌日を期限とみなすとかの規定（国税通則法10条）は、その適例です。

このような規定は、法律に定められている場合に限り適用され、政省令で定められている場合は適用がないとする合理的な理由はありません。そこで、「国税に関する法律」と表現されていても、政省令も含むものとして解釈するのが、これらの規定の趣旨に合致するものといえるのです。

また、仮換地の指定により仮設住宅居住中に相続が開始した場合における小規模宅地の特例規定の適用があるか否かの問題について、最高裁（平成19年1月23日三小判決・LEX/DB28130317）は、その法条からは全く読めないにもかかわらず、その適用があるとしました。

他方、納税者の不利益となるような拡張解釈の例としては、「フォーミュラータイプのレーシングカー」も旧物品税法別表の「普通乗用四輪自動車」に該当するという判決があります（最高裁平成9年11月11日三小判決・LEX/DB28022346）。その理由は、いずれも人の移動という乗用目的のために使用されるものであり、自動車競争はこの乗用技術を競うものにすぎないというものですが、これについては、自動車としての性状、機能、使用目的等の諸要素及び陸運事務所の登録の可否、遊園地専用の乗用自動車及びゴーカートは普通乗用自動車に該当しないとしていること等を総合勘案して判断すべきであるという反対意見もあります（同判決における尾崎裁判官の反対意見）。この解釈は、拡張解釈の最たるものであるとされていますが、字句の解釈の範囲内であって租税法律主義には反しないと解されています。

もっとも、個人の権利を制限したり、義務を課したりするような条文の解釈に当たっては、軽々に拡張解釈をすることは許されないことは、当然です。

12 「縮小解釈」は拡張解釈の逆の手法

　「縮小解釈」は、拡張解釈とは逆に、法令に規定されている文字の意味を、普通に意味しているところよりも若干狭く解釈する方法です。

　縮小解釈の例を挙げると、例えば、納税申告書の提出後、その課税標準の計算の基礎となった事実が、契約の解除等により当初計算の基礎としていたところと異なることとなったときは、更正の請求をすることができるという規定（国税通則法23条2項）があります。この規定の文言上からは、税の種類ないし所得の種類によってこの規定が適用されないものがあるとは読めませんが、これらの後発的事由に係る更正の請求の規定のうち、大部分の規定は、法人税及び事業所得に係る所得税には適用されないと解釈されています[注)]。

　その理由は、法人や事業を営んでいる個人にあっては、ゴーイング・コンサーンという観点から収益・費用が期間対応するものとされ、したがって、その事業年度経過後に、例えば、売買の取消しによる戻り品があったとしても、その金額はその戻り品があった期の売上勘定に借記される（あるいは戻り品勘定で処理する）慣行となっており、さらには、このような慣行で処理できないような事業廃止の場合には、特別の規定（所得税法152条）が設けられているからです。

　また、前述（63頁）のように、譲渡担保は、形式的には譲渡に該当するが、所得税法等では譲渡に含まれないと解しているのも一種の縮小解釈であり、負担付贈与は所得税法第60条第1項に規定する贈与には含まれない（取得価額は引き継がれない）という解釈も、同様です。

　縮小解釈の場合は、拡張解釈の場合のような危険性は少ないものの、いたずらな縮小解釈は妥当ではなく、租税正義、負担の公平を実現し得るような結論を出さなければならないことは当然です。

（注）事業所得等に係る国税通則法第23条第2項の解釈については、同項の規定による更正の請求も、その根拠は同条第1項によるところから、前出の例の場合は同項の「課税標準等……の計算が国税に関する法律の規定に従っていなか

ったこと」等に該当せず、これにより更正の請求をすることができないこととなるという読み方がオーソドックスな読み方です。

13 「変更解釈」は立法上のミスが明白な場合等に限る

「変更解釈」は、法令に規定されている文字の意味を変更して、本来それが意味しているところのものとは別の意味に解釈の方法です。この方法は、通常その法令の文字からは相当離れた解釈となるので、例えば、立法上の誤りが明白な場合など、そのような解釈が是認されることが極めて明瞭であるような場合でなければ許されないでしょう。

変更解釈の例を挙げると、例えば、昭和40年法律第36号による改正前の国税通則法第63条第2項の規定があります。同項では、同法の「第9条（期限の延長）」を引用していました。ところが、実は、同法の第9条は期限の延長に関する規定ではなく、第11条が正しかったので、この規定は、第11条が引用されているものと変更解釈されていました。このような解釈が許されたのは、同法が昭和37年に法案として国会に提出された時点では第9条が期限の延長に関する規定でしたが、衆議院で修正された結果、条文が繰り下がり、それに伴う第63条の修正が洩れたという立法上の誤りが明白であったからです。

要するに、明らかに立法上のミスと考えられる場合であっても、軽々に変更解釈をすべきではなく、変更解釈をした方が法秩序全体の調和の維持に役立ち、他の法令との関係も矛盾なく解釈でき、正義と公平の要求にも合致するというような場合に限り、これを認めることとすべきでしょう。

14 「反対解釈」は規定の裏に隠されている意味を読み取る

「反対解釈」は、規定の裏に隠されている意味を論理的に読み取る解釈の方法です。これは、日常の会話でもよくあることであり、例えば、「彼は、その仕事を今度はうまく処理した」と「今度は」に力を入れていえば、実は「いつもは駄目なのだが……」という真の意味があり、「今日

は素面ですね」といえば、「いつもは飲酒しているが……」という意味が背後にあるような場合です。

　これを論理的にいえば、あること（今度の彼の仕事）について特に何か（うまく処理した）をいえば、それ以外の場合（いつもの彼の仕事）はそうでない（駄目である）ということを意味するということです。もっとも、特にある事柄（今度の彼の仕事）と他の事柄（いつもの彼の仕事）とを対立させる意図はなく、他の事柄をほのめかす（いつもの彼の仕事が駄目ということを言う）つもりはなかったという場合もあります。したがって、反対解釈をするに当たっては、常に解釈の結果の妥当性についての反省が必要です。

　税法上、反対解釈の例はたくさんあります。例えば、前述の更正の請求の例で、特定の後発的事由を列挙して詳細に規定し、それについて更正の請求ができる旨の規定があるときは、仮に、他に類似の後発的な事由があったとしても、それを事由とする更正の請求はできないと解することも、反対解釈の例です。また、国税通則法第36条では、納税の告知をすべき国税を列挙していますが、ここに列挙されていない国税（例えば、更正・決定により納付すべき国税）については、納税の告知を要しません。これも反対解釈です。

　反対解釈は、論理解釈のなかでも、もっともよく用いられる方法の一つです。しかし、この方法は、論理のテクニックのみによって、法文に書いていないことを推論しようとするものですから、特にその結果の妥当性に留意する必要があり、その注意を怠ると詭弁的なものとなって、いわゆる三百代言になってしまいます。

15　「類推解釈」は反対解釈とは同様の状況で逆の結論を導く

　「類推解釈」は、類似した事柄のうち一方についてだけ規定があり、他方について規定がない場合に、規定がないものについても同じ趣旨の規定があるものと考えて、解釈する方法です。

　類似するＡ、Ｂ二つの事柄があり、特にＡの事柄についてのみ規定が

ある場合に、Bは反対に取り扱う趣旨であると解するのが反対解釈ですが、Bについて規定がないのは、BもAと同様に取り扱う趣旨であると解するのが類推解釈ですから、その結果は反対解釈の場合とは逆になります。すなわち、全く同じ基礎に立っていながら、逆の結論を出すことになるわけです。この対比を表で示すと、次のようになります。

◆ 図4：反対解釈と類推解釈との対比表

区　　分	反対解釈		類推解釈	
	①	②	③	④
A：規定あり	○	×	○	×
類似B：規定なし	×	○	○	×

　例えば、Aの事柄については規定があり、それに類似するBの事柄については規定がないときに、Aに関する規定からBの取扱いを解釈するとします。その場合に、反対解釈によれば、①Aが○であればBは×、②Aが×であればBは○となりますが、類推解釈によれば、③Aが○であればBも○、④Aが×であればBも×となります。このように、反対解釈と類推解釈とは正反対の結論となるのですから、反対解釈によるべきところを類推解釈によったり、その逆をしたりすれば、致命傷となってしまうのです。

　それでは、いかなる場合に反対解釈をし、いかなる場合に類推解釈をするのかという問題ですが、その一般的な基準を求めることは難しいといえます。要するに、それぞれの場合について、立法の趣旨、目的を踏まえ、その結論が正義と公平の要請に合致しているかどうかを考えて判断するより方法がないでしょう。

　しかし、これについて誤解を怖れずにいえば、法文の全体が論理的に極めて精緻に組み立てられ、必要なことは網羅的に明文で規定されているような場合には、まず反対解釈を考えてみるべきでしょう。逆に、法文の構成が比較的大まかで、大筋についてのみ規定しているような場合には、まず類推解釈から考えてみるべきであると考えます。そして、必

ず逆の解釈も検討し、どちらが法の趣旨に合致するものであるかによって、結論を出すことは当然です。

次に、反対解釈と類推解釈の例を挙げてみましょう。

》《双生児・小学生》
A ─── B

「双生児である小学生A、B」の2人がいたとします。正月に両親がAを呼び、小遣いを従来の500円から1,000円にアップすることを約束しました。このときに、両親に呼ばれていないBも、「自分も小遣いをアップして貰える」と期待できるか否かの問題です。Bは両親に呼ばれていないのですからダメというのが反対解釈であり、2人は双生児ですから期待できるとするのが類推解釈です。しかし、この問題は、「小遣いアップ」という現象面だけを捉えて結論を出すことはできません。要するに、両親はなぜ小遣いをアップしたのか、その趣旨、理由が重要なのです。仮に、Aの学期末の試験の成績が良かったからご褒美として小遣いをアップしようという趣旨であれば、学期末の試験の成績が悪かったBは小遣いアップは期待できないし、仮に、近隣の小学生の小遣いが1,000円であるから、当家もアップしようという趣旨であれば、当然、Bも期待できるということになります。

類推解釈の例としては、相続税法第10条や消費税法第4条では、「財産の所在」の判定に関する規定が設けられていますが、所得を対象とする所得税法や法人税法にはこのような規定がありません。そこで、所得税法や法人税法の適用に際して、「財産の所在」の判定が問題となるケースが生じた場合には、相続税法や消費税法の規定を類推して判定することとされています。

この類推解釈の結果を仮に立法上手当てするとしたら、それは「準用規定」となります。つまり、ある条文を「準用する」という規定が本来設けられるべきところを、そういう明文の規定がないので、解釈によっ

て「準用する」という規定があるのと同様に読もうということです（なお、183頁参照）。

　税法では、この類推解釈をすべき場合が極めて多いのです。

16 「もち論解釈」は類推解釈の採用が当然な場合に

　「もち論解釈」は、類推解釈の一種で、「類推解釈をしてその結論を出すのが当然である」、「もち論のことである」と考えられるような場合に用いられます。

　先の類推解釈は、A、Bが同じようなレベルの事柄である場合に用いられますが、もち論解釈は、このA、Bのレベルに差がある場合に適用されます。

　もち論解釈の例を挙げてみましょう。

```
A［兄］
│
B［弟］
```

　例えば、「3歳違いの兄弟A、B」が風呂場で騒いでいたとしましょう。そのとき、親が弟Bに「風呂場で騒いではいけない」と注意（禁止）したとすると、弟よりも騒いだときの影響の大きい兄Aも当然、風呂場で騒いではいけない（禁止される）ということになります。逆に、親が兄Aに対して、「うちの風呂場は大きいから、騒いでもいいよ（許可する）」といえば、兄よりも騒いだときの影響の小さい弟Bも当然、、風呂場で騒いでもよいということになります。

　すなわち、あることをBに禁止しているときは、それよりも影響の大きいAについては当然禁止されていると解したり、逆に、あることをAに許容しているときは、それよりも要件が緩やかでもよいと考えられているBについては、当然許容されていると解するわけです。

　例えば、「……の規定は、確定申告書に……の適用を受ける旨の記載

がない場合には、適用しない。」という規定であれば、無申告の場合には、もち論解釈により不適用となります。

　このように、もち論解釈は、「そのような類推解釈をするのが条理上当然である」というような場合に用いられます。

17　論理解釈の古典的事例"靴、草履の外、昇るべからず"

　古くから用いられている論理解釈（目的論的解釈）の例として、前にで挙げた「靴、草履(ぞうり)の外、昇るべからず」という規則があります。この規則では、「靴」と「草履(ぞうり)」のみが掲示されているので、この規則をそれ以外の履物である下駄(げた)、草鞋(わらじ)、スパイク靴にどのように適用すべきか、さらに裸足(はだし)の場合はどうかということを一覧表にして示すと、次のとおりです。

◆ 図5：論理解釈（目的論的解釈）の例

履物＼解釈	拡張解釈	縮小解釈	反対解釈	類推解釈	もち論解釈	目的論的に解釈した場合
下駄	ダメ	ダメ	—	ダメ	ダメ	ダメ
草鞋	OK	ダメ	—	OK	OK	OK
スパイク靴	OK	ダメ	—	OK	ダメ	ダメ
裸足	ダメ	ダメ	—	ダメ	OK	OK

　上記の規則に掲示されていない各種の履物のうちには、上記規則の禁止の対象となるものとならないものとがあると考えられます。

　まず、「下駄」はどうでしょうか。下駄は、靴、草履をどう拡張解釈しても、縮小解釈しても、類推解釈しても入りません。

　「草鞋」の場合は、草履を拡張解釈すれば入るでしょう。また、草履からの類推解釈も可能ですし、草履がOKなら草鞋も、もち論解釈でOKでしょう。

　「スパイク靴」については、これも靴の一種ですから、拡張解釈すればOKです。しかし、典型的な靴以外はダメだと縮小解釈をすればダメ

ですが、類推解釈なら入るかも知れません。靴が OK ならばスパイク靴ももち論 OK とはいえません。

では、「裸足」はどうでしょうか。靴、草履をどう拡張解釈しても、縮小解釈しても、類推解釈しても、裸足は入りません。しかし、草履が OK なら、裸足はもち論 OK といえないこともありません。

そこで、以上の一応の結果を踏まえ、上記規則の趣旨、目的を思い起こして見れば、要するに、板張りの廊下を「ガタガタ」と歩けば教室での勉強に差し支えるからという理由による規則です。この理由に沿って目的論的に解釈すれば、下駄はダメ、草鞋は OK、スパイク靴はダメ、裸足は廊下が汚されない限り OK となります。

18　適用法令が複数の場合の優先順位

法令の解釈に当たっては、まず事実を確定し、それに適用すべき法令を発見する必要がありますが、この場合に、その事実に適用すべき法令が 2 以上あることも少なくありません。

前掲の図 2 − 1（34 頁）で明らかなように、例えば申告、更正・決定、更正の請求等については、国税通則法、各税法、租税特別措置法の 3 法で重複して規定しているものもあります。そして、それぞれの規定は、相互に矛盾するのが通例です。「場合、対象、地域等」を限定して、特例を規定しようとするのが、特別法であるからです。

そこで、事実に適用すべき法令が 2 以上ある場合には、適用すべき法令の優先順位を判定し、その矛盾を解決しなければなりません。その優先順位は、次の①〜④により、この順序で適用することになります。

① 法令の所管事項の原理
② 法令の形式的効力の原理
③ 特別法優先の原理
④ 後法優越の原理

以下、順次述べることとします。

19 「法令の所管事項の原理」により、所管外の規定は無効

　法令には、法律、政令、省令、外局の規則、最高裁判所規則、両議院規則、人事院規則、会計検査院規則など、いくつかの種類がありますが、それぞれその種類ごとに一定の範囲の所管事項があり、この所管事項の範囲内でのみ適法に規定することができます。したがって、ある法令が明らかにその所管事項に属さないことについて規定しているときは、その規定は無効であり、これが「法令の所管事項の原理」です。

　もっとも、法律の場合には、原則として、他のすべての種類の法令の所管事項と競合する広い所管事項が認められていますので、この「法令の所管事項の原理」だけでは、その矛盾抵触を解決できない場合が少なくありません。

　法令の所管事項の原理に関連する問題の一つとして、いわゆる委任命令があります。例えば、法律から政令、省令等の命令に対して委任される場合が多く、この法律の委任に基づいて制定される命令を委任命令といいます（21頁参照）。

　憲法第84条は、租税法律主義を宣明しているので、税法に規定すべき事項を包括的、全面的に命令に委任してしまうことはできませんが、社会的、政治的、経済的諸条件により、その細目的な事項や施行手続的な事項については、当然、委任することができます。

　法律の委任に基づいて定められた命令は、その委任事項の範囲内では、委任した法律と同等の形式的効力を有します。その意味で、法律による所管事項の委任があれば、その委任により制定された命令には所管事項の原理は適用されないこととなります。

20 「法令の形式的効力の原理」により、憲法違反の税法も

　法令は、全体として、憲法を頂点として法律、政令、省令・規則と下に繋がる構造となっています。

　この段階的構造を形成する各種の法令間には、その形式的効力において上下の差があり、仮に、二つ以上の種類の法令の内容が矛盾するとき

は、上位の法令が下位の法令に優先するという原理が働きます。これが「法令の形式的効力」です。
　具体的には、次のような例があります。
①　税法の規定が憲法違反（正確には、適用違憲）の疑いがあるとされた例として、相続税の3年縛りの特例（45頁参照。なお、適用違憲については、304頁参照）
②　政省令が法律違反とされた例として、登録免許税法の軽減税率適用要件（22頁参照）
③　憲法と条約との間ないし法律と条約との間の問題（条約が優先されることについては、25頁参照）

　憲法と条約との間の形式的効力については、憲法優位説と条約優位説とがあり、最高裁は、いわゆる統治行為論的な考え方から結論を出しているといわれていますが、条約優位説がやや有力です。
　法律と条約との間では、条約が優先します。
　委任命令は、前述したように、その委任事項の範囲内では委任した法律と同等の形式的効力を有するので、その委任の効果として、後述する特別法優先の原理又は後法優越の原理により、本来、上位にある法律の規定の適用を下位の委任命令が排除することもあり得ることとなります。

21　「特別法優先の原理」により、租税特別措置法を優先適用

　ある事柄について一般的に規定した法令があり、他方、同じ事柄について、特別の「場合、対象、地域等」を限定し、その一般的に規定した法令の内容と異なる内容を規定した法令がある場合には、この二つの法令は、「一般法と特別法の関係」にあるといいます（32頁参照）。
　事柄の性質上、当然、特別法が一般法に優先します。
　前述の「法令の所管事項の原理」及び「法令の形式的効力の原理」によっても、二つ以上の法令間の矛盾抵触を解決することができない場合

に、この原理が働きます。一般法と特別法との関係にある法令の間においては、後述する「後法優越の原理」の適用関係、すなわち、どちらが前法であり、どちらが後法であるかは問われません。

　ここで注意すべきことは、一般法、特別法という区別は、必ずしもその法令全体を対象として判断されるものではなく、個々の規定ごとに判断しなければならない場合もあるということです。また、ある法令は、Aという法令に対しては一般法であっても、Bという法令との関係では特別法ということもあります（32頁参照）。

　したがって、例えば、各税法と国税通則法との関係においては各税法が特別法、国税通則法が一般法ですが、各税法と租税特別措置法との関係においては各税法が一般法、租税特別措置法が特別法となります（34～35頁の図２－１、図２－２及び図３参照）。

　一般法と特別法との関係や、次に述べる前法と後法との関係については、解釈上疑義が生ずることも多いので、立法担当者は細心の注意を払い、疑義が生じないように努めていますが、言語による表現能力には限りがあり、また、すべて起こり得る事態を予測したり、社会・経済事象の変遷を織り込んで立法することは至難の技ですから、そのような場合には、解釈で補うしかないこととなります。

22　「後法優越の原理」により、新法令を優先適用

　「後法は、前法を破る」という法諺（法律学上の格言）があります。これは、その効力が同等である二つ以上の法令の矛盾抵触を、法令の所管事項の原理によっても、法令の形式的効力の原理によっても、また、特別法優先の原理によっても解決することができない場合には、時間的に後から制定されたものが、前に制定されたものより優越するということを意味しています。これが、「後法優越の原理」です。

　実際上は、新しく法令を制定したりするときは、これと関連する法令を調べ、互いに矛盾しないように整備するのですが、立法上のミス等からその矛盾が整備されず、そのまま残されることも間々あります。その

ような場合に、この原理が働くことになります。

　法というものは、その時代の社会・経済事象を基盤として制定されるものですから、その基盤の変動とともに法も変遷します。これが、後法が前法に優越するという原理が承認される所以です。

23　租税正義の要請に合致した解釈を

　巷間、申告納税制度の下では、納税者に税法の第一次解釈権があるといわれ、また、逆に、税法の強行性ゆえに課税庁側に第一次解釈権があるとの説もあります。私は、これらの議論は全く益のない議論であると考えます。

　すなわち、当然のことながら、納税者は納税者の立場で、課税庁は課税庁の立場でそれぞれ税法を解釈し、それを事実関係に適用するのです。その意味では、本書の各所で述べているように、通達による解釈も単なる一つの解釈に過ぎず、納税者がこれに拘束されることはありません。そして、当然のことですが、納税者の解釈も単なる一つの解釈であり、それが正しいか否かは最終的に裁判所が判断します。

　重要なことは、納税者の解釈も通達による課税庁の解釈も、それが租税負担の適正・公平の要請、すなわち租税正義の要請に合致しているか否かであって、納税者の立場での解釈であるから納税者に有利にとか、課税庁側の立場での解釈であるから課税庁側に有利というような考え方はありません。真理は一つなのです。そして、納税者の解釈であろうと課税庁側の解釈であろうと、それが租税正義の要請に合致しているかどうかは、裁判所、最終的には最高裁判所が判断するのであり、この要請に合致しない解釈は葬り去られるのです（なお、48〜49頁参照）。

　なお、「疑わしきは納税者の利益に」とか「疑わしきは国庫の利益に」といった考え方がありますが、いずれにも賛成できません。この考え方が事実認定に関する考え方であれば、それは訴訟にあっては立証責任の問題（不服申立てにあっては審理不尽となる）であり、法律解釈に関する考え方であれば、解釈の放棄であるからです。

第3章

税法の読み方

☆ 本章では、文中の（ ）内における、税法及びその政令等の名称の表記については、便宜上、下記のような略称を用いています。

正式名称	本章の（ ）内で使用する「略称」
法人税法	法法
	【略記の例】 法人税法第22条第3項第1号 ⬇ 本章の（ ）内においては 「法法22③一」※と略記 ※ 「条」番号は算用数字、「項」は丸数字、「号」は漢数字で表記（以下、法人税法施行令等においても同様）
法人税法施行令	法令
所得税法	所法
所得税法施行令	所令
相続税法	相法
消費税法	消法
国税通則法	通法
租税特別措置法	措法
租税特別措置法施行令	措令
法人税基本通達	法基通
所得税基本通達	所基通

第1節 法律の全体像の把握

　1つの条文は、それが単独に存在するものではなく、その条文が属する法律の中の1条であるので、まず、その法律の全体像を把握することが肝要です。

　また、その条文には、必ず関連する他の条文があるので、その関連条文を把握しなければなりません。同様に特例規定の有無を確認し、改正があればその附則を確認する必要があります。

　さらに、法律と政令・省令とは渾然一体となっているので、法律だけでなく政省令も併せて読む必要があり、関係する判例の有無、行政先例の有無を確認することも重要です。

1　法律の全体像を把握する
(1) 法律の全体像把握の必要性

　初めて読む法律は、基本的に、一度は第1条から最終条まで読む必要があります。

　法律を初めて読む人が陥り易い誤りは、直面する問題に直接関係する条文にのみ注意を注ぎ、法律全体の構成を見逃してしまうことであるといわれています。法律の各条文は、それぞれが孤立してあるのではなく、各種の規定が関係し、絡みあって一定の内容を表現しているのです。

　したがって、初めて読む法律については、まずその法律全体の構成を理解する必要があり、そのためには、基本的には、第1条から順番に、かつ、最終条まで目を通すようにします。そうしなければ、手続きの流れや各種の特例規定の存在を知ることができないし、どのような罰則や附則があるかを知ることもできません。

もし、ボリュームや時間等の関係から、全部に目を通すことができないときは、最低限、目次と後掲(3)の条文見出しをチェックする必要があり、これによっても、その法律の全体像を知ることができます。

(注) 法律の条文は、構成的には、思考の順序や手続きの流れに従って順番に規定されており、原則として、この順番が逆転し、前の条文で後の条文を引用することはありません。仮にこのような条文があれば、それは「後引き（アトビキ）」といって、立法能力が問われるのです。このような法律の構成から、法律は、前から順序立てて読めば、理解できるようになっています。逆にいえば、初めて読む法律の特定の条文だけを読んでも、それでは、正確に理解はできないのです（なお、次の(2)の(注)参照）。

(2) 目次の活用——その法律全体の構成を知る

　条文を解釈をしようとするときは、その前提として、まず、その条文は何について定めているものなのかという予備知識が必要です。この予備知識は、法令の解釈に当たって非常に大きな手助けとなります。

　予備知識を得る方法には2つあり、1つは「目次の活用」であり、もう1つは後掲(3)の「条文見出しの活用」です。

　目次は、その法律の全体像を把握し、整理するのに便利であり、また、前述したように条文の検索にも役立つので、初心者は、大いにこれを利用することをお勧めします。

(注) このような税法の条文構成を理由として、納税者側が敗訴した判例があります。相続税法上の連帯納付義務を追及した税務署長の処分について、一審（大阪地裁昭和51年10月27日判決・LEX/DB21055921）は、相続税法上の連帯納付義務については申告義務が課されていないから、賦課課税方式によるべきであるところ、本件について、税務署長は賦課処分をしていないので、本件連帯納税義務の追及は違法であるとしました。

　これに対して、国側は、相続税法の条文構成を理由として、（大要）「相続税

法は、27条（相続税の申告書）、31条（修正申告の特則）、32条（更正の請求の特則）、33条（納付）、34条（連帯納付の義務等）と順を追って規定しているのであって、このような構成からみると、同法33条及び34条の規定は納付に関する定め、すなわち、徴収権に関する規定であることは明らかであり、同法34条2項の規定は固有の納税義務を負担する者に対する徴収処分の延長あるいは一段階として捉えるべきものである。したがって、国税通則法15条等の賦課権に関する規定が適用されることはない。」として、連帯納付義務の追及のためには、申告も賦課処分も必要ないと主張したところ、二審（大阪高裁昭和53年4月12日判決・LEX/D　B21061649）で逆転国側勝訴となり、最高裁（昭和55年7月1日三小判・LEX/DB21070351）もこれを支持しました。

(3) 条文見出しの活用――何に関する条文かを簡単に知る

　予備知識を得る方法の2番目として、条文見出しの活用があります。この条文見出しは、各条文の右肩にかっこ書で書かれており、その条文の内容を簡潔に表現したものです。もっとも、一つの事柄に関する条文が数か条にわたるときは、その最初の条文（例えば、相続税法第21条の14から第21条の16までにあっては、同法第21条の14）にその数か条を包括した条文見出し（上記の場合は、「相続時精算課税に係る相続税額」）を付し、その後の条文には条文見出しは付されません。

　この条文見出しに関する約束事を述べれば、次のとおりです。

　まず、この条文見出しは、条文中に他の条項を引用する場合にも、その引用する条文の番号の下にかっこ書で同時に引用されます。これは、引用法令の理解を容易にするために設けられた技術です。例えば、他の条文を引用する場合に、条文番号のみを表記するのではなく、「第80条（欠損金の繰戻しによる還付）又は第81条の31（連結欠損金の繰戻しによる還付）の規定による還付金」（法法26①四[注]）と見出しも引用されていれば、その引用条文を確認しなくても、規定内容のおおよその輪郭はつかめます。

　もっとも、場合によっては、法令上その条文に付されている見出しで

はなく、引用条項（例えば、第2項のみを引用したような場合）の内容を要約した文言となることもあります。例えば——、
　◇「第22条第3項（各事業年度の損金の額に算入する金額）の規定により」（法法29①）
　　→　法人税法第22条の条文見出しは「各事業年度の所得の金額の計算」ですが、第3項のみを引用したいため、かっこ書（波線の箇所）は同項の内容を要約した文言となっています。

なお、市販の法規集の条文見出しには、「（　）」のほか、「〔　〕」や「【　】」等があります。「（　）」は、法律上、付されている条文見出しであり、「〔　〕」等は、六法全書等を発行する出版社が読者の便宜のために私的に付した条文見出しです。もっとも、税法では条文見出しが付されていない例はほとんどなく、僅かに、マルサの根拠法である国税犯則取締法等に見られる程度です。

　（注）本章では、文中の（　）内における税法の名称等の表記を簡略化しています。
　　　　詳しくは、本章の冒頭を参照して下さい。

2　その条文に関連する法令等を見る
(1)　各税法の共通法——国税通則法についての理解が必要

　税法の構成については、第1章第4節で述べたところですが、ここでは、法律の全体像の把握という観点から述べたいと思います。
　国税通則法は、国税における基本的な事項及び共通的な事項等を定めることを目的としており、法人税法等の各税法は、国税通則法の規定の存在を前提として各条文を規定しています。したがって、共通法である国税通則法の規定についての理解なくして、一般法である各税法の規定を理解することはできないのです（これは、初心者がよく陥る落とし穴の一つです）。
　このような関係にある法律を「一般法と特別法の関係」といいます。

すなわち、ある事柄について一般的に規定する法律が「一般法」であり、他方、同じ事柄について特別の「場合、対象、地域等」を限定して規定する法律が「特別法」です。

国税通則法は、一般法として、税額等の確定手続とその是正手続、所轄庁、期間制限、税務調査、不服審査及び訴訟等について規定しているので、例えば、その特別法である法人税法第2編第1章第3節（申告、納付及び還付等）の規定は、国税通則法の規定を理解していないと正確に理解することができないということになります。

そして、一般法の規定と特別法の規定とが矛盾抵触するときは、事柄の性質上、当然、特別法が一般法に優先します。これを「特別法優先の原理」といいます（その他、この一般法、特別法という区別は相対的なものであること等については、第1章第4節を参照して下さい）。

(2) その条文が置かれている「節・款・目」の全条文を見る

ある程度法律解釈に熟達していても、犯しがちな過ちがあります。それは、適用できる法令を発見したときに、それで安心してしまい、周辺の条文を見ないことです。

適用されるべき法令は、一つとは限らないのです。したがって、法令の発見に当たっては、根気よく法令集を検索し、直面している問題に関係のある法令を洩れなく探し出さなければなりません。

そのためには、まず、最低限、発見したその条文が置かれているその節、その款又はその目に規定されている全ての条文に目を通す必要があります。

(3) 特例規定、特別法、附則の有無を確認する

今、解釈しようとしている条文には、「特例規定」が定められている可能性があるので、その存在の有無を確認しておく必要があります。特例規定の有無は、同じ法律の中であれば、通常、目次の活用により、比較的容易に確認できます。

面倒なのは、特別法の有無の確認です。所得税法、法人税法等には「租税特別措置法」という特別法が存在することは、税に携わる者なら誰でも知っていることですが、その他にも、例えば、次のような各種の特別法があります。
　　◇　行政手続等における情報通信の技術の利用に関する法律（略称「情報通信技術利用法」）
　　◇　電子計算機を使用して作成する国税関係帳簿書類の保存方法等の特例に関する法律（略称「電子帳簿保存法」）
　　◇　輸入品に対する内国消費税の徴収等に関する法律（略称「輸徴法」）
　　◇　租税条約等の実施に伴う所得税法、法人税法及び地方税法の特例に関する法律（略称「租税条約実施特例法」）
　　◇　災害被害者に対する租税の減免、徴収猶予等に関する法律（略称「災害減免法」）
　　◇　東日本大震災の被災者等に係る国税関係法律の臨時特例に関する法律（略称「東日本大震災臨特法」）
　これらを含め、特例規定の存在の発見のためには、初心者のうちは、六法全書等の大法典の条文ごとに付された参照条文が有用です。特別法や特例が極めて詳細に拾い上げられているので、その活用を是非お勧めします。
　次に、「附則」の確認も重要です。附則には、改正に伴う経過措置として、本則の規定に対する各種の特例が定められています。したがって、解釈しようとしているその規定に改正があるときは、附則もよく読み、その経過的取扱いを知る必要があります。
　もっとも、附則は、極めて技術的な書き方になっており、これを読みこなすことは相当の熟達者でも至難の技であるので、これを理解するためにはまず解説から入り、次いで、その解説に記されている根拠条文を読むという方法をお勧めします。これにより、附則において、このような書き方がされている場合は、こういう意味であるということを順次理解し、その積み重ねによって附則の規定が理解できるようになります。

(4) 政令・省令も併せて読む

　法律を読むときは、その委任に基づく「政令・省令」も読み、逆に、政省令を読むときはその根拠である法律も読む必要があります。法律は、技術的事項や専門的事項については政省令に委任しているのが通例です（「政令で定めるところにより……」「……は、政令で定める」「財務省令で定める……」等）。このような委任命令は、本来、法律と同等の形式的効力を有するので、法律の個々の条文の中に委任命令が出てくれば、必ずその委任命令も読む必要があります。

　行政機関が制定する政省令は、執行細則的な実施命令を除き、法律に根拠があります。すなわち、政省令は、法律の規定を受けて、それを補充する形で書かれているのです。したがって、政省令の規定は、法律の規定と混然一体となって法規範の内容を形成しているので、政省令を読むときは、根拠となる法律はその政省令に何を委任しているのか、その政省令は根拠法の条文中のどの委任に基づき何を規定しているのかということを、正しく把握する必要があります。

(5) 判例、行政先例、通達への配慮

　第1章第3節で述べたように、税法の規定を読むときは、判例、行政先例等への配慮が必要です。判例はもちろんのことですが、行政先例（国税不服審判所の裁決等）も、最終的にその正否は具体的事件に即して裁判所が判断するものの、第一次的には、無視することのできない重要な要素です。

　実際問題として、如何に整備された法令であっても、日々変遷し、発展する社会・経済事象の中では、公布されたその日から古くなることは避けられません。これを、租税法律主義の範囲内で実質的にアップ・ツー・デートに補正するのが判例であり、行政先例なのです。

　したがって、税理士をはじめ税に携わる者は、明文の規定のほか、不文の税法である判例、行政先例に常に配慮しながら、法令の発見とその解釈に努める必要があります。

なお、国税庁長官が発する解釈通達は、序章で述べたように、国税庁長官による法律解釈の表明に過ぎないのですから、行政先例とはいえませんが、事実上それに近い役割を果たしていることに留意する必要があります。仮に、通達における法律解釈が法律に定める条件よりも厳しいものであるときは、その通達に従った処分を納税者が争えば、当然、それは国側が敗訴します。したがって、通達の内容は、どちらかといえば、法律で規定された内容が千差万別の現実の事象に当てはまるように柔軟に解釈するものも多いということを知る必要があります（しかし、序章で述べたように、判例で認められた例外などには触れていないことも多いという事実を忘れてはなりません）。

第2節　解釈の前提──「事実の確定」と「法令の発見」

　法令解釈の前提として、まずは、解決すべき問題に関してその「事実」が確定していなければなりません。事実が曖昧なままで法令解釈をしても、徒労に終わることにもなり兼ねません。
　事実は、民法、商法、会社法等の私法に関する知識プラス全人格でもって確定しなければなりません。
　そして、事実が確定されれば、次に、その事実に適用すべき、すなわち、直面する問題を解決するための法令を発見する必要があります。

1　問題解決の第一歩は「事実の確定」

　法令を正しく解釈して問題を解決するためには、まずもって、その問題に対処できる（適用すべき）法令を発見する必要があることはいうまでもありません。
　そして、適用すべき法令を発見するためには、事実が確定していなければなりません。
　例えば、ある建物の譲渡日が問題となっている場合であれば、契約締結の日、譲渡代金決済の日、所有権移転登記の日、買主が使用収益を開始した日（鍵の引渡しの日）など、法律上又は事実上の事情を総合的に勘案し、客観的に譲渡日を確定する必要があります。
　もちろん、今後行おうとする取引に関するものの場合には、仮定の事実の場合もあるでしょう。しかし、その場合でも、その可能性に従い、一応、いくつかの事実を仮定しなければなりません。
　社会現象として生ずる事実は、千差万別で複雑極まりないものです。この事実に法令を適用するためには、適切な法律上の判断を下すのに最

低限必要な範囲で、事実を確定する必要があります。しかし、この事実の確定が、実はなかなか難しいのです。

2 「事実の確定」は正義と公平に基づかねばならない

　まず、事実を確定するためには、民法、商法、会社法等の私法に関する知識が必要です。税は、これらの私法に関する法律関係を基礎として課されるものだからです。私法に関する法律関係に基づいて事実を整理し、法律的に構成しなければなりません。

　次に、事実を確定するときは、あなたの「全人格」を投入しなければなりません。というのは、納税者は、意識的に又は無意識に、事実関係の背景を自分に有利なように思い描くこともあるし、また、税務職員は、これまた意識的に又は無意識に、税額が最大限になるように事実関係を意味付けすることもあるからです。先入観があると、真実の姿が見えないこともあります。このようなバイアスを掛けることなく、色眼鏡で見ることもなく、正義と公平に基づいて事実を確定しなければなりません。事実を確定するときは、まさにあなたの人格が問われているのです。

　なお、事実の確定は法令適用の前提として必要ですが、場合によっては事実の確定が物理的に不可能であったり、仮に可能であっても、そのための労力、費用を考慮すれば事実を確定することが合目的的とはいえないような場合もあるでしょう。法は、このような場合に対応するために、「推定」とか「みなす」とかの方法を設けていますが、これについては、本章第4節を参照して下さい。

3　事実確定の次は「適用すべき法令の発見」

　事実が確定されれば、その確定された事実に適用すべき法令を検索しなければなりません。あなたが直面する問題を解決するための法令を発見すること、これが「法令の発見」です。

　もちろん、はじめから目的とする条文が○○税法の×条と特定されている場合は、このような作業は必要ありませんが、通常は明らかでない

場合が多いので、まずは必要とする法令を検索しなければなりません。
　この法令の発見は、簡単にはことが運ばずに苦労するのが通常です。次に述べる古典的方法、電子政府の法令データ提供システムを使う方法、雑誌記事等の引用条文に当たる方法等がありますが、いずれの場合にあっても、法令解釈上の技術や方法、諸原則等を駆使して、適用すべき法令の発見に努めることになります。

4　古典的な検索方法では「目次と条文見出し」を活用する

　法令発見の最も古典的な方法は、法規集をペラペラとめくって必要とする条文を検索する方法です。しかし、この方法の場合、ある程度、税法の条文が頭に入っていないと極めて非効率となります。
　そこで、この方法である程度の効率を得るには、「目次と条文見出しの活用」をお勧めします。
　目次は、目的とする条文の検索に大いに役立ちます。まず目次を見て、検索しようとする条文がどの辺りに位置しているかという見当をつけられれば、効率的に見つかる確率が高くなります。
　次に、「条文見出し」を活用しましょう。目次で見当をつけた節、款、項、目の中で、目的とする条文を検索するときは、まず、その法条の条文見出しを見ます。この条文見出しによって、自己が必要とする条文か否かを判断するのです。
　なお、後述の「電子政府の法令データ提供システム」を使う方法や後述の雑誌記事等の引用条文に当たる方法等による場合でも、最終的には法規集の該当条項を開く必要があることが多いのが通例です。したがって、法規集を開くことに慣熟する必要があります。○○税法の×条△項を見たいというときに、法規集を開いてその条文に辿り着くまでに時間を要するようでは、「条文に当たる」ことが億劫になります。理想をいえば、2～3秒でその条文該当頁を開くことができるようになって下さい。
　それには、まず、「○○税法はどこにあるか」がわからなければなりません。法規集には各税法ごとに仕切紙が入っています。それぞれに

インデックスを付ければ簡単ですが、インデックスがなくても、慣れれば、すぐ「○○税法はどこにあるか」かがわかるようになります。

　次に、○○税法の中の×条はどこにあるかということです。仕切紙と仕切紙との間には、前方が法律、中程が政令、後方が省令となっておれば、○○税法の×条は、おおよそどの辺にあるかが推測できます（この点、税法の各条文ごとに関係する政令、省令を並記してある法規集では、この方法は馴染みません）。最初に、目的とする○○税法の×条があるらしきところをバサッと開くのです。これをゴルフに例えれば、いわばティーショットです。さらにアプローチで目的とする条文の近くを開き、パターで2、3回のつもりでペラペラと2、3枚めくって目的とする条文を検索するのです。慣れれば、このすべてが2〜3秒でできます。できるようになって下さい。そうすれば、何の苦もなく「条文に当たる」ことができます。

　以上は、租税特別措置法とか法人税法の連結納税関係とかには、残念ですが当てはまりません。条文の枝番号が多いからです。

5　電子政府の法令データ提供システムでは「キーワード設定」に注意

　電子政府の法令データ提供システムの「法令用語検索」を利用して、必要とする法令の条番号を検索することができます。

　しかし、この方法による場合は、「キーワードの設定」に注意が必要です（例えば、曖昧検索ができる場合を除き、「寄附金」で検索すれば「寄付金」は検索されず、「寄付金」で検索すれば「寄附金」は検索されません）。また、キーワードの設定の仕方によっては、膨大な量の情報が出され、その整理に悩まなければならないこともあり得ます。

　また、登載されているデータの更新日時にも注意する必要があります。

6　雑誌記事、通達等で引用されている条文に当たる

　もし、解決すべき問題に触れた雑誌記事等があるときは、通常、そこで根拠条文が引用されているはずです。あるいはコンメンタールなどで

事項別索引等があれば、そこから根拠条文の条番号を検索することもできます。

いずれにしても、適宜、その状況に応じて、迅速に必要とする根拠法令の条番号をつかむことが肝要です。

7　「法令への事実の当てはめ」の段階で法令解釈が必要に

法令の適用対象となるべき事実が確定し、その事実に適用される法令の規定が発見されると、その次は、その発見された法令に確定された事実を当てはめて、法令上の効果を導き出すという段階になります。いわば、「事実」、「適用法令」、「結論」の三段論法となるのですが、この最後の「法令への事実の当てはめ」の段階で、法令の解釈が必要となるのです。

そして、妥当な結論が出るまで、この作業を繰り返すことになります。

これを図示すれば、次のとおりです。

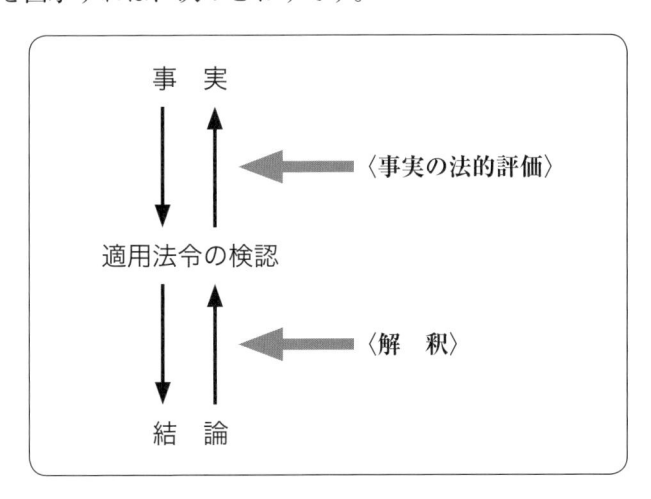

```
        事　実
         ↓  ↑  ←〈事実の法的評価〉
      適用法令の検認
         ↓  ↑  ←〈解　釈〉
        結　論
```

第3節 法令の読み方——大筋の把握から細部へ

　法令は、要件と効果、権利義務関係等を簡潔明瞭に文章化したものであって、原則として解説や説明はしません。したがって、基本的な知識を持たずにいきなり読んで、すんなりと理解するのは、特に難解とされる税法の場合、かなり難しいといえましょう。

　しかし、条文の読み方のルールとコツを知れば、簡単にその内容を読み取ることができます。一見、複雑に見える条文も、結局は、主語、目的語と述語に、条件句や修飾句、ただし書、各号列記、後段、かっこ書等が付け加わったものに過ぎません。

　このルールとコツの一つ目は条文の特色を知ること、二つ目は条文を単純化して大筋を把握し、しかる後に細部に入ること、三つ目は立法技術を理解して文脈把握に利用し、句読点などの約束事を知り、法令独特の用語を知ることです。

1　条文の特色を知る

　条文の読み方のルールとコツの一つ目は、「法令文の特色を知る」ことです。

　条文（法令文）は、法規範を文章化したものですから、その文章構造に小説やエッセイなどは異なる特色があることは当然です。要するに、対象とする事象を論理的に整理し、一切の無駄を排除して、要件と効果、権利義務関係等を簡潔明瞭に表現しようとしているのです。

　ただ、一切の無駄を排除して簡潔明瞭に表現すれば、理解し易い文章になるかといえば、実はそうでない場合も多いのです。順次説明します。

　この無駄の排除には、「形式的な表現上の重複の排除」と「実質的に

規定の対象が重複しないようにする、いわば交通整理」とがあります。

① 形式的な表現上の重複の排除

この例として、後発的更正の請求に関する国税通則法第23条第2項の規定があります。同項は、「納税申告書を提出した者又は第25条（決定）の規定による決定（……）を受けた者」について規定していますが、同項各号を見ると、「その申告、更正又は決定……」と「更正」が掲げられており、「更正を受けた者」も対象としているはずであるのに、なぜ主語の「納税申告書を提出した者又は第25条（決定）の規定による決定（……）を受けた者」に「更正を受けた者」がないのかという疑問が生じます。これは、「更正を受けた者」は「納税申告書を提出した者」か「決定を受けた者」かのどちらかに含まれる（更正の前には必ず期限内申告書若しくは期限後申告書の提出又は決定処分があるはず）ので、ここで、仮に「更正を受けた者」を引用することとすれば、条文上重複することとなり、また、引用する必要のないものを引用すれば、そこに別の意味が付け加わるおそれもあるため、引用していないのです。

② 実質的な規定対象の重複の排除

この例としては、上記①と同じく、国税通則法第23条第2項の規定が挙げられますが、同項に「（納税申告書を提出した者については、当該各号に定める期間の満了する日が前項に規定する期間の満了する日後に到来する場合に限る。）」とあります。これは、法定申告期限から5年内に後発的事由が生じた場合には、このようにかっこ書により除かなければ、同条第1項と第2項の適用関係が重複することになり、そのいずれを適用するのかについて混乱も生ずる（現に、その適用が争われた事件もあります）ので、その交通整理をしようとするものです。すなわち、同条第1項に定める「更正の請求ができる期間内（5年間）」については、その理由が申告書提出時に内在していたか、又はその後に後発的事由として生じたものかを問わないで、同項の規定を適用するということです。

③ 条文の基本は、「主語 ＋ 述語」

条文の主文（「従文＝条件句・修飾句」に対応する「主要構文」の意味）

は、通常、「…【主語】…は、……に算入する【述語】。」とか「…【主語】…は、……するものとする【述語】。」というような形になっており、これに種々の枝葉（条件句や修飾句など）が付け加えられています。税法は、法令の中でも特に難解なものとよく言われますが、一見、複雑に見える条文も、分解すれば、下記の例のように、結局は「主語と述語」（当然、目的語もあります）に、条件句[注1]や修飾句[注2]、ただし書[注3]、各号列記[注4]、後段[注5]、かっこ書[注6]等が付け加わったものに過ぎないのです。

まず、簡単な例から入ってみます。

☆　法人税法第4条第2項（納税義務者）

公共法人は、	前項の規定にかかわらず、	法人税を納める義務がない。
【主語】	【条件句】	【目的語 + 述語】

☆　法人税法第4条第4項（納税義務者）

個人は、法人課税信託の引受けを行うときは、この法律により、
【主語】　【条件句】　　　　　　　　　　　　　　　【条件句】
法人税を納める義務がある。
【目的語 + 述語】

後者の規定の主文は、「個人は、……法人税を納める義務がある」であり、その条件は、「法人課税信託の引受けを行うとき」となります。

この構成に関する考え方をさらに複雑な条文に当てはめれば、次頁の「条文例」のようになります（簡略化のために、かっこ書を省略しました。かっこ書の省略とその読み方については、後述2の(1)の②〔100頁〕を参照して下さい。なお、主体・客体等が複数列挙されている場合〔――部分と＝＝部分〕の読み方もあります〔後述2の(1)の①・98頁〕が、ここでは、省略しないで全てを掲げました）。

（注1）「条件句」は、その規定が適用される場合を限定するものです（103頁参照）。
（注2）「修飾句」は、その規定の意味を限定するものです（106頁参照）。
（注3）「ただし書」は、「ただし、……については、この限りでない」というよう

に、本文の効果を一部打ち消す場合などに用いられます。
(注4)「各号列記」は、規定の対象が多数の場合に、それを区分し、列挙して規定するものです。なお、条又は項の条文から「各号列記」を除いた部分を正確には「各号列記以外の部分」といいますが、通常は「柱書」と略称します。
(注5)「後段」は、「この場合においては、……するものとする」というように、前段の規定の趣旨を補足的に説明する場合などに用いられます。
(注6) かっこ書は、その直前の名詞又は名詞句を「修飾したり、加除したり、定義付けたり」するものです（100頁参照）。

条文例　まずは、おおまかに条文の特色を知ろう

【法人税法37条4項（寄附金の損金不算入）】

第1項の場合において、同項に規定する寄附金の額のうちに、<u>公共法人、公益法人等</u>（…〔省略〕…）<u>その他特別の法律により設立された法人</u>のうち、<u>教育又は科学の振興、文化の向上、社会福祉への貢献その他公益の増進に著しく寄与するものとして政令で定めるもの</u>に対する当該法人の主たる目的である業務に関連する寄附金（…〔省略〕…）の額があるときは、 　⇒《条件句》

当該寄附金の額の合計額（…〔省略〕…）は、第1項に規定する寄附金の額の合計額に算入しない。 　⇒《主　文》

ただし、公益法人等が支出した寄附金の額については、この限りでない。 　⇒《ただし書》

※主文の「主　語」→「当該寄附金の額の合計額」（「は、」の直前の名詞又は名詞句）
※主文の「目的語」→「第1項に規定する寄附金の額の合計額に」
※主文の「述　語」→「算入しない」（文章の最後の「。」の直前の動詞）

⬇

すなわち、この条文は、「当該寄附金の額の合計額……は、第1項に規定する寄附金の額の合計額に算入しない」との主文に条件句とただし書が付加されたものということになります。

※ 条又は項の条文のうち、「ただし書」以外の部分は「本文」といいますが、ここでは「条件句」に対応させたので「主文」と表現しています。

2 まずは大筋を把握し、そして細部へ

条文の読み方のルールとコツの二つ目は、「まず大筋を把握してその後に細部を読む」という法令の読み方です。そして、そのための作業は、条文の単純化です。

(1) 条文の単純化

大筋を把握するためには、枝葉部分を取り除き、条文を単純化する必要があります。

その単純化の方法は、次のようなものになります。

イ　主語等が複数列挙されている場合は、まず代表例で理解する。
ロ　かっこ書を省略する（かっこ書を飛ばして読み、その後にかっこ書を読む）。
ハ　条件句、修飾句を最小限にする。

以上により、幹の部分にだけアンダー（サイド）ラインを引いてその部分だけを読み、、その後に、代表例以外の部分、かっこ書、条件句や修飾句等の細部に入っていくのです。

① 主語等が複数列挙されている場合
ア　まず「代表例」で理解する

主語など（主体、客体等）が複数列挙されている場合は、まずその代表例でもって理解し、次いで代表例以外の列挙項目に入っていけばよいのです。この作業は簡単です。

条文例　主語等が複数列挙の場合はまず「代表例」で理解しよう

【法人税法42条8項(国庫補助金等で取得した固定資産等の圧縮額の損金算入)】

<u>合併法人、分割承継法人、被現物出資法人又は被現物分配法人</u>が
[ブロックA]
<u>適格合併、適格分割、適格現物出資又は適格現物分配</u>により
[ブロックB]
<u>被合併法人、分割法人、現物出資法人又は現物分配法人</u>において
[ブロックC]
<u>第1項、第2項、第5項又は第6項</u>の規定の適用を受けた固定資産
[ブロックD]
の移転を受けた場合……

⬇

この場合には、まず、ブロックAの代表「合併法人」、
ブロックBの代表「適格合併」、ブロックCの代表「被合併法人」、
ブロックDの代表「第1項」でこの条文を理解し、
その後に、列挙されている主体や客体を正確に理解します。

⬇

合併法人……が、適格合併……により、被合併法人……において第1項
……の規定の適用を受けた固定資産の移転を受けた場合……

イ　定義規定があれば、まず定義規定で理解する

　上記アの「代表例で理解する」の方法の一つとして、「定義規定があれば、まず定義規定で理解する」があります。例えば、「<u>信託財産等</u>（信託財産に属する資産及び負債並びに当該信託財産に帰せられる収益及び費用をいう。以下この章において同じ。）」(法法4の6①)であれば、まず、定義規定である「信託財産等」にアンダー（サイド）ラインを引いてそれでもって全体を理解し、その後に定義規定の内容（「信託財産等」とは何かを定めている直後の「かっこ書」）を正確に読むのです。

ウ　最初から複数列挙の全てを理解する必要があるときは、列挙されている各名詞等の頭に付番する

　代表例で理解するのではなく、最初から列挙されている名詞又は名詞

句等の全てを理解する必要があるときは、次のように、それぞれ列挙されている名詞等の頭に「①、②、③……」と自分の鉛筆で付番すれば、その理解が容易になります。

例えば、所得税法第24条第1項（配当所得）の場合には、「配当所得とは、法人（……）から受ける①剰余金の配当（……）、②利益の配当（……）、③剰余金の分配（……）、④基金利息（……）並びに⑤(イ)投資信託（……）及び(ロ)特定受益証券発行信託の収益の分配（……）に係る所得をいう。」というように、①、②、③……と付番すれば、配当所得には5種類のものがあり、5番目は(イ)と(ロ)の2つに分かれる（これは、「及び」と「並びに」の関係からそうなります。次節145頁参照）ことが分かります。

②　かっこ書を省略する

かっこ書は、前述したように、そのかっこ書の直前の名詞又は名詞句を修飾したり、加除したり、定義付けたりするものです（後述(注)参照）。

この（……を含む。）とか（……を除く。）などのかっこ書は、まずは飛ばして読むと理解しやすくなります。このかっこ書の部分が極めて長いような場合には、法規集のそのかっこ書の部分をさらに自分の鉛筆で大かっこで括るなどの表示をする作業をすれば、飛ばす部分が一目で判明して読みやすくなります。

かっこ書が二重、三重になっているような場合には、自分の鉛筆で、二重かっこの箇所に「((｢」「))」、三重かっこの箇所に「(((｢」「)))」と記入すれば、「(｣（「かっこ開く」と読む）に対応する「)」（「かっこ閉じ」と読む）はどれか、「((｣ に対応する「))」はどれか、「(((｣ に対応する「)))」はどれかを正確に把握することができます。そして、大筋で理解した後に、飛ばしたかっこ書で規定されている例外など[注]は何か、を読むのです。

この場合の読み方は、次のとおりです。

◇　原文　………（………（………（………）………）………）………

> → これは、税法でよく見られる三重かっこです。
> ◇ 自分の鉛筆でかっこ書を書き加えて、次のように、二重かっこの箇所は「((」「))」、三重かっこの箇所は「(((」「)))」とします。
> ……… (……… ((……… (((………)))………))………)………
> → これにより、「(」に対応する「)」はどれか、「((」に対応する「))」はどれか、「(((」に対応する「)))」はどれかが明らかになります。
> ◇ 読む順序は、かっこ書の外の部分「①-1 → ①-2」、次に一重かっこ書部分の「②-1 → ②-2」、次に二重かっこ書部分の「③-1 → ③-2」、次に三重かっこ書部分の「④」の順です。
> …①-1…(…②-1…((…③-1…(((…④…)))…③-2…))…②-2…)…①-2…
> → この順序で読めば、かっこ書の内容を正確に理解することができます。

<u>かっこ書は、その読み方と機能を知ればこれほど便利なものはありません。</u>上記②-1及び②-2の一重かっこのかっこ書は、直前の①-1の最後尾の名詞又は名詞句を「足したり、引いたり、捻ったり、定義付けたり」しているのであり、③-1及び③-2の二重かっこのかっこ書は、その直前の②-1の最後尾の名詞又は名詞句を「足したり、引いたり、捻ったり、定義付けたり」^{注)}しているのです。

したがって、あなたが直面している問題が、例えば、この①-1の最後尾の名詞又は名詞句、あるいは②-1の最後尾の名詞又は名詞句と無関係であれば、取りあえずは、それを「足したり、引いたり、捻ったり、定義付けたり」している直後のかっこ書とは無関係となり、飛ばして読んだままでも差し支えないということになります。

(注) かっこ書には、①「以下……という。」といった表記の定義規定、②「○条に規定する……をいう。」といった表記の内容説明規定、③「……を含む。」、「……に限る。」、「……を除く。」といった表記の捕捉説明規定、④「……の場合には、……とする。」といった表記の例外規定などがあり、①の場合には定義部

分にアンダー（サイド）ラインを引き、その他の場合はまずは飛ばして読みます。

なお、このかっこ書の便利さを知らない者からは、かっこ書を外して平たい文章で書くべきだという意見も見受けられますが、仮にそのような書き方にすれば、すべてのかっこ書に主語、述語等が必要ですから、条文の量が膨大なものとなり、また、その条文全体を読まないと、その条文が自分が直面している問題に関係があるのかないのかが判明しないという繁雑さを招くことになります。

条文例　　まずは「かっこ書」を飛ばして条文を読んでみよう

【法人税法2条12号の6［編注：現物分配法人の定義規定］】

現物分配法人　現物分配（法人（公益法人等及び人格のない社団等を除く。）がその株主等に対し当該法人の次に掲げる事由により金銭以外の資産の交付をすることをいう。次号及び第12号の15において同じ。）によりその有する資産の移転を行つた法人をいう。
　イ　剰余金の配当……
　ロ　……に掲げる事由

⬇

まずは「かっこ書」をすべて飛ばして読み、次のことを理解します。

⬇

現物分配法人とは、現物分配によりその有する資産の移転を行つた法人をいう。

⬇

次に、「現物分配」とは何かを定めている「かっこ書」を読みますが、二重かっこ書（波線の箇所）は飛ばし、次のことを理解します。

⬇

「現物分配」とは、法人がその株主等に対し当該法人のイ又はロに掲げる事由により金銭以外の資産の交付をすることをいう。

⬇

最後に、二重かっこ書（波線の箇所）を読み、次のことを理解します。

⬇

「公益法人等及び人格のない社団等」は、かっこ書の「法人」から除かれる（つまり、現物分配法人となることはない）。

【法人税法施行令4条の2第1項（支配関係及び完全支配関係）】
……一の者（その者が個人である場合には、その者及びこれと前条第1項に規定する特殊の関係のある個人）が法人の……

⬇

これは、かっこ書が自己の問題としているケースと無関係である場合には、読むのを省略することができる事例です。

⬇

かっこ書は、「一の者」が個人である場合の規定ですが、
「一の者」が法人であることを前提としているケース等では、
かっこ書は無視してよいこととなります。

③　条件句、修飾句を最小限にする
ア　条件句
　その規定が適用される場合を限定するのが、「条件句」です。条件句がある場合は、まずはその枝葉を削って最小限の形にします。

　条件句は、通常、次のように表現されています。

> ⅰ　「…【条件句の主語】…が…【条件句の述語】…した場合には、」
> ⅱ　「…【条件句の主語】…が…【条件句の述語】…したときは、」
> ⅲ　「…【条件句の主語】…が…【条件句の述語】…した場合において、
> 　　……したときは、」

　ⅰ及びⅱの場合は限定が一重であり、ⅲの場合は限定が二重となっています。

主文（「従文」である条件句、修飾句等に対応する「主要構文」の意味）の主語には、通常、「……は、」というように、「は」の後に「、」が付されますが、従文の主語には、「……が」というように、「が」の後に「、」は付されないのが通例です。もっとも、従文が長文の場合には、「が」の後に「、」が付されることがあります（これは、息継ぎのための「、」です。後述の句読点についての解説〔110頁以下〕参照）。
　また、従文は、通常、「、」と「、」に囲まれているために、条件句の中にさらに条件句を挿入すると、「が」の後に「、」が付される場合もあります。
　簡単な例を挙げてみましょう。
◇　「内国法人がその有する資産の評価換えをしてその帳簿価額を減額した場合には、その減額した部分の金額は、その内国法人の各事業年度の所得の金額の計算上、損金の額に算入しない。」(法法33①)
　　→　波線の箇所が「条件句」です。条件句の主語の「内国法人が」の後には「、」はありません。
　　→　二重線の箇所が「主文」です。主文の主語の「その減額した部分の金額は、」には「、」が打たれています。
　　→　一重線の箇所が「修飾句」です。
◇　「事業者（……）が、その納税地を所轄する税務署長にその基準期間における課税売上高（……）が5,000万円以下である課税期間（……）についてこの項の規定の適用を受ける旨を記載した届出書を提出した場合には、……」(消法37①)
　　→　この従文は長文であるため、息継ぎの意味で、その主語に「事業者が、」と「、」が打たれています。
◇　「譲渡割の賦課徴収は、当分の間、……の規定にかかわらず、国が、消費税の賦課徴収の例により、消費税の賦課徴収と併せて行うものとする。」(地方税法附則9の4①)※
　　→　従文は通常、「、」と「、」に囲まれているために、条件句の中にさらに条件句を挿入したことにより、「が」の後ろに「、」が

付された例です。

→　波線部分の「、」から「、」までが条件句です。最初の形の「国が消費税の賦課徴収と併せて行うものとする」に「、消費税の賦課徴収の例により、」が挿入された結果、「が」の後に「、」が打たれています。

※　地方税法における「譲渡割」は地方消費税を意味し、この条文が、地方税である地方消費税を国の機関である税務署長が賦課徴収する根拠規定です。

　このようなセオリーを知っていれば、長い条文であっても、その主語（主文の主語）を簡単に見つけることができます。すなわち、「……は、」とあれば主文であり、「は、」の直前の名詞又は名詞句が主文の主語ですから、それを見れば、その条文が何に関して規定するものなのかを知ることができるのです。

条文例　「条件句」は最小限の形にしよう

【法人税法42条1項（国庫補助金等で取得した固定資産等の圧縮額の損金算入）】

内国法人（清算中のものを除く。以下この条において同じ。）が、各事業年度において固定資産の取得又は改良に充てるための国又は地方公共団体の補助金又は給付金その他政令で定めるこれらに準ずるもの（第44条までにおいて「国庫補助金等」という。）の交付を受け、当該事業年度においてその国庫補助金等をもってその交付の目的に適合した固定資産の取得又は改良をした場合（その国庫補助金等の返還を要しないことが当該事業年度終了の時までに確定した場合に限る。）において、その固定資産につき、その取得又は改良に充てた国庫補助金等の額に相当する金額（以下この項において「圧縮限度額」という。）の範囲内でその帳簿価額を損金経理により減額し、又はその圧縮限度額以下の金額を当該事業年度の確定した決算において積立金として積み立てる方法（政令で定める方法を含む。）により経理したときは、……

⬇

この「条件句」の場合、波線の箇所をピックアップすれば、骨格がつかめます。

⬇

◇　内国法人が、
◇　各事業年度において国庫補助金等の交付を受け、
◇　当該事業年度においてその国庫補助金等をもってその交付の目的に適合した固定資産の取得又は改良をした場合において、
◇　その固定資産につき、圧縮限度額の範囲内でその帳簿価額を損金経理により減額したときは、

⬇

もちろん、骨格を把握した後に、正確に条文全体を読む必要があります。

イ　修飾句

　その規定の意味を限定するのが、「修飾句」です。修飾句がある場合は、まずはその枝葉を削って最小限の形にします。修飾句には、次のようなものがあります。

□　修飾句　　➡「……で……するもの」「……で、……するもの」
　※　この「……で……するもの」と「……で、……するもの」との差異については、後述「読点」(111頁) 参照
《その他に、修飾句として次のようなものがあります》
□　範囲を限定 ➡「……のうち……」
□　時間を限定 ➡「……の際」「……の時」
□　原因を限定 ➡「……により」「……に基づき」
□　交通整理　 ➡「……のほか」「……にかかわらず」

　修飾句の「……で……するもの」の場合、例えば、「…A…で…B…するもの」なら、A（「で」の前に記述されている一定の者や事物等）は、Bに限定されることを意味します（詳しくは、112頁参照）。Aの箇所

には、法人、個人のほか、名詞ならどのような文言（例えば、「役務の提供」）も使用されますが、どのような文言が使用される場合でも、それを受ける「…Ｂ…するもの」の「もの」は、ひらがなで「もの」と書かれます（「者」や「物」は使用されません）。したがって、この修飾句では、「…Ｂ…するもの」の「もの」は何を指す言葉であるかということをまず知る必要があります。

これに対して、範囲を限定する「……のうち……」という表現の場合は、例えば、「内国法人が各事業年度において支出した寄附金の額……の合計額のうち、……により計算した金額を超える部分の金額は」（法法37①）のように、具体的にその事物を表す文言が用いられます。

そのほか、「……の際」、「……の時」のように時間を限定するもの（191頁参照）、「……により」、「……に基づき」のように原因を限定するもの（170頁参照）、「……のほか」、「……にかかわらず」などのいわゆる交通整理をするための修飾句もあります（197頁参照）。

④　大筋を把握する

以上により、その条文の幹の部分にだけアンダー（サイド）ラインを引いて、その部分だけを読みます。

この作業は、慣れれば簡単にできます。最初のうちは、1読、2読、3読くらい必要かもしれませんが、慣れれば1読でこのアンダー（サイド）ラインを引くことができます。

> **条文例**　まずは条文を単純化して大筋を把握しよう

【法人税法34条1項（役員給与の損金不算入）】

<u>内国法人がその役員に対して支給する給与</u>（退職給与及び第54条第1項（新株予約権を対価とする費用の帰属事業年度の特例等）に規定する新株予約権によるもの並びにこれら以外のもので使用人としての職務を有する役員に対して支給する当該職務に対するもの並び

に第3項の規定の適用があるものを除く。以下この項において同じ。）のうち次に掲げる給与のいずれにも該当しないものの額は、その内国法人の各事業年度の所得の金額の計算上、損金の額に算入しない。
　一　……
　二　……
　三　……

波線の箇所が、この条文の幹となる部分です。
つまり、この条文は、次の主旨の規定であることを、まずは理解します。

◇　内国法人が
◇　その役員に対して支給する給与のうち
◇　次の一から三に規定する給与のいずれにも該当しないものの額は、
◇　損金に算入しない。

《いい換えれば、一から三に該当する役員給与のみが、損金に算入できる》

(2) 大筋の把握から細部へ

　(1)により大筋を把握したら、次は、代表例以外の部分、かっこ書、条件句や修飾句等の細部を順次正確に読まなければなりません。そのときは、当然のことですが、政令や省令も同時に読む必要があります（この大筋の把握から細部に至る実際例については、後掲の「参考1」〔118頁以下〕を参照して下さい）。

3　立法技術等を理解する

　条文の読み方のルールとコツの三つ目は、「立法技術等の理解」です。これには、次の3つがあります。

イ　立法技術の理解
ロ　句読点などの約束事の理解
ハ　法令用語の理解

　なお、ここで述べる立法技術や句読点等の約束事は、あくまでも原則です。したがって、いろいろ例外もありますが、例外が全部列挙されているわけではないことに留意して下さい。

(1) 立法技術の理解

　立法に当たっては、次のような法令独特の用語、用法が用いられています。そこで、これらの立法技術を理解して、これを条文の文脈把握に利用することができます。

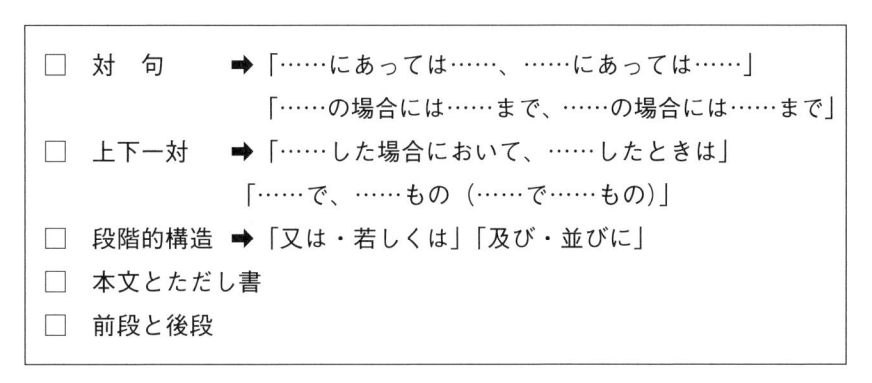

```
□　対　句　　➡　「……にあっては……、……にあっては……」
　　　　　　　　　「……の場合には……まで、……の場合には……まで」
□　上下一対　➡　「……した場合において、……したときは」
　　　　　　　　　「……で、……もの（……で……もの）」
□　段階的構造 ➡　「又は・若しくは」「及び・並びに」
□　本文とただし書
□　前段と後段
```

　立法技術の一つに、同じ文章が繰り返されるような場合には、対句の技法を活用して条文が簡略化され、「……にあっては……、……にあっては……」のように用いられます。そこで、この対句に着目して条文を整理すれば、簡単な構文になる場合が多く、逆に、対句であるということがわからなければ、ミスプリではないかなどと理解に苦しむことにもなります。

　また、「……した場合において、……したときは」や「……で、……もの」における「……した場合」と「……したとき」、「……で」と「……もの」は、それぞれ上下一対のものとして読まなければなりません。

さらに、「又は」、「若しくは」、「及び」、「並びに」の接続詞は、その言葉の段階的構造を示すものですので、これを利用して構文の整理をすることができます（137頁以降参照）。
　なお、当然のことながら、ただし書や「この場合において……」といういわゆる後段の規定についても、同様に、まず、本文や前段の規定を理解し、それとの対比において解釈しなければなりません。
　また、規定を算式化したり、図解したりして理解する方法や、表や図にまとめる方法もあります（後掲の「参考1」〔135頁以下〕を参照して下さい）。

(2) 句読点などの約束事の理解

　条文を読むに当たって、極めて重要であるにもかかわらず、意外と軽視されているものに句読点（「。」と「、」）があります。
　句読点、特に読点は、その付し方一つで条文の意味が変わったりする程重要なものであり、立法に当たっては、細心の注意を払うものの一つであって、これに注意して条文を読むと、文章の前後の関係が明確になることが多くあります。

① 句　点

　句点（「。」）は、「マル」と発音します。
　句読点のうち、句点は、文章の完結を示すものとして、文章の終わりに付します。前段と後段、前段・中段と後段、本文とただし書のように、条文が2つ、3つの文章から構成される場合もありますが、その場合には、必ずそれぞれの文章ごとに句点が付されます。句点は、次の読点に比べ、その約束事は比較的簡単です。
　なお、かっこ書又は号（○条○項○号の「号」）の規定の中の句点の使用については、次のような約束事があります。
　　a　文章が名詞又は名詞句で終わるときは、句点は付されない。
　　b　もっとも、文章が名詞又は名詞句で終わる場合でも、そのかっこ書又は号の中でさらに文章が続くとき、又は号の文章が「こと」で

終わる場合は、句点が付される。

※　かつては、「とき」で終わる場合にも句点が付されていましたが、近時そのルールが変更され、付されないこととされています。

例えば――、
◇　「当該寄附金の額の合計額（当該合計額が……に相当する金額）」（法法37④）
　→　かっこ書は名詞で終わるので、句点は付されていません。
◇　「二　損金経理をしていること。」（法令69⑩二）
　→　「こと」で終わるので、句点が付されています。
◇　「（……の場合にあっては、納税管理人。以下この節において同じ。）」（通法12③）
　→　名詞で終わっていますが、文章が続くので、名詞の後に「。」が付されています。

②　読点（とうてん）

　読点は、本来、息継ぎをするところに付するものですが、それは同時に、文章の切れや掛かり具合を明らかにします。文章は、どこで切るかによってその意味が変わる（例えば、どの修飾語がどの語を修飾するかなど）こともあるので、下記のア～キのような7つの約束事があります。
　条文は、厳格にこの約束事を守って書かれているので、条文を読むときは、必ず、「、」のところで息継ぎをし、そして、「、」から「、」までは一息で読まなければなりません。そうすれば、修飾語の掛かり具合などが明らかになります。

※　なお、長文の場合には、一息では読むことができないので、息継ぎのための「、」が付される場合がありますが、この場合の「、」は、そこで文章が切れるわけではありません。

ア　主文の主語の後には、「……は、」のように必ず読点が付される。
　例えば――、
　　◇　「内国法人は、この法律により、法人税を納める義務がある。」（法

法4①)
　条件句等の従文の主語の場合には、「……が……した場合において」というように、従文の主語の後に「、」は付されないのが通例ですが、長文の場合等の例外があります（前述「条件句」〔103頁〕参照）。
イ　名詞を並列させる場合には、読点が付される。
　2つ以上の名詞を「及び」、「又は」などの接続詞で繋ぐ場合、あるいは「その他」、「その他の」の語で繋ぐ場合には、接続詞等の直前には読点は付されません。
　　例えば――、
　　◇「代表取締役、代表執行役、代表理事及び清算人」（法令71①一）
　　　→「及び」の前には読点は付されていません（「又は」の場合も同じ）。
　　◇「副社長、専務、常務その他これらに準ずる職制上の地位を有する役員」（法令71①二）
　　　→「その他」の前には読点は付されていません（「その他の」の場合も同じ）。
ウ　並列される語句が、動詞、形容詞又は副詞の場合には、原則として、接続詞の直前に読点が付される。
　　例えば――、
　　◇「損金経理により減額し、又はその圧縮限度額以下の金額を……により経理したときは」（法法42①）
　　　→　並列される語句が動詞であるため、「又は」の前に読点が付されています（「及び」の場合も同じ）。
エ　例えば「○○で△△のもの」の場合において、○○の箇所が複数の者や事物等であり、かつ、その全てのものに△△の修飾語が掛かるときは、「で」の後に読点が付される。
　「で」は、限定を示す用語ですが、「で」の後の「、」の有無によってその掛かり方が異なります。
　　例えば――、

◇ 「建物、立木及び登記される船舶並びに登録を受けた飛行機、回転翼航空機及び自動車並びに登記を受けた建設機械で、保険に附したもの」(通法50四)
　→ 「建設機械で、」と「で」の後に「、」が付されているので、二重線の箇所は、「で、」の前に記述されている全て(波線の箇所)を修飾する(つまり、「建物」から「建設機械」までの全てが、「保険に附したもの」に限定される)ことになります。

しかし、例えば――、

◇ 「法人の取締役、執行役、会計参与、監査役、理事、監事及び清算人並びにこれら以外の者で法人の経営に従事している者のうち政令で定めるもの」(法法2二十五)
　→ 「これら以外の者で」の後に「、」が付されてないので、二重線の箇所は、波線の箇所のみに掛かる(つまり、「これら以外の者」のみが「法人の経営に従事している者のうち政令で定めるもの」に限定される)ことになります。

以上の結果、「……で……もの」と「……で、……もの」の差異については、次のようになります。

---

a 「で」の後に「、」がない場合

「A及びBで……のもの」の「及び」は何を繋いでいるかといえば、「A」と「Bで……のもの」を繋いでいることになります。

⬇

| A | 及び | Bで……のもの |

※　もっとも、この「Bで……のもの」が長文の場合には、息継ぎのための「、」が「で」の後に入ることもあります。

---

b 「で」の後に「、」がある場合

「A及びBで、……のもの」の場合には、
「A及びB」が「……のもの」に掛かることになります。

⬇

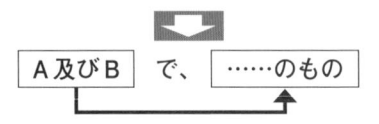

```
           ⬇
    ┌─────────┐    ┌──────────┐
    │ A 及び B │ で、│ ……のもの │
    └─────────┘    └──────────┘
                        ▲
```
※　もっとも、例えば、「法人でない社団又は財団で代表者又は管理人の定めがあるものをいう」（法法2八）のように、複数であるA及びB（この例でいえば、「社団又は財団」）が熟語として一体となっており、解釈に疑義が生じないものにあっては、「で」の後に読点が付されないケースもあります。このように、約束事には「絶対」はなく、他の事情で約束事が違えられることもあるということに留意して下さい。

オ　条件句、修飾句の前後には、読点が付される。

　条件句、修飾句の前後には、読点が付されます。その例については、前述2の(1)の③のア（104頁）を参照して下さい。

カ　ただし書の文頭の「ただし」、後段の文頭の「この場合において」の後には、読点が付される。

　例えば──、
　◇　「ただし、公益法人等が支出した寄附金の額については、この限りでない。」（法法37④）。
　◇　「この場合において、……とみなす。」（法令4の2①）

キ　対句を構成する語句の場合には、その対句が相当長い場合等を除き、対句となる語句の間にのみ読点を付け、その対句の中の主語、述語の間には読点は付されない。

　したがって、「……にあっては……、……にあっては……」が通常であり、「……にあっては、……、……にあっては、……」の表現は、特殊な事情に基づく例外です。このように、主語、述語の間に読点がない場合には、対句ではないかという観点から読む必要があります。

③　中点（なかてん）

　「・」のことです（「なかぐろ」ともいいます）。中点は、規定上、密

接不可分な2つの名詞を繋ぐ場合（例えば、「日本私立学校振興・共済事業団」）や、外国の国名（例えば、「グレート・ブリテン」）などの特殊な場合に用いられます。したがって、中点は、息継ぎとか意味の掛かり具合とは無関係です。

(3) 法令用語の理解

　条文を正確に理解するためには、法令用語の知識が必要不可欠です。
　いかなる世界にも、その世界の専門語は存在します。例えば、商品取引における「呑行為」や囲碁における「征（しちょう）」、パソコン専門用語など、その世界の独自の用語を知らなければ、その世界を理解することはできません。
　法律の世界にあっても、これは同様であり、簡潔かつ正確に意図するところを伝えるためには、約束事と専門用語が必要です。
　例えば、「又は」と「若しくは」の一般的な意味は同じであり、日常生活においてはどちらを使っても差し支えありません。これは、「及び」と「並びに」についても同様です。しかし、法令用語としては、両者には大きな差異があり、法令上は厳格に使い分けられています。ほかにも、「経過する日」と「経過した日」、「その他の」と「その他」など、似て非なる独特の法令用語が数多くあります。これらの用語特有の意味を厳密に把握していなければ、法令を正しく解釈することは到底不可能であることを銘記しておく必要があります。
　<u>法令用語の知識を持たないまま法令を解釈することは、極めて危険なことなのです。</u>
　次節で、代表的な法令用語を取り上げ、条文例を交えて解説してしますので、参照して下さい。

4　正確な解釈のために

　条文は、文章として正確に表現されているので、立法上の誤りがない限り、文法的に文章として紛れはありません（もっとも、立法時に想定

できなかったような事態が生じたときは、解釈に疑義が生ずる場合もあり得ます)。

したがって、条文を正確に理解するためには、まず文章を正しく理解する必要があります。そのためには、法令用語の知識をもって、言葉の意味を確定させ、文法的に正確に理解することが必要なのです。

① 言葉の意味を確定させる

条文を正確に理解するためには、言葉の意味を確定させなければなりません。

国税通則法第70条第2項にいう「〔前項〕第1号に定める期限」を例に取りましょう。この前項（通法70①）の規定全体では、5年間の期間制限に馴染む更正決定と賦課決定とを掲げているのですが、「〔前項〕第1号に定める期限」といえば、単純に前項第1号に規定されている法定申告期限そのものを意味するのであって、前項（第1項）全体が規定している5年間の期間制限とは無関係の期限を意味します。これについては、相当の練達者でも誤って解釈する者もあり、このようなところを正確に読む必要があります。

また、「当該……」とか「その……」とか規定されているものについては、その「当該」とか「その」とは一体何を指しているのかということを具体的に想定し、正確に読まなければなりません（171頁参照）。

② 文法的に正確に理解する

法令用語の知識を取得し、言葉の定義を正しく把握したとしても、文法的にきちんと捉えることができなければ、法令の正確な解釈ができないことはいうまでもありません。

例えば、主文（「従文」に対する「主要構文」の意味です）の主語（読点が付された「……は、」の直前の名詞又は名詞句）と従文（条件句、修飾句の意味です）の主語（通常、読点のない「……が」の直前の名詞又は名詞句）との区別ができなければなりません。

また、前述したように、「Aで……のもの」という言回しは、Aは「……

のもの」に限定されることを意味しますが、Aが複数の者や事物等の場合、例えば、「A、B及びCで……のもの」であれば、「で」の直後の読点の有無によって、意味が異なることに留意しなければなりません。条文は、一字一句（「、」も含めて）正確に読まなければならないのです。

参考1　条文の大筋から細部に至る実際例

　ここでは、難解な税法の条文の中でも最も難解な条文の一つに挙げられている「租税特別措置法第70条の4」の第1項（以下「措法70の4①」と表記）を取り上げ、これまでに述べた条文の単純化の手法を用いて、まずはその大筋を把握し、次に細部を検討して最終的に全体を正確に理解する実際例を、参考までに掲載しておきます。

措法70の4①の「原文」

（農地等を贈与した場合の贈与税の納税猶予及び免除）
第70条の4　農業を営む個人で政令で定める者（以下この条及び次条において「贈与者」という。）が、その農業の用に供している農地（特定市街化区域農地等に該当するもの及び農地法第32条の規定による通知（同条ただし書の規定による公告を含む。第1号において同じ。）に係るものを除く。次項を除き、以下この条及び次条において同じ。）の全部及び当該用に供している採草放牧地（特定市街化区域農地等に該当するものを除く。同項を除き、以下この条及び次条において同じ。）のうち政令で定める部分並びに当該農地及び採草放牧地とともに農業振興地域の整備に関する法律第8条第2項第1号に規定する農用地区域として定められている区域内にある土地で農地又は採草放牧地に準ずるものとして政令で定めるもの（以下この条において「準農地」という。）のうち政令で定める部分を当該贈与者の推定相続人で政令で定める者のうちの一人の者に贈与した場合（当該贈与者が既にこの条の規定その他これに類するものとして政令で定める規定の適用に係る贈与をしている場合を除く。）には、当該農地及び採草放牧地並びに準農地（以下この条及び次条において「農地等」という。）の贈与を受けた者（以下この条及び次条において「受贈者」という。）の当該贈与の日の属する年分の相続税法第28条第1項の規定による申告書（当該申告書の提出期限前に

提出するものに限る。以下この条において「贈与税の申告書」という。）の提出により納付すべき贈与税の額のうち、当該農地等の価額に対応する部分の金額として政令で定めるところにより計算した金額（以下この条において「納税猶予分の贈与税額」という。）に相当する贈与税については、当該年分の贈与税の申告書の提出期限までに当該納税猶予分の贈与税額に相当する担保を提供した場合に限り、同法第33条の規定にかかわらず、当該贈与者の死亡の日まで、その納税を猶予する。ただし、当該受贈者が、当該贈与者の死亡の日前において第1号から第3号までに掲げる場合のいずれかに該当することとなった場合にはこれらの号に定める日から2月を経過する日（その該当することとなった後同日以前に当該受贈者が死亡した場合には、当該受贈者の相続人（包括受遺者を含む。以下この条において同じ。）が当該受贈者の死亡による相続の開始があったことを知った日の翌日から6月を経過する日）まで、当該贈与者の死亡の日前において第4号に掲げる場合に該当することとなった場合には同号に定める日まで、それぞれ当該納税を猶予する。

一　当該贈与により取得したこの項本文の規定の適用を受ける農地等の譲渡、贈与若しくは転用（採草放牧地の農地への転用、準農地の採草放牧地又は農地への転用その他政令で定める転用を除く。）をし、当該農地等につき地上権、永小作権、使用貸借による権利若しくは賃借権の設定をし、若しくは当該農地等につき耕作の放棄（農地について農地法第32条の規定による通知があったことをいう。以下この条において同じ。）をし、又は当該取得に係るこの項本文の規定の適用を受けるこれらの権利の消滅（これらの権利に係る農地又は採草放牧地の所有権の取得に伴う消滅を除く。）があった場合（第33条の4第1項に規定する収用交換等による譲渡その他政令で定める譲渡又は設定があった場合を除く。）において、当該譲渡、贈与、転用、設定若しくは耕作の放棄又は消滅（以下この条及び次条において「譲渡等」という。）があった当該農地等に係る土地の面積（当該譲渡等の時前にこの項本文の規定の適用を受ける農地等につき譲渡等（第33条の4第1項に規定する収用交換等による譲渡その他政令で定める譲渡又は設定を除く。）があった場合には、当該譲渡等に係る土地の面積を加算した面積）が、当該受贈者のその時の直前におけるこの項本文の

規定の適用を受ける農地等に係る耕作又は養畜の用に供する土地（当該受贈者が当該贈与により取得した農地等のうち準農地で農地又は採草放牧地への転用がされたもの以外のものに係る土地を含む。）の面積（その時前にこの項本文の規定の適用を受ける農地等のうち農地又は採草放牧地につき譲渡等があった場合には、当該譲渡等に係る土地の面積を加算した面積）の100分の20を超えるとき　その事実が生じた日

二　［以下省略］

1　条文の単純化

　先に述べたように、具体的に条文を読むときは、まず、①主体や客体の複数列挙は代表例により理解し、②かっこ書等を全て取り払い、③条件句や修飾句等を単純化した上、④主語、述語を幹としたその条文の主要構文を把握し、アンダー（サイド）ラインを引きます。その際には、対句、上下一対、段階的構造についても、把握しなければなりません。

　この作業は図示すれば、次のとおりです。

右記原文の「省略の仕方」	措法70の4①の「原文」
	（農地等を贈与した場合の贈与税の納税猶予及び免除） 第70条の4　農業を営む個人で政令で定める者（以下この条及び次条において「**贈与者**」【イ】という。）**が、その農業の用に供している農地**【ロ】（特定市街化区域農地等に該当するもの及び農地法第32条の規定による通知（同条ただし書の規定によ
☆　定義使用＝贈与者	

第3章　税法の読み方

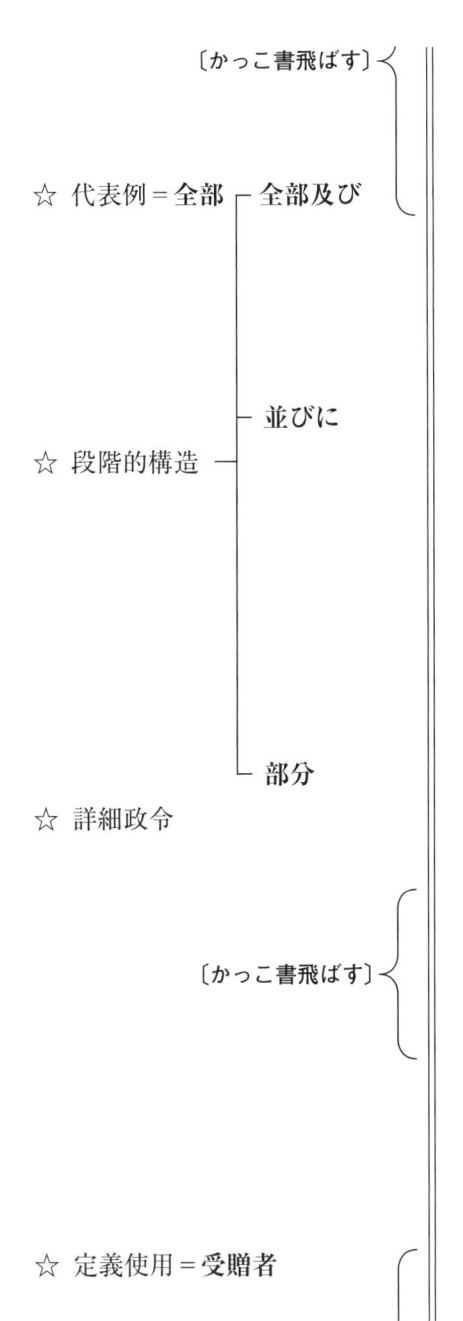

〔かっこ書飛ばす〕	る公告を含む。第1号において同じ。）に係るものを除く。次項を除き、以下この条及び次条において同じ。）**の全部**【ハ】**及び**当該用に供している採草放牧地（特定市街化区域農地等に該当するものを除く。同項を除き、以下この条及び次条において同じ。）のうち政令で定める部分**並びに**当該農地及び採草放牧地とともに農業振興地域の整備に関する法律第8条第2項第1号に規定する農用地区域として定められている区域内にある土地で農地又は採草放牧地に準ずるものとして政令で定めるもの（以下この条において「準農地」という。）のうち政令で定める**部分を当該贈与者の推定相続人**【ニ】**で政令で定める者のうちの一人の者に贈与した場合**【ホ】（当該贈与者が既にこの条の規定その他これに類するものとして政令で定める規定の適用に係る贈与をしている場合を除く。）**には、**当該農地及び採草放牧地並びに準農地（以下この条及び次条において「農地等」という。）の贈与を受けた者（以下この条び次条において「**受贈者**」【ヘ】という。）の当該贈与の日の属する年分の相続税法第

☆ 代表例＝全部　─全部及び

　　　　　　　　─並びに

☆ 段階的構造

　　　　　　　　─部分

☆ 詳細政令

〔かっこ書飛ばす〕

☆ 定義使用＝受贈者

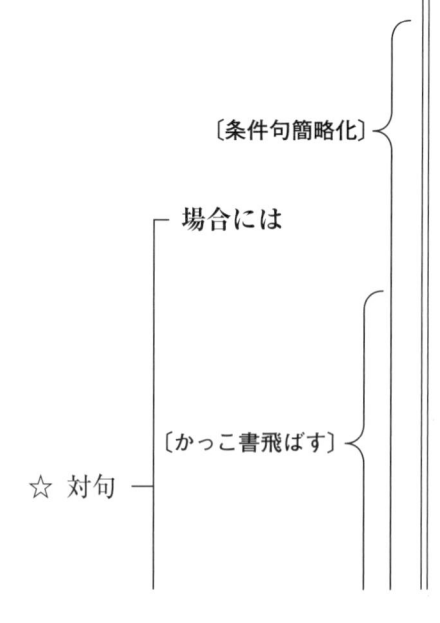

		28条第1項の規定による申告書（当該申告書の提出期限前に提出するものに限る。以下この条において「贈与税の申告書」という。）の提
	〔修飾句飛ばす〕	**出により納付すべき贈与税**【ト】**の額**のうち、当該農地等の価額に対応する部分の金額【チ】として**政令**で定めるところにより計算した金額（以下この条において「納税猶予分の贈与税額」という。）**に相当する贈与税については、当該年分の贈与税の申告書の提出期限までに**【リ】**当該納税猶予分の贈与税額に相当する担保を提供した場合に限り**【ヌ】**、同法第33条の規定に****かかわらず、当該贈与者の死亡の日まで**【ル】**、その納税を猶予する**【ヲ】**。ただし、当該受贈者が**【ワ】**、当該贈与者の死亡の日前において第1号から第3号までに掲げる場合のいずれかに該当することとなった場合には**これらの号に定める日から2月を経過する日（その該当することとなった後同日以前に当該受贈者が死亡した場合には、当該受贈者の相続人((包括受遺者を含む。以下この条において同じ。))が当該受贈者の死亡による相続の開始があったことを知った日の翌日から6月を経
☆ 詳細政令		
☆ 交通整理——かかわらず		
	〔条件句簡略化〕	
	┌ 場合には	
	└ 〔かっこ書飛ばす〕	
☆ 対句		

第3章　税法の読み方

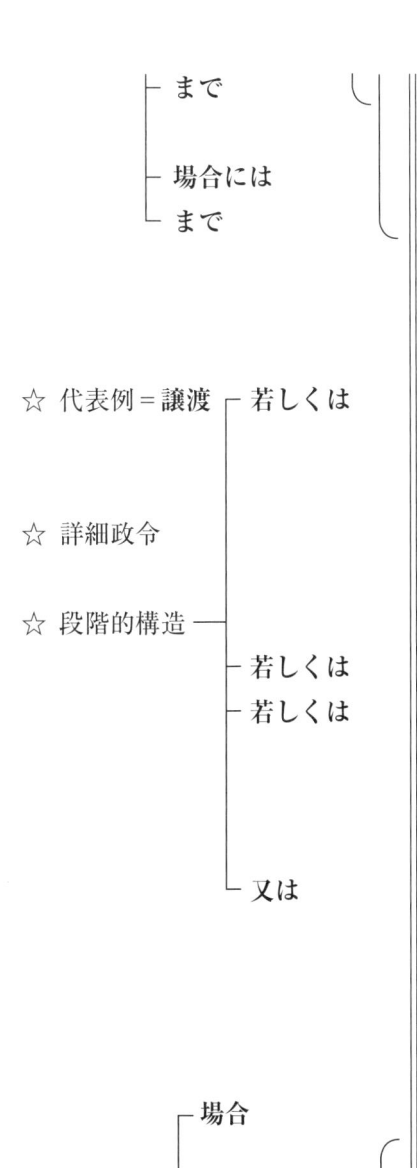

```
┌ まで       ┐
│            │
├ 場合には   │
└ まで       ┘




☆ 代表例＝譲渡 ─ 若しくは

☆ 詳細政令

☆ 段階的構造 ─
              ├ 若しくは
              ├ 若しくは


              └ 又は




              ┌ 場合
              │
              │〔かっこ書飛ばす〕
              │
              └ において
```

過する日）**まで**、当該贈与者の死亡の日前において第4号に掲げる場合に該当することとなった**場合には**同号に定める日まで[カ]、それぞれ当該納税を猶予する[ヨ]。

一　**当該贈与により取得したこの項本文の規定の適用を受ける農地等の譲渡**[タ]**、贈与若しくは**転用（採草放牧地の農地への転用、準農地の採草放牧地又は農地への転用その他**政令**で定める転用を除く。）をし、当該農地等につき地上権、永小作権、使用貸借による権利**若しくは**賃借権の設定をし、**若しくは**当該農地等につき耕作の放棄（農地について農地法第32条の規定による通知があったことをいう。以下この条において同じ。）をし、**又は**当該取得に係るこの項本文の規定の適用を受けるこれらの権利の消滅（これらの権利に係る農地又は採草放牧地の所有権の取得に伴う消滅を除く。）があった**場合**[レ]（第33条の4第1項に規定する収用交換等による譲渡その他政令で定める譲渡又は設定があった場合を除く。）**において、**当該譲渡、贈与、転用、設定若

123

☆ 定義使用
　＝譲渡等

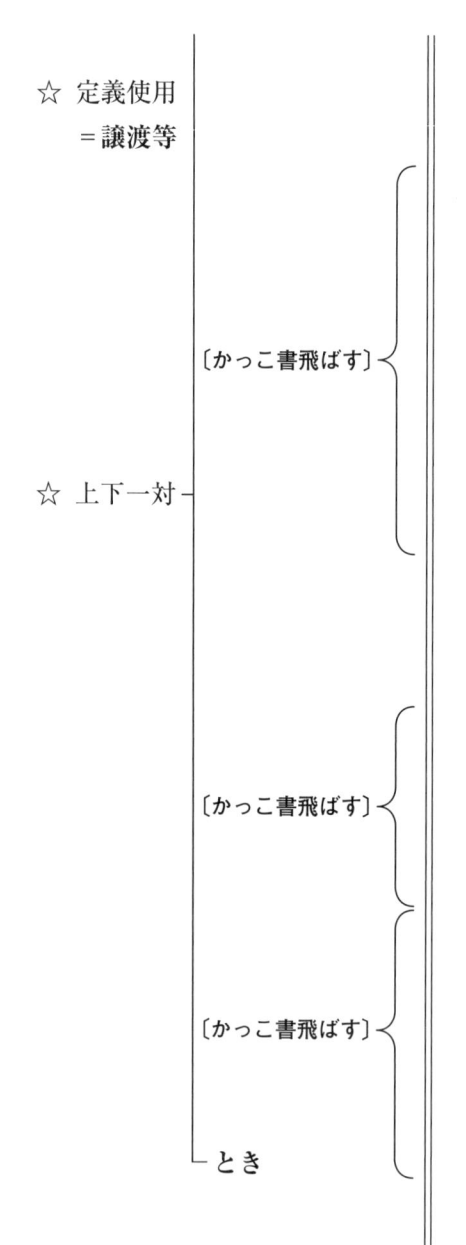

〔かっこ書飛ばす〕

☆ 上下一対

〔かっこ書飛ばす〕

〔かっこ書飛ばす〕

とき

しくは耕作の放棄又は消滅（以下この条及び次条において「譲渡等」【ツ】という。）があった当該農地等に係る土地の面積【ツ】（当該譲渡等の時前にこの項本文の規定の適用を受ける農地等につき譲渡等（（第33条の4第1項に規定する収用交換等による譲渡その他政令で定める譲渡又は設定を除く。））があった場合には、当該譲渡等に係る土地の面積を加算した面積）が、当該受贈者のその時の直前におけるこの項本文の規定の適用を受ける農地等に係る耕作又は養畜の用に供する土地【ネ】（当該受贈者が当該贈与により取得した農地等のうち準農地で農地又は採草放牧地への転用がされたもの以外のものに係る土地を含む。）の面積【ナ】（その時前にこの項本文の規定の適用を受ける農地等のうち農地又は採草放牧地につき譲渡等があった場合には、当該譲渡等に係る土地の面積を加算した面積）の100分の20を超えるとき【ラ】その事実が生じた日【ム】

二　［以下省略］

第3章 税法の読み方

2 大筋の把握

　この措法70の4①の大筋は、上記「原文」中のアンダーラインを付した部分であり、これだけを読めば、次のようになります。実は、この形がこの条文を書くときの最初の段階における基本形であり、これであれば一読して理解可能でしょう。この基本形に枝葉を加えて、現在の措法70の4①の姿になるのです。

措法70の4①の「大筋」の把握

⬇

■措法70の4①「本文」

【イ】　「贈与者」が、

⬇

【ロ】　その農業の用に供している農地

⬇

【ハ】　の全部

⬇

【ニ】　を当該贈与者の推定相続人

⬇

【ホ】　のうちの一人の者に贈与した場合には、

⬇

【ヘ】　「受贈者」の

⬇

【ト】　納付すべき贈与税

125

| 【チ】 | の額のうち、
当該農地等の価額に対応する部分の金額 |

⬇

| 【リ】 | に相当する贈与税については、
当該年分の贈与税の申告書の提出期限までに |

⬇

| 【ヌ】 | 当該納税猶予分の贈与税額に相当する担保を
提供した場合に限り、 |

⬇

| 【ル】 | 当該贈与者の死亡の日まで、 |

⬇

| 【ヲ】 | その納税を猶予する。 |

⬇

| 【ワ】 | ただし、当該受贈者が、 |

⬇

| 【カ】 | 〔対句の前段〕第1号から第3号までに掲げる場合の
いずれかに該当することとなった場合には
これらの号に定める日から2月を経過する日まで、
〔対句の後段〕第4号に掲げる場合に
該当することとなった場合には
同号に定める日まで、 |

⬇

| 【ヨ】 | それぞれ当該納税を猶予する。 |

■措法70の4①「第1号」

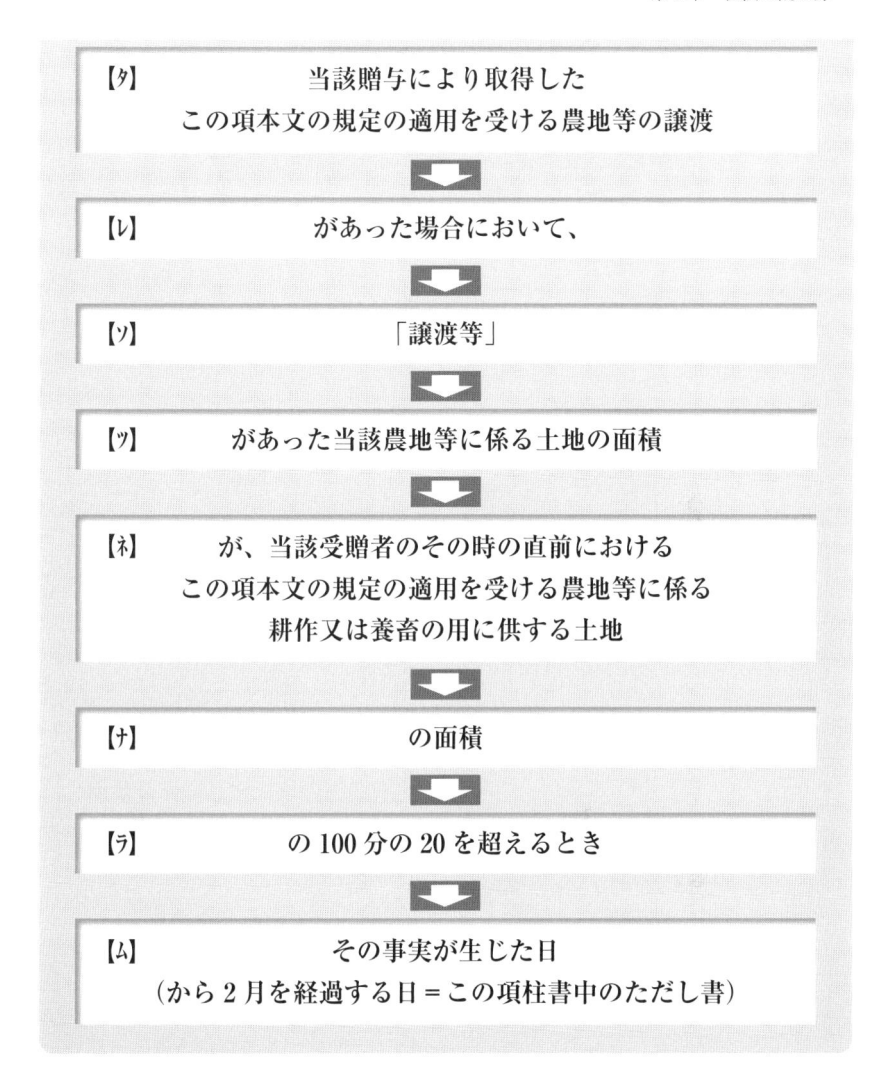

【タ】	当該贈与により取得した この項本文の規定の適用を受ける農地等の譲渡

⬇

【レ】	があった場合において、

⬇

【ソ】	「譲渡等」

⬇

【ツ】	があった当該農地等に係る土地の面積

⬇

【ネ】	が、当該受贈者のその時の直前における この項本文の規定の適用を受ける農地等に係る 耕作又は養畜の用に供する土地

⬇

【ケ】	の面積

⬇

【ラ】	の100分の20を超えるとき

⬇

【ム】	その事実が生じた日 （から2月を経過する日＝この項柱書中のただし書）

3 細部の正確な理解

　条文の大筋を把握したら、続いて、上述の単純化の過程で省略した細部を（政令も含めて）吟味し、条文の全体を正確に理解します。具体的

には、次のようになります。

措法70の4①の「細部」の理解

⬇

省略した部分	左記省略部分の「正確な内容」
【イ】 定義「贈与者」の内容 ➡	「贈与者」とは、農業を営む個人で政令で定める者をいう。 ⬇ ■ 政令の内容 　政令（措令40の6①）では、贈与の日まで引き続き3年以上農業を営んでいた個人（政令で定める一定の者を除く。）をいうとしている。
【ロ】 「その農業の用に供している農地」について飛ばした「かっこ書」の内容 ➡	「その農業の用に供している農地」から特定市街化区域農地等に該当するもの及び農地法第32条の規定による通知（同条ただし書の規定による公告を含む。第1号において同じ。）に係るものが除かれる。次項を除き、以下この条及び次条において同じ。
【ハ】 代表例「全部」 ➡	「全部」には、上記（ロ）の農地の外に、次の①及び②も含まれる。 ①　当該用に供している採草放牧地

以外の詳細	（特定市街化区域農地等に該当するものを除く。次項を除き、以下この条及び次条において同じ。）のうち政令で定める部分 ② 当該農地及び採草放牧地とともに農業振興地域の整備に関する法律第8条第2項第1号に規定する農用地区域として定められている区域内にある土地で農地又は採草放牧地に準ずるものとして政令で定めるもの（以下この条において「準農地」という。）のうち政令で定める部分

> ■ ①の政令及び②の政令の内容
> 　政令では、「採草放牧地」には、賃借権等により採草放牧地の用に供していたものも含み、「準農地」とは市町村長が証明したものであり、それぞれその面積の3分の2以上の面積であることが必要である（措令40の6②〜④）。
> ■ 「及び」と「並びに」
> 　これらは、「及び」と「並びに」で接続されているので、該当するものがあれば、一括して贈与しなければならない。

【ニ】 「贈与者の推定相	「当該贈与者の推定相続人で政令で定める者のうちの一人の者」とは、18歳以上で、3年以上農業に従事

129

続人」に関する政令の内容	した経験があり、贈与を受けた後速やかに農業経営ができると認められることについて、財務省令の規定により、農業委員会が証明した者である（措令40の6⑤）。
【ホ】 「贈与した場合」について飛ばしたかっこ書の内容	「贈与した場合」から、当該贈与者が既にこの条の規定その他これに類するものとして政令で定める規定の適用に係る贈与をしている場合が除かれる。 ■ 政令の内容 　昭和50年以降の各税制改正による改正前の本条の規定が列挙されている（措令40の6⑥）。
【ヘ】 定義「受贈者」の内容	「受贈者」とは、当該農地及び採草放牧地並びに準農地（以下この条及び次条において「農地等」という。）の贈与を受けた者をいう。以下この条及び次条において「受贈者」という。
【ト】 「贈与税」について飛ばした「修飾句」の内容	「贈与税」とは、当該贈与の日の属する年分の相続税法第28条第1項の規定による申告書（当該申告書の提出期限前に提出するものに限る。以下この条において「贈与税の申告書」という。）の提出により納

		付すべき贈与税をいう。
【チ】 政令の内容	⇒	上記【ト】の額のうち、当該農地等の価額に対応する部分の金額に当する贈与税は、累進税率の上積み税率部分による（措令40の6⑦）。
【リ】 （そのまま）	⇒	当該年分の贈与税の申告書の提出期限までに
【ヌ】 （そのまま）	⇒	当該贈与税の額に相当する担保を提供した場合に限る。
【ル】 （交通整理——そのまま）	⇒	以上の要件を具備すれば、相続税法第33条の規定にかかわらず、当該贈与者の死亡の日まで、
【ヲ】 （そのまま）	⇒	その納税を猶予する。
【ワ】 （そのまま）	⇒	ただし、当該受贈者が、
【カ】 対句の前段	⇒	【対句の前段】 当該贈与者の死亡の日前において第1号から第3号までに掲げる場合のいずれかに該当することとなった

対句中のかっこ書	場合にはこれらの号に定める日から
の内容	<u>2月を経過する日</u>まで
	【対句中のかっこ書の内容】
	ここで、「2月を経過する日」は、その該当することとなった後同日以前に当該受贈者が死亡した場合には、当該受贈者の相続人（包括受遺者を含む。以下この条において同じ。）が当該受贈者の死亡による相続の開始があったことを知った日の翌日から6月を経過する日となる。
対句の後段	【対句の後段】
	当該贈与者の死亡の日前において第4号に掲げる場合に該当することとなった場合には同号に定める日まで

| 【ヨ】 | それぞれ当該納税を猶予する。 |
| （そのまま） | |

☆ 以下「第一号」

【タ】	【代表例「譲渡」以外の詳細】
代表例「譲渡」	「当該贈与により取得した農地等の譲渡」には、贈与若しくは転用（採草放牧地の農地への転用、準農地の採草放牧地又は農地への転用その他<u>政令</u>で定める<u>転用</u>を除く。）をし、当該農地等につき地上権、永小作権、使用貸借による権利若しくは賃借権
以外の詳細	
「転用」について	
飛ばしたかっこ書の	
内容	

第3章　税法の読み方

の設定をし、若しくは当該農地等につき耕作の放棄（農地について農地法第32条の規定による通知があったことをいう。以下この条において同じ。）をし、又は当該取得に係るこの項本文の規定の適用を受けるこれらの権利の消滅が含まれる。

【「転用」について飛ばしたかっこ書の内容】

「転用」からは、採草放牧地の農地への転用、準内容農地の採草放牧地又は農地への転用その他<u>政令で定める転用</u>は除かれる。

■ 政令の内容
　上記の「政令で定める転用」とは、耕作・養畜の事業に係る施設のための転用をいう（措令40の6⑧）。

【レ】
「譲渡等があった場合」について飛ばした
かっこ書の内容

➡

「譲渡等があった場合」には、第33条の4第1項に規定する収用交換等による譲渡その他<u>政令で定める譲渡</u>又は設定があった場合が除かれる。

■ 政令の内容
　政令では、生産緑地法の規定に基づき地方公共団体等に買い取られる場合等が列挙されている（措令40の6⑨）

【ツ】 定義「譲渡等」の内容	➡	「譲渡等」とは、当該譲渡、贈与、転用、設定若しくは耕作の放棄又は消滅をいう。以下この条及び次条において「譲渡等」という。
【ツ】 「面積」について飛ばしたかっこ書の内容	➡	譲渡等があった「当該農地等に係る土地の面積」とは、当該譲渡等の時前にこの項本文の規定の適用を受ける農地等につき譲渡等((([二重かっこ書の内容・下掲])))があった場合には、当該譲渡等に係る土地の面積を加算した面積である。 ■ 二重かっこ書の内容 　この譲渡等には、第33条の4第1項に規定する収用交換等による譲渡その他政令で定める譲渡又は設定は含まれない。
【ネ】 「土地」について飛ばしたかっこ書の内容	➡	「当該受贈者のその時の直前におけるこの項本文の規定の適用を受ける農地等に係る耕作又は養畜の用に供する土地」には、当該受贈者が当該贈与により取得した農地等のうち準農地で農地又は採草放牧地への転用がされたもの以外のものに係る土地を含む。

第3章　税法の読み方

【ケ】 「面積」について飛ばしたかっこ書の内容	⇒	【ネ】の土地の「面積」とは、その時前にこの項本文の規定の適用を受ける農地等のうち農地又は採草放牧地につき譲渡等があった場合には、当該譲渡等に係る土地の面積を加算した面積をいう。
【ラ】（そのまま）	⇒	【ツ】の面積が【ケ】の面積の100分の20を超えるときは、その納税猶予に係る税額の全額について
【ム】（そのまま）	⇒	その事実が生じた日（から2月を経過する日〔この項柱書中のただし書〕）に期限が到来する。

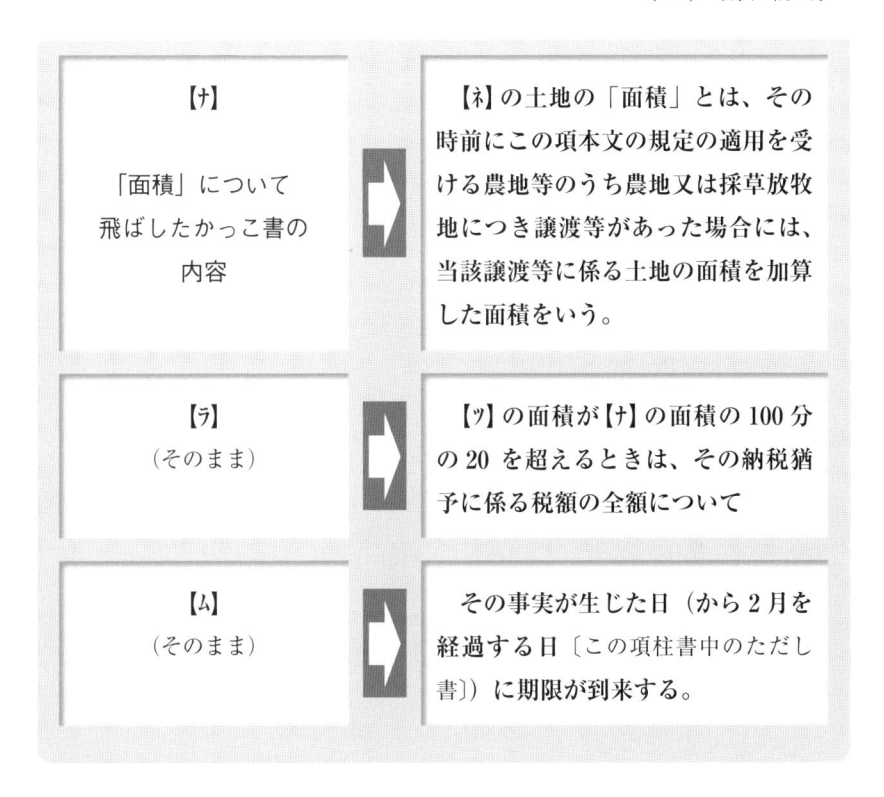

4　第一号を算式にした場合

　第一号について、それぞれ次のA、B、C、D、E及びFとして定義付けをした上、算式にすれば、次のとおりです。

- A → 当該譲渡等があった当該農地等に係る土地の面積
- B → 当該譲渡等の時前にこの項本文の規定の適用を受ける農地等につき譲渡等があった場合には、当該譲渡等に係る土地の面積

- C → 収用交換等による譲渡その他政令で定める譲渡又は設定に係る土地の面積
- D → 当該受贈者のその譲渡等の時の直前におけるこの項本文の規定の適用を受ける農地等に係る耕作又は養畜の用に供する土地の面積
- E → 当該受贈者が当該贈与により取得した農地等のうち準農地で農地又は採草放牧地への転用がされたもの以外のものに係る土地の面積
- F → その譲渡等の時前にこの項本文の規定の適用を受ける農地等のうち農地又は採草放牧地につき譲渡等があった場合には、当該譲渡等に係る土地の面積

$$\frac{A+B-C}{D+E+F} > 20\%$$

第4節 代表的な法令用語

　「又は」と「若しくは」は、日常生活においては両者の言葉の意味は同じであり、どちらを使っても差し支えないでしょう。これは、「及び」と「並びに」にあっても同様です。しかし、法令用語としては、両者には大きな差異があるのです。「係る」と「関する」、「より」と「基づき」、「直ちに」、「すみやかに」と「遅滞なく」にあっても、同様です。
　この法令用語特有の意味を厳密に把握していなければ、法令を正しく解釈することはできません。

1 「又は」と「若しくは」

☆ 「又は」と「若しくは」は厳格に使い分けられている
　「又は」も「若しくは」も、ともに「そのいずれか」を意味する選択的接続詞ですが、法令上は、両者は次のように厳格に使い分けられています。
ⅰ）単純な選択的接続
　a　同一のジャンル（次元）に属する語句を接続する場合
　例えば――、
　◇　X氏か、Y氏か、そのいずれか
　　→「X又はY」
　◇　A社か、B社か、C社か、D社か、そのいずれか
　　→「A、B、C又はD」

　なお、このような単純な接続、すなわち選択的接続詞を一つだけ用いる場合は、必ず「又は」を使用し、「若しくは」が用いられることはあ

りません。

b 異なるジャンルではあるが、それぞれ一つずつを接続する場合
例えば――、
◇ X氏か、A社か、そのいずれか
　→「X又はA」
◇ 「公益法人等又は人格のない社団等」（法法4①）
　→「人格のない社団等」は、法人税法上は法人として扱われますが（法法3）、本来、法人ではありません。したがって、法人である「公益法人等」とはジャンルが異なりますが、接続する語句が2つだけであるので、「又は」で接続します。しかし、どちらかのジャンルの語句が増えれば、ⅱの段階的用法による選択的接続になります。

| 条文例 | 同一ジャンルに属する語句を接続する「又は」 |

【法人税法12条1項（信託財産に属する資産及び負債並びに信託財産に帰せられる収益及び費用の帰属）】
……ただし、集団投資信託、退職年金等信託、特定公益信託等又は法人課税信託の信託財産に……

⬇

「信託」という同一ジャンルに属する語句の選択的接続

【法人税法施行令8条1項1号ハ（資本金等の額）】
合併、分割、適格現物出資、株式交換又は株式移転により……自己の株式を交付した場合

⬇

「合併、分割、適格現物出資、株式交換又は株式移転」だけを見ると、合併から株式移転までの5項目は、各々ジャンルが異なるようにも思えます。

> しかし、この法人税法施行令8条1項1号の規定全体を見ると、ここでいう「自己の株式を交付した場合」という同じジャンルに属する項目であることがわかります。

ii) 段階的用法による選択的接続（異なるジャンル〔次元〕に属する語句を接続する場合）
　a　2種類のジャンル（次元）に属する語句の接続

　選択する語句が、2種類のジャンルに分かれる場合、ジャンルとジャンルの分かれ目（接続箇所）には「又は」を用い、同一ジャンルの語句グループ内の接続には（同一ジャンル内の最終語句の前に）「若しくは」を用います。

　例えば——、
　◇　X氏か、Y氏か、Z氏か、A社か、そのいずれか
　　→　「X、Y若しくはZ又はA」
　　→　上記のように表記する理由は、「X、Y、Z」（個人）と「A」（法人）はジャンルが異なるので、すべての語句が同一ジャンルに属する場合のように「X、Y、Z又はA」とすることができないからです。
　　→　ここで、「若しくは」は、「X、Y、Z」という小さいグループの接続詞であり、「又は」は、「X、Y、Z」というグループと「A」というグループとを接続する一段高い位置に位する接続詞であるということになります。このような接続詞の用法を「段階的用法」といいます。

条文例　2種類のジャンルに属する語句を接続する「又は・若しくは」

【法人税法10条の3第1項（課税所得の範囲の変更等の場合のこの法律の適用）】

> ……一般社団法人若しくは一般財団法人又は医療法人のうち……

⬇

次の①と②の２つのジャンルの選択的接続

⬇

① 一般社団法人若しくは一般財団法人　[又は]　② 医療法人

【法人税法26条1項（還付金等の益金不算入）】
内国法人が次に掲げるものの還付を受け、又はその還付を受けるべき金額を未納の国税若しくは地方税に充当される場合……

⬇

次の①と②の２つのジャンルの選択的接続

⬇

① 次に掲げるものの還付を受け（る場合）　[又は]　②（次に掲げるものの）還付を受けるべき金額を未納の「国税若しくは地方税」に充当される場合

※　ここで、条文上、①の「（る場合）」は、省略されており、また、②の「（次に掲げるものの）」は、「その」と表現されています。

b　３種類以上のジャンル（次元）に属する語句の接続

　語句が３種類以上のジャンルに分かれる場合は、最も大きく（次元の）異なるジャンルとジャンルとの分かれ目（接続箇所）にのみ「又は」を用い、それ以外は、異なるジャンルの接続箇所であっても、同一ジャンルの語句グループ内の接続であっても、全て「若しくは」を重複して用います。

　例えば――、

第3章　税法の読み方

◇　X氏か、Y氏か、Z氏か、A社か、T市か、そのいずれか（3種のジャンルに属する語句の接続）
　→　「X、Y若しくはZ若しくはA又はT」
これを図示すれば、次のとおりです。

| X、Y | (小) 若しくは | Z | (大) 若しくは | A | 又は | T |

　この場合、比較的大きなジャンルとジャンルの分かれ目（接続箇所）に用いる「若しくは」を「大（おお）若しくは」と呼び、それ以外の「若しくは」を「小（こ）若しくは」と呼びます。もっとも条文上は、ともに「若しくは」と表示されるので、どれが大で、どれが小かは、列挙されている語句の意味から読み取る必要があります。
　例えば、「第46条第1項若しくは第2項第1号、第2号若しくは第5号の規定による納税の猶予若しくは国税徴収法第153条第1項の規定による滞納処分の執行の停止をした場合又は第46条第2項第3号、第4号若しくは第5号若しくは第3項の規定による納税の猶予若しくは同法第151条第1項の規定による換価の猶予をした場合」（通法63①〔かっこ書省略〕）では、　　を付した「若しくは」が「（大）若しくは」であり、それ以外の「若しくは」（波線の箇所）」は「（小）若しくは」ですが、この「（小）若しくは」もさらに2段階に分かれていることがわかります。
　この関係を図表にすれば、次のとおりです。

◆　図6：段階別に見た国税通則法第63条第1項の規定

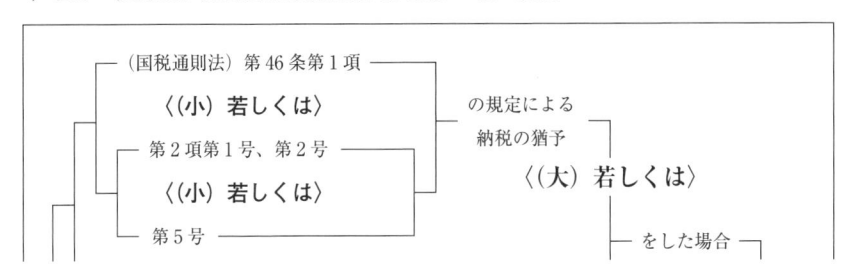

```
    ┌─（国税通則法）第46条第1項─┐
    │     〈(小) 若しくは〉      │
    │   ┌─第2項第1号、第2号─┤   の規定による
    │   │   〈(小) 若しくは〉  │   納税の猶予
    │   │     ─第5号─      │                  〈(大) 若しくは〉
    │                              │
    │                              ├─ をした場合 ─
```

141

```
          ┌─ 国税徴収法第153条第1項の規定による
          │  滞納処分の執行の停止
          │
          │    ┌─ 第46条第2項第3号、第4号 ─┐
          │    │   〈(小) 若しくは〉        │
          │    ├─ 第5号                    │
          ├────┤   〈(小) 若しくは〉        ├─ の規定による    ┐
          │    └─ 第3項                    │   納税の猶予      │
          │                                                   ├─ 【又は】
          │                                 〈(大) 若しくは〉 │
          │                                                   │
          │                                 ─ をした場合      ┘
          └─ 国税徴収法第151条第1項の規定による
             換価の猶予
```

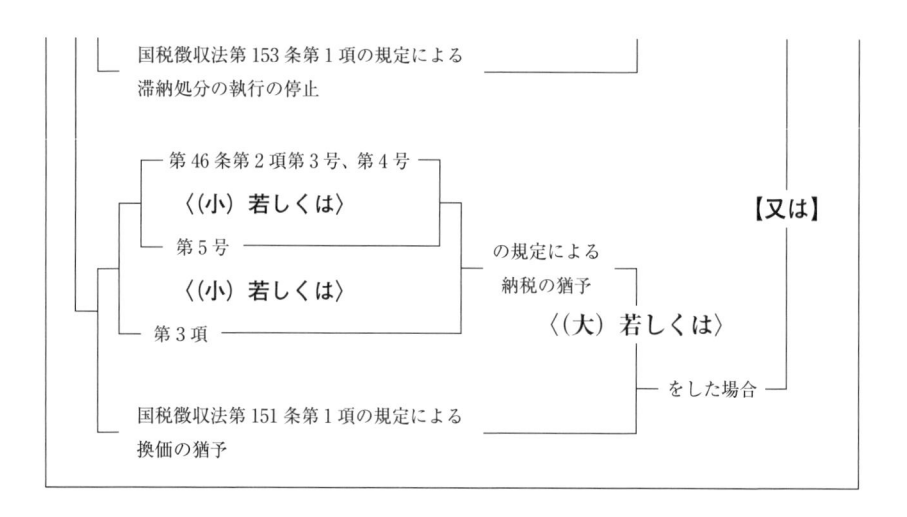

| 条文例 | 3種類以上のジャンルに属する語句を接続する「又は・若しくは」 |

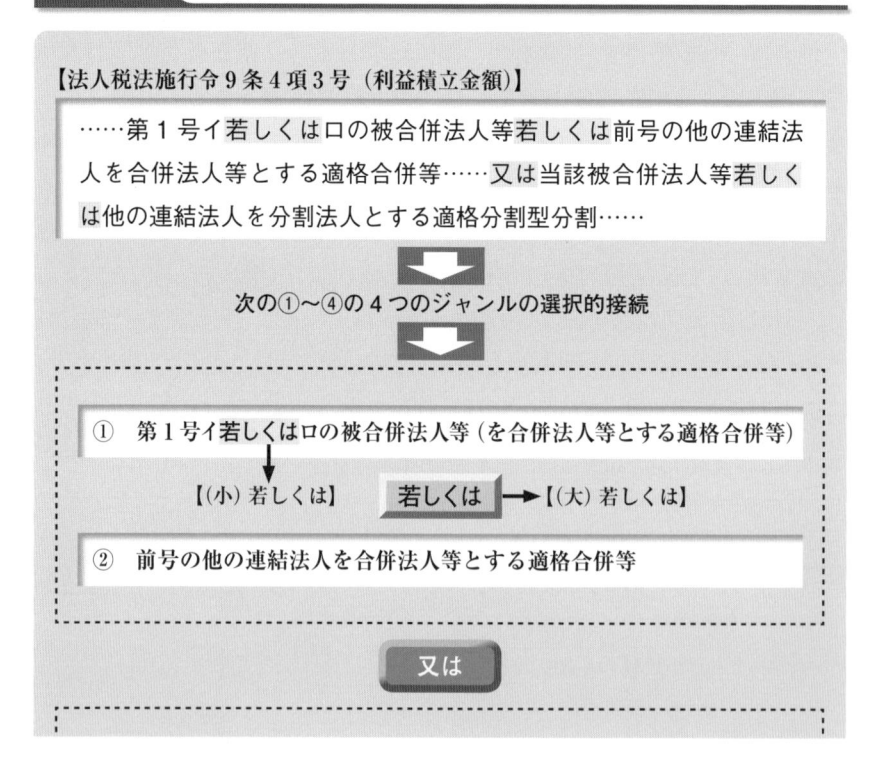

【法人税法施行令9条4項3号（利益積立金額）】

……第1号イ若しくはロの被合併法人等若しくは前号の他の連結法人を合併法人等とする適格合併等……又は当該被合併法人等若しくは他の連結法人を分割法人とする適格分割型分割……

⬇

次の①〜④の4つのジャンルの選択的接続

⬇

① 第1号イ若しくはロの被合併法人等（を合併法人等とする適格合併等）

　【(小) 若しくは】　若しくは　→【(大) 若しくは】

② 前号の他の連結法人を合併法人等とする適格合併等

又は

③ （①の）被合併法人等（を分割法人とする適格分割型分割）

若しくは

④ （②の）他の連結法人を分割法人とする適格分割型分割

⬇

①と②は「適格合併等」に関するもので、③と④は「適格分割型分割」に関するものです。したがって、①及び②のグループと③及び④のグループとの間が大きな分かれ目なので、ここには「又は」が、他の分かれ目には「若しくは」が使用されています。

※ ここで、条文上、①の「（を合併法人等とする適格合併等）」及び③の「（を分割法人とする適格分割型分割等）」は、省略されており、また、③の「（①の）」は、「当該」と表現され、④の「（②の）」は、省略されています。

☆ 「襷掛け（たすきがけ）あり」と「襷掛けなし」

　例えば、「A又はB……に係る……C又はD」というパターンの条文の場合、その組合せは、「Aに係るC」、「Aに係るD」、「Bに係るC」及び「Bに係るD」の4通りがあり、通常は、これらの全ての組合せを含んでいる（いわゆる「襷掛けあり」）と解釈します。

　しかし、この「A又はB……C又はD」の構文でも、中には、「A―C」と「B―D」の2通りの組合せのみ（いわゆる「襷掛けなし」）を意味する場合もあります（この襷掛けのある・なしは、条文をよく読めば自ずとわかるようになっています）。

　これを図で示せば、次のとおりです。

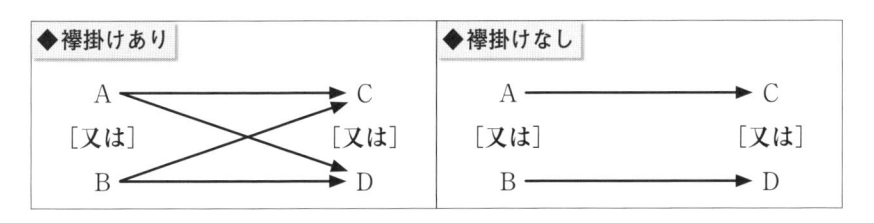

◆襷掛けあり	◆襷掛けなし
A ⇆ C ［又は］　　［又は］ B ⇆ D	A → C ［又は］　　［又は］ B → D

条文例　"襷がけあり"の「又は」

【法人税法22条2項（各事業年度の所得の金額の計算）】

……有償又は無償による資産の譲渡又は役務の提供……

⬇

次の4種類の組合せとなります

⬇

① 有償による → 資産の譲渡
② 有償による → 役務の提供
③ 無償による → 資産の譲渡
④ 無償による → 役務の提供

条文例　"襷がけなし"の「又は」

【法人税法25条の2第2項［編注：受贈益に関する規定］】

……金銭その他の資産又は経済的な利益の贈与又は無償の供与……

⬇

次の2種類の組合せとなります

⬇

① 金銭その他の資産の → 贈与
② 経済的な利益の → 無償の供与

⬇

これは、上記に続けて、次のように規定されていることから明白

……を受けた場合における当該金銭の額若しくは金銭以外の資産の

> その贈与の時における価額又は当該経済的な利益のその供与の時における価額によるものとする。

☆ and/or 的用法その他

「又は」と「若しくは」は、「いずれか」の意味のほかに、基本的に「いずれも」という意味も持ちます。「いずれか」ということは、いずれか一つでなければならないというわけではなく、最低限その選択的接続詞で結ばれたもののなかの一つがあればよいのであって、二つ以上が該当する場合も当然含まれるのです。

これを具体的にいえば、「A」か、「B」か、「A及びB」かのいずれかを指す言葉（英語の and/or）の場合にも、「又は」と「若しくは」を用いるのです。したがって、「又は」は、「及び」と「又は」の両方の意味を持つこととなります。

例えば、「答弁書に対する反論書又は証拠書類若しくは証拠物」（通法95）がその例であり、この場合の組合せは、「反論書のみ」か、「証拠書類のみ」か、「証拠物のみ」かのいずれか一つでもよいし、そのうちの「反論書と証拠書類」、「反論書と証拠物」又は「証拠書類と証拠物」のそれぞれ二つを組み合わせたものでよいし、「反論書」、「証拠書類」及び「証拠物」の三つ全部の組合せでもよいのです。

（注）「又は」と「及び」の組合せについては、次項の「及び」と「並びに」の項を参照して下さい。

2　「及び」と「並びに」

☆ 「及び」と「並びに」は厳格に使い分けられている

「及び」も「並びに」も、ともに「そのいずれも」を意味する併合的接続詞ですが、法令上は、両者は次のように厳格に使い分けられています。

ⅰ）単純な併合的接続
 a 同一のジャンル（次元）に属する語句を接続する場合
  例えば——、
  ◇ X氏とY氏と、そのいずれも
   →「X及びY」
  ◇ A社も、B社も、C社も、D社も、そのいずれも
   →「A、B、C及びD」

なお、このような単純な接続、すなわち併合的接続詞を一つだけ用いる場合は、必ず「及び」を使用し、「並びに」が用いられることはありません。

| 条文例 | 同一ジャンルに属する語句を接続する「及び」 |

【法人税法施行令71条1項1号（使用人兼務役員とされない役員）】

  代表取締役、代表執行役、代表理事及び清算人

⬇

「法人の代表者」という同一ジャンルに属する語句の接続

 b 異なるジャンルではあるが、それぞれ一つずつを接続する場合
  例えば——、
  ◇ X氏も、A社も、そのいずれも
   →「X及びA」

ⅱ）段階的用法による併合的接続（異なるジャンル〔次元〕に属する語句を接続する場合）
 a 2種類のジャンル（次元）に属する語句の接続

併合する語句が、2種類のジャンルに分かれる場合、ジャンルとジャンルの分かれ目（接続箇所）には「並びに」を用い、同一ジャンルの語句グループ内の接続には（同一ジャンル内の最終語句の前に）「及び」を用います。

　例えば――、

◇　X氏も、Y氏も、Z氏も、そしてA社も、そのいずれも

→　「X、Y及びZ並びにA」

→　上記のように表記する理由は、「X、Y、Z」（個人）と「A」（法人）はジャンルが異なるので、すべての語句が同一ジャンルに属する場合のように「X、Y、Z及びA」とすることができないからです。

→　ここで、「及び」は、「X、Y、Z」という小さいグループの接続詞であり、「並びに」は、「X、Y、Z」というグループと「A」というグループとを接続する一段高い位置に位する接続詞であるということになります。このような接続詞の用法を併合的接続の場合と同様に「段階的用法」といいます。

条文例　2種類のジャンルに属する語句を接続する「及び・並びに」

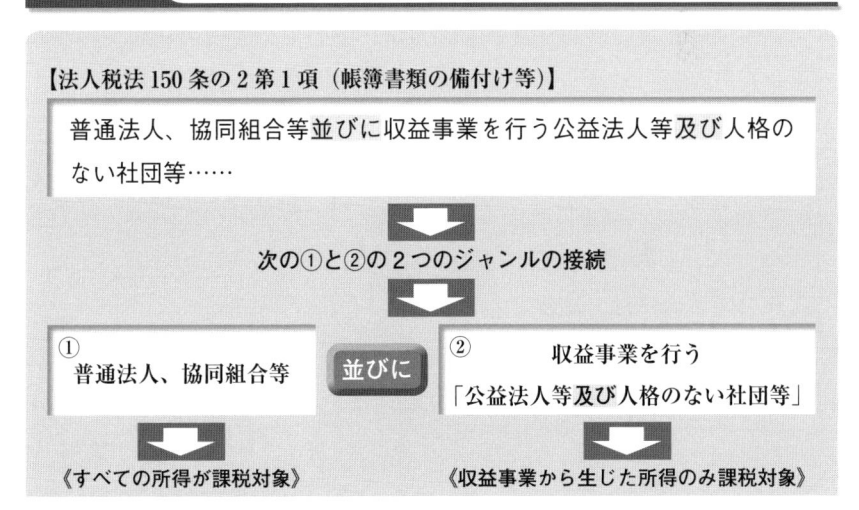

【法人税法150条の2第1項（帳簿書類の備付け等）】

普通法人、協同組合等並びに収益事業を行う公益法人等及び人格のない社団等……

⬇

次の①と②の2つのジャンルの接続

⬇

① 普通法人、協同組合等　　並びに　　② 収益事業を行う「公益法人等及び人格のない社団等」

⬇　　　　　　　　　　　　　　　　　　⬇

《すべての所得が課税対象》　　　　《収益事業から生じた所得のみ課税対象》

【法人税法2条15号(役員)】

法人の取締役、執行役、会計参与、監査役、理事、監事及び清算人並びにこれら以外の者で法人の経営に従事している者のうち政令で定めるもの……

⬇
次の①と②の2つのジャンルの接続
⬇

① 取締役、執行役、会計参与、監査役、理事、監事及び清算人
  ⇒《会社法等で役員と規定されている者:法定(形式上)の役員》

並びに

② (①以外)の者で法人の経営に従事している者のうち政令で定めるもの
  ⇒《法人税法固有の役員(みなし役員)》

※ ここで、条文上、②の「(①以外)」は、「これら以外」と表現されています。

b 3種類以上のジャンル(次元)に属する語句の接続

語句が3種類以上のジャンルに分かれる場合は、同一ジャンルの語句グループ内の接続にのみ「及び」を用い、その上の段階の接続(異なるジャンルの接続)には全て「並びに」を重複して用います。

例えば——、

◇ X氏も、Y氏も、Z氏も、A社も、そしてT市も、そのいずれも(3種類のジャンルに属する語句の接続)
  →「X、Y及びZ並びにA並びにT」

これを図示すれば、次のとおりです。

| X、Y **及び** Z | (小)並びに | A | (大)並びに | T |

第3章　税法の読み方

　この場合、最も大きく（次元の）異なるジャンルとジャンルの分かれ目（接続箇所）に用いる「並びに」を「大（おお）並びに」と呼び、それ以外の「並びに」を「小（こ）並びに」と呼びます。もっとも条文上は、ともに「並びに」と表示されるので、どれが大で、どれが小かは、列挙されている語句の意味から読み取る必要があります。

　例えば、「建物、立木及び登記される船舶並びに登録を受けた飛行機、回転翼航空機及び自動車並びに登記を受けた建設機械」（通法50四）では、　　を付した「並びに」が「（大）並びに」であり、それ以外の「並びに」（波線の箇所）が「（小）並びに」です。

　この関係を図示すれば、次のとおりです。

◆ 図7：段階別に見た国税通則法第50条第4号の規定

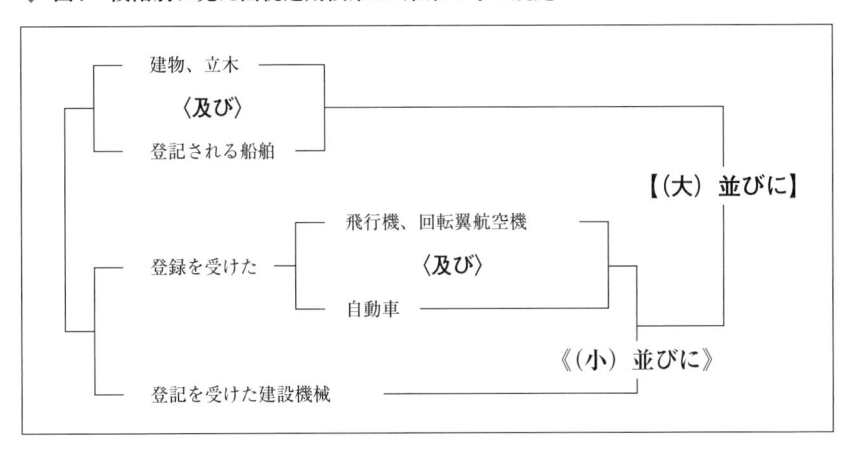

```
                建物、立木
                     〈及び〉
                登記される船舶
                                          【（大）並びに】
                     飛行機、回転翼航空機
                登録を受けた    〈及び〉
                     自動車
                                          《（小）並びに》
                登記を受けた建設機械
```

| 条文例 | 3種類以上のジャンルに属する語句を接続する「及び・並びに」 |

【法人税法34条1項（役員給与の損金不算入）】

……退職給与及び……新株予約権によるもの並びにこれら以外のもので使用人としての職務を有する役員に対して支給する当該職務に対するもの並びに第3項の規定の適用があるもの……

149

⬇

次の①〜③の３つのジャンルの併合的接続

⬇

① 退職給与及び（一定の）新株予約権による給与
　⇒《役員給与の一種》

　　　　　並びに ➡【(小) 並びに】

② 使用人としての職務を有する役員に対して支給する当該職務に対するもの
　⇒《使用人兼務役員に支給する給与のうち、使用人としての職務に対するもの》

　　　　　並びに ➡【(大) 並びに】

③ 法人税法34条３項（不正支給した役員給与の損金不算入）の規定の適用のあるもの
　⇒《例えば、経理上、役員給与以外の費用科目で処理（仮装）するなど、不正に役員に支給したことにより損金不算入とされる給与》

⬇

③の不正給与は、他の①、②とは大きく次元が異なるので、①及び②のグループと③との分かれ目の「並びに」は「(大) 並びに」、①と②の分かれ目の「並びに」は「(小) 並びに」ということになります。

☆ 「襷掛けあり」と「襷掛けなし」

「Ａ及びＢ……Ｃ及びＤ」という構図の条文における組合せ（「襷掛け」）については、前述の「又は」と同様であり、通常は、「Ａ―Ｃ」、「Ａ―Ｄ」、「Ｂ―Ｃ」及び「Ｂ―Ｄ」の４通りの組合せを全て含んでいる（いわゆる「襷掛けあり」）と解釈します。

中には、「襷掛けなし」の場合もありますが、それは条文をよく読めば自ずとわかるようになっています。

例えば——、
◇ 「当該各年分の収入金額及び費用の額として政令で定める……金額を、総収入金額及び必要経費に算入する。」（所法66①）
  → 組合せは次の2通りであることは明白です。
    ・「当該各年分の収入金額として政令で定める……金額を、総収入金額に算入する。」
    ・「当該各年分の費用の額として政令で定める……金額を、必要経費に算入する。」

☆ 「又は・若しくは」と「及び・並びに」が同時に用いられている場合

「又は・若しくは」と「及び・並びに」とが、同じ条文で用いられていることがあります。その場合、この両者は同格であるので、前者と後者のどちらに重点を置いて読むかは、その条文の規定内容によることになります。

例えば——、
◇ 「申告、申請、請求、届出その他書類の提出及び納付並びに国税庁長官、国税局長又は税務署長の処分」（法法19）
  → 「及び・並びに」に重点を置きます。
◇ 「法人課税信託……の委託者がその有する資産の信託をした場合又は……受益者等がその信託財産に属する資産及び負債を有するものとみなされる信託が法人課税信託に該当することとなった場合」（法法4の7九）
  → 「又は」に重点を置きます。

3 「場合」と「とき」

☆ 仮定的条件を表す「場合」と「とき」

「場合」も「とき」も、ともに「このような事態になれば」というような仮定的条件を表す言葉ですが、法令用語としては次のように用いられています。なお、「とき」は、瞬間を表す「時」(「じ」と発音します)とは全く異なる法令用語であることに留意して下さい(この項末尾及び191頁参照)。

ⅰ) **仮定的条件が1つの場合**

仮定的条件が1つの場合には、「場合」を用いるか、「とき」を用いるかについては、特に明確な区別はなく、主としてそのときの語感によって使い分けられています。

ただ、例えば、「収益事業を行う場合……に限る」(法法4①)や「帳簿価額を減額した場合には」(法法33①)とか、「次に掲げる金額……を受けるときは」(法法23①)や「長期大規模工事……の請負をしたときは」(法法64①)などのように、どちらかといえば、重い条件のときは「場合」が、軽い条件のときは「とき」が用いられているようです。

ⅱ) **仮定的条件が2つの場合**

仮定的条件が二重になる場合には、必ず「……した場合において、……したときは、……」のように、大きい方の条件に「場合」を、小さい方の条件に「とき」が用いられます。

例えば——、
◇ 「金銭その他の資産の交付を受けた場合において、……当該法人の株式又は出資に対応する部分の金額を超えるときは」(法法24①)

このように、仮定的条件が二重になっているようなものを「上下一対」といい、「……した場合において」とあれば、必ずその後ろに「……したときは」という文章が続くということを念頭に置いて読めば、その条文の理解が容易になります。

なお、「場合」に関して、「この場合において、……」とか「前項の場

合において、……」のような用法があります。前者の「場合」はその条文の前段において、後者の「場合」は前項において、それぞれ既に規定されている事項を包括的に引用するものであり、引用されている前段や前項に規定されている内容の全部を表し、「そのような場合に……」というような意味です。

　例えば、「前項の場合において、相続人のうちに相続によって得た財産の価額が同項の規定により計算した国税の額をこえる者があるとき」（通法5③）の「前項の場合において」とは、「前項に規定するところに従い、その相続分によりあん分して計算した場合において」というような意味になります。

　また、「前項に規定する場合において」という使用例もあります。この使用例における「場合」は、前項で具体的に規定されている仮定的条件を示す部分である「場合」そのものを受け、それを部分的に引用する趣旨であり、限定された「その場合に」というような意味です。

　例えば、国税通則法第12条第3項の「前項に規定する場合」とは、同条第2項に規定する「通常の取扱いによる郵便……によって……書類を発送した場合」を指します。

☆ 「とき」と「時」は厳格に使い分けられている

　既述のように、「とき」が仮定的条件を表す法令用語であるのに対し、「時」は瞬間ないし時点を表す法令用語であり、この両者は、厳格に区別して用いる必要があります。

　ある具体的な時点を表すときは、例えば、「暦年の終了の時」（通法15②一）、「事業年度の終了の時」（同項三）などのように用いられ、これらと仮定的条件である「とき」とを区別するために、法令用語として発音するときは、「時」を「トキ」と発音しないで「ジ」と発音します。「事業年度の終了の時（ジ）」、「相続開始の時（ジ）」の如きです。これにより、発言者も意識的に区別することができるし、聴取者も仮定的条件か瞬間ないし時点かを容易に区別することができることとなります。

この両者の法令用語が用いられている条文としては、例えば、「居住者は、年の中途において出国をする場合において、……申告書を提出しなければならない場合に該当するときは、……その出国の時までに、税務署長に対し、……提出しなければならない。」（所法127①）などがあります。この規定は、「居住者は、年の中途で出国をし、申告をすべき事態になれば、……その出国の瞬間までに、……申告書を提出しなければならない。」という意味です。

4　「ところ」

「とき」に似た法令用語として、「ところ」があります。

　この「ところ」は、漢字の「所」のように"場所、地域"を意味するのではなく、「前出の条文」若しくは「後出の条文」又は「他の法令等の内容全体」を、包括的に受ける代名詞的な使われ方をします。例えば、「政令の定めるところにより計算した」であれば、「政令の規定内容に従って計算した」という意味になります。

条文例　後出の条文（規定内容）を包括的に受ける「ところ」

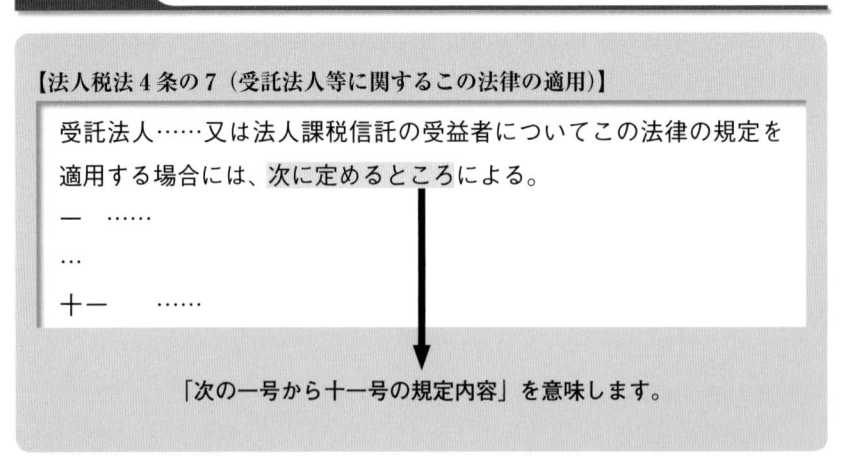

【法人税法4条の7（受託法人等に関するこの法律の適用）】
受託法人……又は法人課税信託の受益者についてこの法律の規定を適用する場合には、次に定めるところによる。
一　……
…
十一　……

「次の一号から十一号の規定内容」を意味します。

5 「者」・「物」・「もの」

☆ 「者」は、"法律上の人格を有する者"を意味する

「者」は、権利義務の主体となる自然人及び法人を表す場合に用いられます（単数とは限らず、複数の場合もあります）。

例えば——、
◇ 「一の者（その者が個人である場合には、その者」（法令4の2①）
◇ 「法人の取締役……法人の経営に従事している者」（法法2十五）

ここで、「法律上の人格を有する者」とは、法律の規定により法人格を与えられている団体等（例えば、労働組合法11条に基づく労働組合）はもちろん、法人とみなされる「人格のない社団等（法人でない社団又は財団で代表者又は管理人の定めがあるもの）」（法法2八・同3）も、この「者」に該当します。したがって、「民法上の組合」や「有限責任事業組合（LLP）」など、法人格を有しない団体等は、この「者」には含まれません。

これは、「納税義務者」や「源泉徴収義務者」のような「○○者」の「者」にあっても同様です。

（注）この「者」に含まれない民法上の組合などは、納税義務者とならないので、その構成員である個人又は法人が納税義務者となるいわゆるパススルー課税となります。

☆ 「物」は、"事物や物件"を表す

「物」は、権利の客体である有体物（事物や物件）を表す場合に用いられます。

例えば——、
◇ 「前項の金銭以外の物又は権利」（所法36②）

☆ 「もの」は、人格を有する者もそうでないものも全てを含む

　「もの」は、自然人や法人のみならず、「者」や「物」に属さないものも含め、広い意味で用いられます。

　例えば――、
　　◇「益金の額に算入すべき金額は、別段の定めがあるものを除き」（法法22②）
　　◇「内国法人が、……国庫補助金等の交付に代わるべきものとして交付を受ける固定資産」（法法42②）

　このように、自然人と法人とを意味する「者」に対して、「もの」は法律上の人格を有する者以外のものも含む広い概念であり、したがって、この両者は、法令上厳格に区別して使用されています。

　なお、法令用語の「者」・「物」・「もの」を、全て「モノ」と発音すると、耳で聞く限り紛らわしいので、この3つを区別する趣旨から、次のように発音するクセを付けておくことをおすすめします。
　　・「者」　→「シャ」
　　・「物」　→「ブツ」
　　・「もの」→「モノ」

☆ 「もの」は関係代名詞的に用いられる場合も多い

　「もの」は、このほか、関係代名詞的に用いられる場合も多くあります。例えば、「源泉徴収による国税でその法定納期限までに納付されなかったもの」（通法36①二）のように、「…A…で…B…もの」という型で表され、この場合には、Aの一定の者や事物がBで示された範囲に限定されることとなります（次項で詳述します）。

6 「……で……もの」

☆ 「……で……もの」は限定を示す

「……で……もの」は、限定を示す法令用語であり、「AでBのもの」なら、A（「で」の前に記述されている一定の者や事物等）は、Bの範囲に限定されることを意味します。

例えば、法人税法第2条第22号で、「固定資産」とは、「土地……その他の資産で政令で定めるものをいう。」とされています。この場合、「資産」は、政令で定める範囲に限定されます。

ここで、例えば、「法人の取締役、執行役、会計参与、監査役、理事、監事及び清算人並びにこれら以外の者で法人の経営に従事している者のうち政令で定めるもの」（法法二十五）の場合には、「で」の次に「、」がないので、「法人の経営に従事している者のうち政令で定めるもの」に限定されるのは「これら以外の者」のみであり、取締役から清算人までについては限定されません。この点については、「で」の次に「、」がある次項の「……で、……もの」と対比して下さい。

条文例　　一定の者や事物等を限定する「……で……もの」

【法人税法施行令7条1号（役員の範囲）】

法人の使用人（職制上使用人としての地位のみを有する者に限る。……）以外の者でその法人の経営に従事しているもの

⬇

法人の使用人（……）以外の者で
⬇
【さらに限定】
⬇
その法人の経営に従事しているもの
⬇
「法人の使用人以外の者で、かつ、その法人の経営に従事している者」を意味します。

☆ 「、」が加わった「……で、……もの」もある

「AでBのもの」の場合において、Aが複数の者や事物等で構成されており、その全てがBに範囲を限定される（複数のAの全てにBという限定が加わる）ことを明らかにしたいときや、この「AでBのもの」という修飾句が長文のときは、「Aで、Bのもの」のように、「で」の次に「、」が入ります。

条文例　「、」が加わった「……で、……もの」

【法人税法2条13号（収益事業）】
販売業、製造業その他の政令で定める事業で、継続して事業場を設けて行われるものをいう。

⬇

「販売業、製造業その他の政令で定める事業」の全ての事業に

⬇

「継続して事業場を設けて行われる」という限定が加わる。

ここでは、「、」（ポツ）の有無により、このような差異が生ずるということに留意して下さい。したがって、前述したように、条文を読むときは、「、」で一旦止めて息を入れ、そして、次の「、」まで一気に読むと語句（例えば、修飾語）と語句（例えば、被修飾語）との掛かり具合が理解し易くなり、条文の意味内容を正確に理解することができるようになります。すなわち、「、」のところで息継ぎをし、それ以外の箇所では息継ぎをしてはいけないのです。

7 「以上」と「超える」、「以下」と「未満」

☆ **いずれも数量的な限定を表し、厳格に使い分けられている**

「以上」・「超える」、「以下」・「未満」——いずれも、数量的に限定する場合に用いられる法令用語であり、それぞれ、厳格に使い分けられています。

すなわち、「以上」と「以下」は、その基準となる数量等を含む表現ですが、「超える」と「未満」では基準点は含まれません[注]。

例えば——、

◇ 「資本金の額又は出資金の額が5億円以上」（法法66⑥二イ）
　→ 5億円を含みます。
◇ 「総数又は総額の100分の50を超える」（法法67②）
　→ 100分の50を含みません。
◇ 「年3,000万円以下」（法法67①一）
　→ 3,000万円を含みます。
◇ 「取得価額……が10万円未満」（法令133）
　→ 10万円を含みません。

なお、「……に満たない」という表現もよく使われますが、これは、「未満」と同じ意味です。例えば——、

◇ 「課税売上割合が100分の95に満たないときは」（消法30②）
　→ 100分の95を含みません。

（注）これらの用法は、「以って上がる」、「以って下がる」、「基準数量を超える」、「未だ満たず」と記憶すれば、正確に記憶することができます。

☆ **連続的に用いる場合**

以上の各法令用語を連続的に用いる場合には、「超える」と「以下」の組合せと「以上」と「未満」の組合せとがあります。

前者は、例えば、「330万円を超え695万円以下の金額……、695万円

を超え900万円以下の金額……」(所法89①) の如く用い、後者は、例えば、「40万円以上75万円未満である配偶者」(同法83の2①二) の如く用います。

　これを「以下」と「以上」とを組み合わせると、その基準となる数量等が双方に含まれることとなってしまうし、また、「超える」と「未満」とを組み合わせると、基準となる数量等が双方から外れ、数量等が連続しないこととなってしまうのです。

　以上を図示すれば、次のとおりです。

◆　図8：「以上」と「超える」、「以下」と「未満」の関係

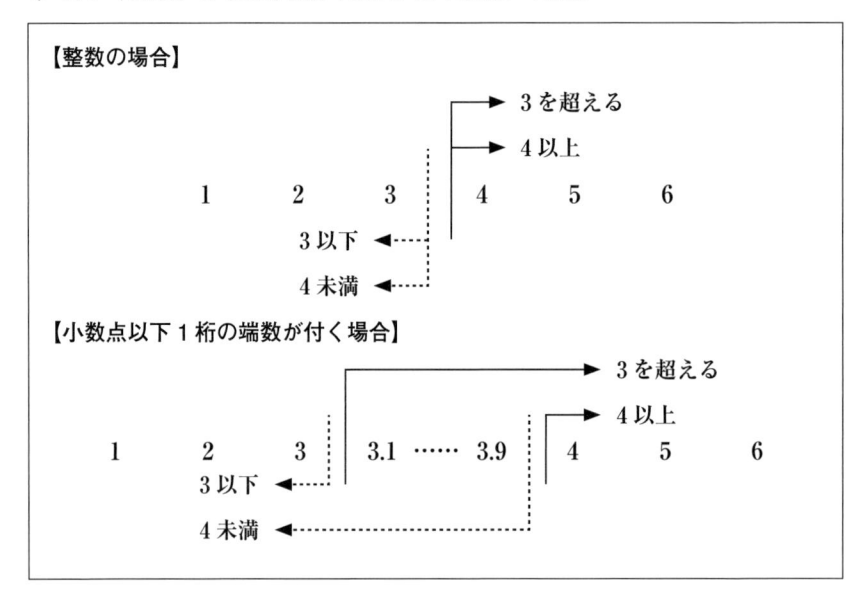

```
【整数の場合】
                                    ┌─→ 3を超える
                                    ├─→ 4以上
       1     2     3     4     5     6
                 3以下 ←┤
                 4未満 ←┤

【小数点以下1桁の端数が付く場合】
                                         ┌─→ 3を超える
                                         ├─→ 4以上
       1     2     3  │ 3.1 …… 3.9 │ 4     5     6
                 3以下 ←┤
                 4未満 ←────────────┤
```

☆　その他

　A（例えば100）からB（例えば120）を控除した金額は、マイナス20ですが、このAがこのBを超える金額は、「ゼロ」と表現します。

　また、「越える」は物理的に何かを越える場合（例えば、「山を越える」）に用い、「超える」は抽象的な数量等の場合に用います。

8　「以前」と「前」、「以後」と「後」、「以内」と「内」

　「以前」・「前」、「以後」・「後」、「以内」・「内」――いずれも、基準となる日時等からの時間的前後関係や、期間、広さ等の数量を限定し、かつ、時間的間隔や、時間的・物理的な連続等を表すための法令用語であり、「以」が付くか否かは、厳格に使い分けられています。
　すなわち、「以上」、「以下」と同様に、「以」が付けばその基準となる日時等を含み、「以」が付かなければその基準となる日時等を含まない表現です。

ⅰ）**「以前」と「前」**
　まず「以前」の場合、その時間的関係は、基準となる日時等より「前」ですが、時間的間隔又は時間的連続の計算については、基準日時等すなわち起算点となった日時が含まれます。
　例えば――、
　◇「連結申請特例年度終了の日以前であるもの」（法法15の2②）
　　→「連結申請特例年度終了の日」を含みます。

　一方、「前」は、基準日時等の前の部分を示す言葉の趣旨は同じですが、基準日時等を含みません。
　例えば――、
　◇「当該事実が生じた日前1年以内に」（法法80④）
　　→「当該事実が生じた日」は含まれません（すなわち、「当該事実が生じた日の前日から起算して1年以内に」ということです）。

ⅱ）**「以後」と「後」**
　「以後」の場合、その時間的関係は、基準となる日時等より「後」ですが、時間的間隔又は時間的連続の計算については、基準日時等すなわち起算点となった日時が含まれます。
　例えば――、

161

◇ 「<u>当該事実が生じた日以後</u>1年以内に」（法法80④）
　→ 「当該事実が生じた日」を含みます（すなわち、「当該事実が生じた日から起算して1年以内に」ということ）。

一方、「後」は、基準日時等の後の部分を示す点は同じですが、基準日時等を含みません。
　例えば——、
◇ 「同日がその職務の<u>執行を開始する日後</u>である場合」（法令69②一）
　→ 「職務の執行を開始する日」は含まれません（すなわち、「職務の執行を開始する日の翌日以後」ということです）。

ⅲ）「以内」と「内」

「以内」は、通常、期間、広さ等の数量の一定限度を表すための法令用語です。「以前」等と同様に、「以」が付けば、期間の最終日又は広さ等の数量の最大限を含むことを意味します。
　例えば——、
◇ 「当該各号に定める日以後<u>2月以内</u>に」（法法13②）
　→ 「当該各号に定める日」から起算してちょうど2か月目も含まれます。例えば、「当該各号に定める日」が4月1日であれば、その日からちょうど2か月目の5月31日までが「2か月以内」となります。

なお、一定量までの数量、特に金額・距離等を表す場合には、通常、「以内」ではなく「以下」を用います。
一方、「内」は、期間の最終日又は広さ等の数量の最大限を含みません。もっとも、この両者を比較した場合は、瞬間的な最終時点を含むか否かの違いに過ぎないことから、「内」が用いられることは少ないといわれています。

9 「以外」

「以外」は、その対象とするもののうち、この字句の直前に掲げられたもの（グループもある）を除くことを意味する用語です。例えば、「第5号から第7号までに掲げる法人以外の法人」（法法2九）であれば、"第5号、第6号及び第7号に掲げる法人を除く（対象外）"ということです。

条文例　　対象からの除外を意味する「以外」

【法人税法施行令5条1項1号（収益事業の範囲）】
　　物品販売業（……）のうち次に掲げるもの以外のもの
　　イ　……
　　ロ　……

⬇

「イ、ロに掲げるものは、収益事業に該当しない」ことを示します。

10 「……から……まで」と「……から」

☆　「……から……まで」は、時間的、空間的な起点と終点とを示す

「……から……まで」は、時間的、空間的な起点と終点とを示す法令用語で、起点・終点ともにその基準時点等を含みます。

　例えば――、
◇「第5号から第7号までに掲げる法人」（法法2九）
　→　第5号、第7号ともに含まれます（つまり、「第5号、第6号及び第7号に掲げる法人」という意味です）。
◇「その開始した日から同日の属する事業年度終了の日までの期間」
　（法法14①十九）

→　期間には、「その開始した日」、「同日の属する事業年度終了の日」がともに含まれます。

☆　「……から」だけの用法では、原則 "初日不算入"

　もっとも、「……から……まで」という一連の法令用語ではなく、単に「○○の日から1月以内」などと規定されている場合には、「期間の計算」に関する規定（通法10①）が適用され、この場合には、原則として、初日不算入となります。ただし、"○○の日が午前零時から始まるとき"及び"「○○の日から起算して」と規定されているとき"に限り、初日算入となります。

　例えば――、
　◇「当該贈与又は遺贈のあった日から4月以内」（措令25の17①）
　　→　「当該贈与又は遺贈のあった日」において、実際に贈与又は遺贈があった時点では、厳密にはその日の午前零時からすでに何時間かが過ぎている（つまり、「○○の日が午前零時から始まるとき」には該当しない）ので、「当該贈与又は遺贈のあった日」は含まれません（初日不算入。つまり、「当該贈与又は遺贈のあった日の翌日から起算して4か月以内」と解釈します）。
　◇「各事業年度終了の日の翌日から2月以内」（法法74①）
　　→　「各事業年度終了の日の翌日」は午前零時から始まるので、初日算入となります（つまり、「翌日から起算して2か月以内」となります）。
　◇「当該基準日から起算して1月前の日」（法令20①二イ）
　　→　「から起算して」となっているので、初日算入となります。

　なお、時間的、空間的起点としては「から」を用い、「より」は用いません。「より」を漢字で表記すれば、「依り」、「因り」、「寄り」であり、そこには動作、作用等の時間的、空間的起点としての意味はないのです。

11 「経過する日」と「経過した日」

「経過する日」とは、文字どおり、"期間が満了する日"をいい、「経過した日」とは"「経過する日」の翌日"を指します。

例えば、「1月1日から起算して3日を経過する日」の場合、1月1日が起算日（第1日目）ですから、残り2日が経過する日、すなわち1月1日から起算して3日が経過する日は「1月3日」となります。そして、「3日を経過した日」は、経過する日の翌日ですから、「1月4日」です。

条文例　「経過する日」と「経過した日」

☆　経過する日：法人税法4条の3第6項（連結納税の承認の申請）

> ……設立事業年度開始の日から1月を経過する日……

⬇

> 「設立事業年度開始の日」は午前零時から始まるので、開始の日が起算日（1か月という期間の初日）となります。この開始の日が「4月1日」であるとすると、

⬇

```
  4/1                                    4/30
   |←------------ [1か月] ------------→|
   ⇓                                     ⇓
  開始の日                          1か月を経過する日
  《起算日》                           《満了日》
```

☆　経過した日：法人税法71条1項（中間申告）

> ……事業年度開始の日以後6月を経過した日から2月以内……

165

「事業年度開始の日以後」なので、事業年度開始の日が起算日（期間計算の第1日目）となります。開始の日が「4月1日」とすると、"開始の日以後6か月を経過する日"は「9月30日」です。

"経過した日"は「経過する日の翌日」です。したがって、「事業年度開始の日以後6か月を経過した日」とは、翌日の「10月1日」です。この「6か月を経過した日」は午前零時から始まるので、「6か月を経過した日から2か月以内」では、10月1日が起算日となります。

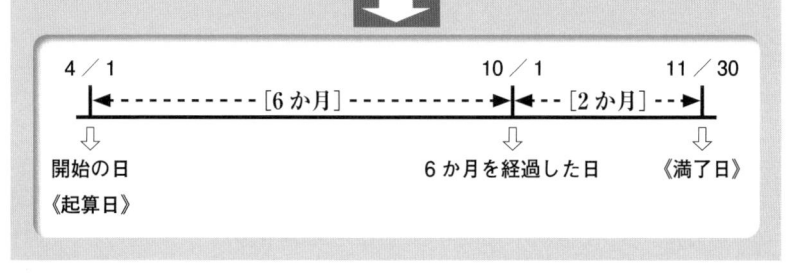

```
4/1                    10/1              11/30
 |←-------[6か月]-------→|←--[2か月]--→|
 ⇩                      ⇩                ⇩
開始の日              6か月を経過した日  《満了日》
《起算日》
```

　この「経過する日」と「経過した日」とが同一条文中に使用されている例としては、「……更正決定等は、……5年……を経過した日以後においては、することができない。」（通法70①）、「法人税に係る純損失等の金額……を増加させ……る更正は、……9年を経過する日まで、することができる。」（同条②）などがあります。

12　「その他の」と「その他」

　「その他の」と「その他」は、ともにその字句の直前に掲げられたものを例示として一層広い意味の言葉を引き出す法令用語ですが、「の」の有無によって大きく意味が異なることに注意しなければなりません。

☆　「その他の」は包括的例示を意味する

「その他の」は、包括的例示を表す用語であり、日常用語の"等（など）の"とほぼ同様の意味であると認識してもよいでしょう。「A、B、Cその他のD」であれば、A、B、Cは「その他の」の後に続くDの例示です（「A、B、C等のD」という意味です）。

条文例　　"等（など）の"に言い換えられる「その他の」

【法人税法2条22号（固定資産）】
土地（土地の上に存する権利を含む。）、減価償却資産、電話加入権その他の資産で政令で定めるもの……

⬇

「土地（土地の上に存する権利を含む。）」、「減価償却資産」、「電話加入権」は
"資産で政令で定めるもの"の例示

⬇

政令では、土地（土地の上に存する権利を含む。）、減価償却資産、電話加入権、その他の資産の全てについて規定することになります。

※　限定を意味する法令用語「…で…もの」については、112頁を参照して下さい。

☆　「その他」は並列的例示を意味する

　「その他」は、並列的例示を表す用語です。すなわち、「その他」の前後の語句が独立しており、それぞれが、一応、別個の概念として並列的に示される場合に用いられます。"及びこれ（ら）以外の"と言い換えてみればわかりやすいかもしれません。例えば、「E、Fその他G」であれば、「E、F及びこれら以外のG」とほぼ同様の意味であると認識してもよいでしょう。つまり、EとFはGの例示ではなく、また、EとFが主でGは従というのでもなく、あくまでE・F・Gは同列の概念として列挙されているわけです。

| 条文例 | "及びこれ（ら）以外の"に言い換えられる「その他」 |

【法人税法施行令69条1項1号ロ（定期同額給与の範囲等）】
……役員の職制上の地位の変更、その役員の職務の内容の重大な変更その他これらに類するやむを得ない事情……

⬇
次の①、②、③の3つの概念が同列に挙げられています。
⬇

① 役員の職制上の地位の変更
② その役員の職務の内容の重大な変更
③ ①、②以外の「①、②に類するやむを得ない事情」

　この「その他の」と「その他」は、典型的なフレーズで記憶すれば、両者の意味を取り違えることはありません。すなわち「社債……その他の有価証券」（通法50二）のフレーズでは、社債は当然有価証券であり、そのような例示の後にそれらをひっくるめて「……その他の有価証券」として総括しています。また、「災害その他やむを得ない理由」（通法11）のフレーズでは、「災害」と「やむを得ない理由」とは別個の事情であり、「やむを得ない理由」とは災害以外の事情を指します。

◆ 図9：典型的なフレーズで見る「包括的例示と並列的例示」

◇包括的例示（通法50二※）

社　債	
（国　債）	その他の
（地方債）	有価証券
（株　券）	
……	

◇並列的例示（通法11）

| 災　害 | その他 やむを得ない理由 |

※　条文上は、国債及び地方債は別号で規定され、株券は掲名されていません。

13　「係る」と「関する」

　「係る」と「関する」は、ともにある事柄とある事柄とのつながりを示す言葉ですが、前者は、結び付けられる二つの事柄の密接度が高い場合に用いられ、後者は、その密接度が「係る」よりも緩く、漠然とその周辺まで含むという点で差があり、条文は、その差異を踏まえて規定されています。したがって、税法の解釈に当たっては、この微妙な差異を具体的な差異として認識する必要があります。

☆　「係る」は前後の語句の直接的な関係を示す

　「係る」は、その前後の語句（事柄）に直接的なつながりがある場合に用いられる便利な用語です。
　「Aに係るB」をどう読むかは、前後のA、Bの関係によって決まります。つまり、その関係次第で、「AについてのB」、「Aに属するB」、「AのB」、「Aに該当するB」などといった、様々な意味合いを持つことになります。
　例えば——、
　◇「収益に係る売上原価」（法法22③一）
　　→　"収益に対応する売上原価"といった意味合い
　◇「合併に係る被合併法人と合併法人」（法法２十二の八イ）
　　→　"合併の当事者である被合併法人と合併法人"といった意味合い
　◇「決議に係る議決権」（法令４③二イ）
　　→　"決議に参加できる議決権"といった意味合い
　◇「国内源泉所得に係る所得」（法法141）
　　→　"国内源泉所得に該当する所得"といった意味合い
　◇「事業所得に係る総収入金額」（所法27②）
　　→　"事業所得に属する総収入金額"といった意味合い

☆　「関する」の前後の語句の関係性は「係る」よりも緩やか

「関する」も、その前後の語句（事柄）のつながりを示す用語ですが、「係る」と比べて、前後の語句の密接度が緩く、直接的な関係性だけでなくその周辺も含むという点で、違いがあります。

例えば——
◇ 「財産上の利益に関する事項」（法令4③二ハ）
　→　財産上の利益に係る事項のほか、その周辺事項も含まれます。

14　「……により」と「基づき」

「……により」と「基づき」はともに、ある事柄の原因、根拠等との関係を表す法令用語ですが、「……により」はその関係が密接な場合に用いられ、他方、「基づき」は「……により」よりもやや幅がある感じの法令用語として用いられます。

条文は、その差異を踏まえて規定されています。したがって、税法の解釈に当たっては、この微妙な差異を具体的な差異として認識する必要があります。

☆ 「……により」の意味は（漢字で表せば）「依り」か「因り」

「……により」には、次の2種類の意味があります。

①　「……に準拠して」「……に従って」（漢字では「依り」）

例えば——、
◇ 「政令で定めるところにより計算した金額」（法法64の4①）

②　「……に起因して」「……の事情等によって」（漢字では「因り」）

例えば——、
◇ 「次に掲げる事由により金銭その他の資産の交付を受けた場合」（法法24①）

☆ 「基づき」は、基礎があればよい

一方、「……に基づき」は、「……を根拠とする」、「……を基礎とする」

という意味であり、「申請に基づき、……提出期限を延長することができる。」(法法75①)のように用いられます。

例えば、「議決に基づいて……〔指示する〕」(通法99②)は、その指示の内容は基本的には議決の内容から離れることができませんが、議決の内容そのものではない内容で指示されることもあり得ることを意味し、また、「納税者の申請に基づき……〔猶予する〕」(同法46②柱書)は、処分は必ずしも申請どおりでない場合もあり得ること(例えば、1年間の猶予申請に対する10か月の猶予処分)を意味します。

これに対して、「申請により……［処分する］」の場合には、申請どおりの処分をするか、又は却下するかの「100か0か」です。

15 「経る」と「付す」

「経る」は、例えば、「登録、免許証の交付その他の手続……を経ること」(法令5①三十ホ)というように、"手続を経由する(手続を踏む)"といったことを意味する法令用語です。

「付す」は、例えば、「議に付し」のように用いられ、これは、議論を行えば(意見を交換すれば)よいのであって、その議決には拘束されないことを意味します。また、例えば、「換価に付した後」(国税徴収法32④)は、公売に掛ければ要件を満たし、必ずしも落札されることを要しないと解されています。

その他に、「その順位を付し」(法令71①五イ)のような使用例もあります。

16 「当該」と「その」

「当該」は、既出の特定の事柄を引用するときに用いられる法令用語であり、他方、「その」は、既出の事柄と密接な関係にある事柄を表現するときに用いられる法令用語です。ともに何を引用しようとしている

かを明確にし、解釈に紛れをなくするために用いられます。

☆ 「当該」は、既出の特定の事柄を引用する場合に用いる

「当該」は、その条文中で、直前、既に出ているある特定の事柄と同一の事柄であることを示す法令用語です。「当該法人」であれば、一般的な法人ではなく、条文上で既出の特定の法人（いま、その条文を適用しようとしている、すなわち、いま、問題としているその法人）を指していることを意味します。

例えば——、

◇ 「株式交換により他の法人の株式を取得したことによって当該法人」
（法法２十二の六の四）
→ 「当該法人」とは、条文上で直前に出ている「他の法人」（株式交換によって取得した株式の「発行法人」）を意味します。

したがって、条文中に「当該Ａ」という語句があるときは、そのＡは抽象的なものではなく、直前に出ている特定された具体的なＡ（例えば、その条文の規定の適用を受けようとしているＡ）であることを念頭に置いて解釈する必要があります。

この法令用語を正確に理解すべき場合を例示すれば、郵送等に係る納税申告書等の提出時期に関する規定（通法22）が適用される「納税申告書（当該申告書に添付すべき書類……を含む）」のかっこ書きの「(当該申告書……書類)」の解釈が挙げられます。このかっこ書きは、この条の規定が適用される書類はこの条の規定によりいま郵送等をしようとしているその申告書（すなわち、「当該申告書」）に添付すべき書類であって、当該申告書への添付とは無関係に、一般的に納税申告書に添付すべき書類のみの郵送等をしようとしている場合には、このかっこ書きの規定は適用されないことを意味します（なお、この規定の趣旨及びその後の改正については、序章の６頁以下を参照して下さい）。

なお、例外的に、「国税庁、国税局若しくは税務署……又は税関の当

該職員」（通法74の2①）のように、いきなり（すなわち、既出の事柄なしに）用いられる場合もあります（この「当該職員」は、職制上、質問検査権を与えられている公務員を指すものと解されています）。

条文例　既出の特定の事柄を指し示す「当該」

【法人税法施行令70条1号イ（過大な役員給与の額）】

……役員の職務に対する対価として相当であると認められる金額を超える場合における<u>その超える部分の金額</u>（その役員の数が2以上である場合には、これらの役員に係る当該超える部分の金額の合計額）

⬇

「当該超える部分の金額」とは、直前にある「その超える部分の金額」を指しますが、その内容は波線の部分となります。

☆　「その」は、既出の事柄と密接な関係にある事柄を表現する

次に、既出のAと密接な関係にあるBを引用するときは、「そのB」と表現します。すなわち、「その」は、その条文中に出ているA（ある特定の事柄）を指す言葉であり、しかも、「その」がAを指していることが明確である（紛れのない）場合に用いられる用語です。

例えば――、
◇　「法人……がその株主等に対し」（法法2十二の六）
　→　「その」が法人を指していることは明確

立法に当たり、「その」という言葉を用いると、簡便で理解も容易になります。しかし、この「その」という言葉は極めて疑義を呼ぶ言葉であって、簡便さに比例して解釈に紛れも生ずるので、慎重に用いられており、例えば、上述の「その株主等」のように、通常はAとBとの関係に全く疑義を生ずる余地のないような場合に限り用いられています。

なお、例外的に、「その事業年度の所得に対する」(法令154②) のように、いきなり(すなわち、既出の事柄なしに)用いられる場合もあります(このケースは、「いま、問題としている事業年度」というような意味です)。

17 「みなす」と「推定する」

☆ 「みなす」は、ある事柄を異なる他の事柄と同一視する法令用語

「みなす」は、"ある事柄A"とは性質を異にする"他の事柄B"を、一定の法律関係について、Aと同一視して、Aについて生ずる法律効果をBについても生じさせることをいいます。

つまり、「みなす」は、本来Aとは異なるBを、特定の法律の上では、Aとして取り扱うということですから、いわば絶対的なものであり、「事実はそうではない」といった反論は許されないのです。

例えば——、

◇ 「評価換えにより増額された金額を益金の額に算入されなかつた資産については、……各事業年度の所得の金額の計算上、当該資産の帳簿価額は、その増額がされなかったものとみなす。」(法法25④)
　→ 「事実、評価換えによって資産の帳簿価額を増額する会計処理を行った」という反論は許されません(法人税法上、帳簿価額の増額はなかったものとされます)。

条文例　特定の法律上、ある事柄を異なる他の事柄と同一視する「みなす」

【法人税法3条(人格のない社団等に対するこの法律の適用)】
人格のない社団等は、法人とみなして、この法律……の規定を適用する。

⬇

「法人税法においては、人格のない社団等は法人として取り扱う」という規定

↓
「人格のない社団等は法人ではない」という反論はできません。

☆ 「推定する」は、一応、一定の事実状態にあると認定する法令用語

　「推定する」は、"ある事柄A"に関する規定が適用される事実状態にあるかどうかが不明な"他の事柄B"について、一応、BがAに関する規定が適用される事実状態にあると認定して、Aについて生ずる法律効果をBについても生じさせようとすることをいいます。

　つまり、「推定する」は、「みなす」とは異なり、推定された事実状態とは異なる他の事実状態にあることが証明された場合には、推定は覆されて、その法律効果は生じないこととなるのです。

　例えば──、
　◇ 「国内に居住することとなった個人が次の各号のいずれかに該当する場合には、その者は、国内に住所を有する者と推定する。」（所令14①）
　　→　国外に住所を有することが証明されれば、「国内に住所を有する」との推定は覆されます。

18　「する」と「……とする」

　動詞の終止形である「する」は、法規範の内容を創設的に宣言する場合に用いられます。
　例えば──、
　◇ 「内国法人に対しては、各事業年度……の所得について、各事業年度の所得に対する法人税を課する。」（法法5）

　さらに、法令上、創設的であると同時に拘束的な意味を持たせようとする場合には、「……とする」という表現が用いられます。

例えば——、
◇ 「内国法人の法人税の納税地は、その本店又は主たる事務所の所在地とする。」(法法16)
→ この場合、ⅰ)「法人税の納税地は、その本店又は主たる事務所の所在地とする」という創設的な意味と、ⅱ)「本店又は主たる事務所の所在地でなければならない」(それに反してはならない)という拘束的な意味も含まれているのです。

19 「(する)ものとする」

「するものとする」は、大きく分けて、①原則の宣言、②解釈の明確化、③法文上の語感から付されるものの3通りの用法がありますが、①の用法の場合は、その条文の名宛人が行政庁か、納税者かによって、若干解釈が異なります。

☆ 取扱いや方針の原則を宣言する場合に用いる「するものとする」
ⅰ)対行政庁の場合
　行政庁に対する「するものとする」は、断定的に拘束せず、取扱いの原則ないし方針を宣言することにより、一定の行為を義務付ける場合に多く用いられます。これは、相手方が行政庁の場合には、原則を示して柔らかい形で義務づければ、それに従って行動することが期待できるからです。
　例えば——、
◇ 「税務署長等……は、……当該職員……に……実地の調査において……質問検査等……を行わせる場合には、あらかじめ、当該納税義務者……に対し、……その旨……を通知するものとする。」(通法74の9①柱書)

このように、行政庁に対する「するものとする」という言回しは、「し

なければならない」という意味に近いのですが、仮にその義務違反があっても、合理的な理由があれば、通常は違法という問題は生じないと解されています。

そこで、行政庁に明確に義務づける必要がある場合は、「税務署長は……更正通知書にその更正の理由を付記しなければならない。」（法法130②）のように、「しなければならない」と明記されます。

ⅱ）対納税者の場合

納税者に対しては、「するものとする」は、立法者としては「……する」とか「……しなければならない」等の言回しをしたいが、それでは少し表現がきつ過ぎるという場合において、ややその表現を緩和し、当然そのように取り扱われることが期待されるというようなニュアンスにしたいときに用いられます。

例えば――、

◇ 「……の規定の適用を受ける資産については、……その帳簿価額として1円以上の金額を付するものとする。」（法令93）。

☆ 「……ものとする」は、解釈を明確にする場合にも用いられる

「……ものとする」は、法令の解釈において、例えば、「○○はこの規定の対象になるのか、ならないのか？」といった疑問や疑義が生じることがないよう、解釈を明確にする目的でも用いられます。

例えば――、

◇ 「前3項に規定する給与には、債務の免除による利益その他の経済的な利益を含むものとする。」（法法34④）

→ 「前3項に規定する給与」（役員給与のこと）には、法人が役員に与える経済的利益（債務免除、無利息貸付け等）は含まれるのか、という疑問が生じることが当然予想されるので、この条項が設けられています。

☆ 「……ものとする」は、法文上の語感から付されることもある

さらに、この法令用語は、法文上の語感から付されることもあり、その場合には、「ものとする」があってもなくてもその意味は変わりません。例えば、「国税の徴収権の時効については、……その利益を放棄することができないものとする。」（通法72②）の如きであり、これには、場合により例外を認めるというような趣旨はありません。

なお、「するものとする」が慣用的に用いられている場合としては、例えば、準用の場合の読替規定（183頁）があります。ここでは、「読み替える」といい切らないで、法文上「読み替えるものとする」と表現する慣行があります。

20 「することができる」

「することができる」は、大きく分けて、①裁量権の付与と、②法律上の権利・能力・権限等があることを表すものの2通りの用法があり、その条文の名宛人が行政庁か、納税者かによって、大きく解釈が異なります。

☆ 裁量権の付与（名宛人が納税者の場合）

一つ目は、納税者に対する規定に限定された用法で、「……することが可能である」、つまり、「しても、しなくてもよい」という意味で用いられます。

例えば――、
◇ 「法人税の還付を請求することができる。」（法法80①）
→ 請求する・しないは、納税者の任意

☆ 法律上の権能があることを表すもの（名宛人が行政庁の場合）

二つ目は、行政庁に対して、法律上の権利・能力・権限等があることを表す用法であり、すなわち、法律上、公務員にある権能（権限と能力）

を与えることを意味します。

　この場合には、上記の「しても、しなくてもよい」という意味は全くありません。したがって、その公務員の本来の職務や規定の趣旨から、「その権能が与えられた以上、それを行使すべき場面に直面したときは、それを行使すべき義務がある」というように読むのが通例です。

　例えば――、
◇「……不備が軽微なものであるときは、国税不服審判所長は、職権で補正することができる。」（通法91①）
　→　国税不服審判所長には、軽微な不備を職権で補正できる権能があり、その権能を行使することができる客観的状況にあれば、その権能を有する国税不服審判所長がそれを行使しないということは許されないと解されています。すなわち、「軽微な不備」であるにもかかわらず、その不備を職権で補正しないまま却下すれば、その処分は、違法な処分となるのです。

もっとも、これについては例外もあります。
　例えば――、
◇「（青色申告）の承認を受けた内国法人につき次の各号のいずれかに該当する事実がある場合には、納税地の所轄税務署長は……その承認を取り消すことができる。」（法法127①）
　→　青色申告の場合、取り消さない方が納税者に有利でもあるので、取り消さないこともあり得ます。

以上を表にすれば、次のとおりです。

◆　図10：「するものとする」（原則の宣言）と「することができる」の用法

法令用語＼相手方	対 行政庁	対 納税者
するものとする	義務に近い	期待感
することができる	権能 ＝ 義務	可　能

なお、これに関連して受ける質問に、国税通則法第24条（更正）の条文の表現があります。すなわち、同条は「税務署長は、……その調査したところと異なるときは、その調査により、……更正する。」と表現されており、この「更正する」がなぜ「更正しなければならない」でも、「更正することができる」でもないのかという疑問です。
　これについては、「更正しなければならない」と規定すれば、それは、草の根分けても非違を探し出して更正しろ、もし更正しなければ、責任問題になるよ（減額更正の場合にはその納税者から、増額更正の場合には他の納税者から、それぞれ国家賠償を求められたり、懲戒処分を受ける可能性がある）という意味になり、それでは、1億2,700万人の（潜在的）納税者に5万6,000人の税務職員では到底足りず、税務職員を大幅に増員して「税金国家」になってしまうのです。また、「更正することができる」と規定すれば、如何にも税務署長に裁量権が与えられているかの如く読め、あまりにも恣意的に解釈されてしまう怖れがあります。そこで、両者の中間的表現として、「更正する」と規定して、「調査の結果、非違が判明すれば更正しろ」という解釈になるような表現にされたのです。

21　「してはならない」と「することができない」

☆　「してはならない」は、一定の行為の禁止を表す用語

　「してはならない」は、一定の行為の禁止を表す法令用語です。この趣旨は、人の事実上の自由に対する制限であって、法律上の権利又は能力に関するものではありません。したがって、この用語による禁止規定に違反した行政処分が行われた場合は、それは（例えば、国家公務員法上の）処罰の原因になることはあっても、その処分の効力には影響がなく、法律行為としては有効であるとされています。
　例えば――、
　　◇　「行政指導に携わる者は、その相手方が行政指導に従わなかったことを理由として、不利益な取扱いをしてはならない。」（行政手続

法 32 ②）

☆ 「することができない」は、法律上の機能がないことを表す用語
　「することができない」は、通常、法律上の権利ないし能力がないことを表現する場合に使用されます。したがって、この用語を使った規定に違反した行政処分は、法律上の権能がないにもかかわらず行われたものですから、無効となります。
　例えば――、
　◇「地方公共団体は、法人税の附加税を課することができない。」（法法 158）

22　「この限りでない」と「……の規定にかかわらず」

☆ 「この限りでない」は、直前の規定内容を消極的に打ち消す用語
　「この限りでない」は、ある事柄について、その直前の規定の全部又は一部の適用を消極的に打ち消す場合の法令用語で、一般的には、「ただし、……この限りでない。」というように、「ただし、」と呼応させて用いられます。

条文例　直前の規定内容を消極的に打ち消す「この限りでない」

【法人税法 57 条 1 項（青色申告書を提出した事業年度の欠損金の繰越し）】
> 内国法人の各事業年度開始の日前……において生じた欠損金額……がある場合には、当該欠損金額に相当する金額は……損金の額に算入する。ただし、当該欠損金額に相当する金額が……を超える場合は、その超える部分の金額については、この限りでない。

　　　　　　　　⬇
　　　前段（波線の部分）は、原則規定
　⇒　過去の一定の事業年度の欠損金額は、損金算入

⬇
後段（「ただし、……この限りでない」の部分）は、その原則規定の一部否定
⇒ 欠損金額が一定の金額を超える場合、その超える部分は、損金不算入

☆ 「……の規定にかかわらず」は、積極的に例外（特例）を定める用語
　上記の「この限りでない」は、その直前の規定の全部又は一部の適用を打ち消すだけのもので、積極的にどうするということまで規定するものではありません。
　これに対して、「……の規定にかかわらず」は、ⅰ）ある事項に関して適用される原則的規定の適用を排除し、かつ、ⅱ）積極的にその適用の仕方の特例を定める場合に用いられる用語です（なお、「かかわらず」の一般的な用法については、197頁参照）。

条文例　　積極的に例外（特例）を定める「……の規定にかかわらず」

【法人税法4条2項［編注：納税義務者に関する規定］】
公共法人は、前項の規定にかかわらず、法人税を納める義務がない。

⬇
前項（法法4①）は、法人税の納税義務に関する原則規定
⇒ 内国法人は、法人税の納税義務者

⬇
この2項は、その原則規定に代えて適用する「特例」
⇒ 公共法人は、内国法人ではあるが、法人税を納める義務はない。

23　「妨げない」

「妨げない」は、新たに設けられた規定に基因して、従来から適用されていた他の制度や法令の取扱いが判然としない場合に、従来の制度や法令の規定が依然として適用できるとする場合などに使われます。ある規定とある規定とが抵触し、その結果、あることが禁止されているのか否かが明らかでないときに、禁止されていないことを明らかにする、いわゆる補充的解釈規定です。

　この用語は、上述の「この限りでない」と同じく消極的な打ち消しのみを表し、積極的な適用方法まで規定するものではありません。

　例えば——、

◇「税務署長は、内国法人の提出した青色申告書……に係る法人税の課税標準又は欠損金額……の更正をする場合には、その内国法人の帳簿書類……を調査し、その調査により当該青色申告書……に係る法人税の課税標準又は欠損金額……の計算に誤りがあると認められる場合に限り、これをすることができる。ただし、当該青色申告書……に記載された事項によって、……誤りがあることが明らかである場合は、その帳簿書類を調査しないでその更正をすることを妨げない。」（法法130①）

　→〔本文部分（「ただし」の前）⇒ 原則規定〕青色申告書に対する更正は、帳簿書類を調査した結果、誤りが認められた場合に限り、行うことができる。

　→〔ただし書部分（ただし……妨げない）⇒ 例外〕申告書等の記載事項によって、誤りがあることが明らかな場合は、帳簿書類の調査を省略できる。

24　「準用する」、「適用する」と読替規定

☆「準用する」は、ある事項に関する規定を類似事項に当てはめること

　「準用する」は、ある事項に関する規定を、その事項とは異なるが本質的に類似する他の事項に、必要な修正を施して当てはめることをいい

ます。

　この準用に際しての必要な修正は、「……の規定は、……について準用する。この場合において、……中『○○』とあるのは『△△』と、『□□』とあるのは『◇◇』と読み替えるものとする」というように、「○○を△△と読み替える」とする読替規定として定められます。したがって、準用規定を理解するには、この読替規定を正確に読む必要があります。

　例えば――、

◇　「前条第3項から第5項までの規定は、第2項の申請書の提出があった場合について……準用する。この場合において、同条第5項中「2月」とあるのは「15日」……と読み替えるものとする。」（法法75の2⑥）

→　ここで、「前条第3項から第5項までの規定」は、確定申告書の提出期限の延長に関する申請書の提出があった場合における事務処理に関する規定であり、「（法人税法第75条の2）第2項の申請書」は、確定申告書の提出期限の延長の特例に関する申請書です。したがって、この法人税法第75条の2第6項の規定は、確定申告書の提出期限の延長の特例に関する申請書の提出があった場合には、確定申告書の提出期限の延長に関する申請書の提出があった場合における法人税法第75条第3項から第5項までの規定に準じて事務処理をするが、その場合に、前者であれば「2月」以内に却下処分がされなければ延長されたものとみなされるところ、後者については「15日」以内に却下処分がされなければ延長されたものとみなすとするなどの所要の修正を施すとする規定です。

☆　「適用する」は、ある規定をその本来の対象事項に当てはめること

　「適用する」は、ある事項に関する規定を、本来その規定が対象としている事項に、そのまま当てはめることをいいます。

　例えば――、

◇「公益法人等がその収益事業に属する資産のうちからその収益事業以外の事業のために支出した金額……は、その収益事業に係る寄附金の額とみなして、第1項の規定を適用する。」(法法37⑤)
→ ここで、その支出した金額は寄附金とみなされるのですから、(法人税法第37条)第1項の規定をそのまま適用する(当てはめる)こととなります。

適用規定に読替規定がある例としては、「輸入品に係る申告消費税等についての更正の請求は、第1項の規定にかかわらず、税関長に対し、するものとする。この場合においては、前3項の規定の適用については、これらの規定中『税務署長』とあるのは、『税関長』とする。」(通法23⑥)があり、このような適用の仕方を「変更適用」といいます。

☆ 準用規定等によらない場合

この「準用する」などの法令用語を用いると、複雑な内容でも一見簡単な条文で規定することができるところから、立法に当たっては多用されている嫌いがあります。しかし、読替規定があれば、準用ないし適用される条文にその読替規定を当てはめてみないと正確な理解ができず、したがって、それを読解する技術的能力がないと理解できないという問題があります。

そこで近年は、類似の条文が並ぶという煩雑さよりも、条文を読むときの理解のし易さを重視し、準用規定を設けないで、もう一度同様の規定を規定する方法が用いられる場合も多く、その例としては、租税特別措置法第34条の2第4項では同法第34条第4項及び第5項の規定を準用していますが、同法第34条の3第3項及び第4項ではこれらを準用しないでほぼ同様の規定を規定しています。

25 「例による」と「例とする」

「例による」は、ある事項に関する法令上の制度を、他の事項について包括的に借用しようという場合に用いられます。上述の「準用する」がある事項に関する個々の規定を借用するのに対し、「例による」は一つの制度を全体として借用する点で違いがあります。

例えば——、
◇ 「前2項に定めるもののほか、……の法人税に関する法令の規定の適用については、適格合併による資産又は負債の引継ぎの例による。」（法令131の3⑤）
　→ 「適格合併による資産又は負債の引継ぎ」に関する規定を包括的に準用

「例による」の変形として「従前の例による」がありますが、これについては193頁を参照して下さい。

一方、「例とする」は、「例による」とは全く意味が異なり、通常はそのように取り扱うべきであるが、合理的な理由があればそのような取扱いによらなくてもよいという趣旨です。したがって、「するものとする」（176頁）という表現よりも、さらに義務としての拘束力が弱いといわれています。

26 「準ずる」、「類する」と「同様とする」

☆ 「準ずる」は、"類似する"を意味する用語

「準ずる」は、「大体において則る」、「若干の修正を要する点はあるが概ね同様である」ないしは「類似する」を意味する法令用語です。

例えば——、
◇ 「金融商品取引法……第2条第1項……に規定する有価証券その他これに準ずるもので政令で定めるもの」（法法2二十一）
　→ 金融商品取引法第2条第1項に規定する有価証券のほかこれに類似する有価証券として政令で定めるものという意味です。

☆ 「類する」は、「準ずる」と同じような意味合いの用語

「類する」とは、一般的に"似る（似かよう）"という意味であって、「準ずる」に類似する法令用語です。両者の違いについて、「準ずる」は実質に重点を置く場合に、「類する」は外型に重点を置く場合に用いられるともいわれていますが、それ程画然とした相違はありません。

例えば——、
◇ 「投資信託及び投資法人に関する法律第2条第4項に規定する証券投資信託及びこれに類する外国投資信託」（法法2二十七）

☆ 「同様とする」は、同じ規定を繰り返えさずに同様の効果を生む用語

「同様とする」は、Aに関する規定と同じ規定をBに関して繰り返し規定することを省略し、かつ、省略しなかった場合と同様の効果を生じさせる用語です。

例えば——、
◇ 「氏名若しくは名称又は住所の変更をした場合には、……の営業所の長に告知しなければならない。当該告知をした後、再び氏名若しくは名称又は住所の変更をした場合についても、同様とする」（所令342③）
  → 「住所等の変更の告知をした後に、再度変更があった場合も、……の営業所の長に告知しなければならない」旨を、「同様とする」と簡略化したものです。

27　「直ちに」、「すみやかに」と「遅滞なく」

☆ いずれも時間的近接性を表すが遅滞の時間的許容範囲等に差異がある

「直ちに」、「すみやかに」及び「遅滞なく」の法令用語は、ともにある行為又は事実とその後に続く行為との間の時間的な近接性を表す場合に用いられます。しかし、これらの用語の間には、それぞれ遅滞の時間的許容範囲、遅滞があった場合の違法性の有無・程度といった点に差異

があります。

　すなわち、簡単にいえば「直ちに」は間髪を入れず処理しなければ違法となり、「すみやかに」は通常の事務処理に従ってできる限りすみやかに行うことが求められ、「遅滞なく」は事情の許す限り早くという意味であって、合理的理由があれば遅滞も許されるのです。

　「直ちに」と規定されているにもかかわらず、直ちに処理をしなかった場合や、「遅滞なく」と規定されている場合に合理的な理由もなく遅滞したような場合には、違法又は不当の問題が発生しますが、これに対して、「すみやかに」は、訓示的な意味で用いられている場合が多いといわれています。

　この「直ちに」、「すみやかに」及び「遅滞なく」の持つ意味は、法令用語として確立されており、このように理解するしかありません。また、言葉が異なれば意味も異なるという良い例でもあります。

☆　時間的近接性（即時性）が最も強い「直ちに」

　「直ちに」は、即時性がもっとも強い言葉で、「すぐに」処理しろという意味です。したがって、時間的近接性が最も強く、仮に間髪を入れずに処理しなかった場合には、不当というだけでなく、違法となるのです。

　その例としては、「〔著者注：税務署長経由で審査請求書が提出された場合には〕……行政機関の長は、直ちに、審査請求書の正本を国税不服審判所長に送付しなければならない。」（通法88②）があります。

　行政庁に対して、「直ちに……しなければならない」と規定する場合は、ある事実等が発生したときに、通常、行政庁としては何らかの調査や判断を要しないでそれに続く事務処理ができる場合であり、かつ、即時に処理した方が納税者に有利な場合です。

　なお、「直ちに」には、例えば、「直ちに……徴収する。」（酒税法54⑤）などの用い方もありますが、この場合は、「通常の徴収手続を踏まないで、即座に」という趣旨です。

☆　訓示的な意味で用いられる場合が多い「すみやかに」

　「すみやかに」は、「直ちに」よりは急迫の程度、時間的近接性の度合いが低い場合について訓示的意味を持つものとして用いられ、通常の事務処理に従ってできる限りすみやかに行えば、「直ちに」行われなくても、違法とはなりません。

　例えば、「国税不服審判所長は、裁決をしたときは、すみやかに、……提出された帳簿書類その他の物件をその提出人に返還しなければならない。」(通法103) という規定があります。ここで、この規定が、「直ちに」返還するのではなく「すみやかに」返還すればそれでよい、というやや緩やかな時間的近接性を許容した理由は、例えば、返還すべき帳簿書類等は、担当の国税審判官、国税副審判官や国税審査官らがそれぞれ保管し、場合によっては、本部の国税審判官らも保管していることも考えられるところから、「直ちに」返還しろと規定しても、時間的に間に合わない場合もあることが考えられるからです。

　この訓示的規定であることを明らかにするために、例えば、「できるだけすみやかに」(警察官職務執行法3②) とか、「なるべくすみやかに」(国家公務員法95) などの規定の仕方もあります。

　なお、「すみやかに……しなければならない」という規定を刑罰でもって担保している規定も見受けられます。例えば、道路交通法第94条第1項は免許証の記載事項に変更が生じたときはすみやかに届け出るべきことを規定していますが、この規定に違反したときは、2万円以下の罰金又は科料に処せられます (同法121①九)。しかし、この規定の仕方では、いつ罰条に違反したことになるのかその時点が不明確であるとの批判もあります。

　いずれにせよ、「すみやかに」という法令用語は、「できる限りすみやかに」という訓示的意味の場合が多いといえるでしょう。

☆　事情の許す限りできるだけ早くを意味する「遅滞なく」

　「遅滞なく」は、事情の許す限りできるだけ早くという意味であり、

正当な又は合理的な理由があれば、その遅滞も許容されると解されています。しかし、正当な理由等がなく遅滞した場合には、義務違反を引き起こすと解されています。

例えば、「異議審理庁は、〔著者注：異議申立てから3か月を経過してもその異議決定がされないときは〕……**遅滞なく**、当該処分について直ちに〔著者注：この「直ちに」は、「異議決定を経ないで」という意味〕審査請求をすることができる旨を書面でその異議申立人に教示しなければならない。」（通法111①）という規定があります。

この規定が、なぜ「直ちに」や「すみやかに」ではなく、「遅滞なく」と規定されているのかというと、その理由は、同条第2項において、「（第1項の）教示をするときは、その教示の書面には原処分の理由を附記しなければならない」と規定しているからです。

すなわち、この原処分の理由を附記するためには、その原処分の内容により、場合によっては短期日で、場合によっては数週間あるいはそれ以上の日時を要することもあり得るのです。とりわけ、後日取消訴訟にまで発展することが予想されるような事件の場合には、この処分の理由を法律的に整理された形で、後日の争訟にも耐え得るように書くためには、相当の日時を必要とするでしょう。そこで、この国税通則法第111条の規定に該当したからといっても、この原処分の理由の附記のために日時を必要とする場合には、「直ちに」あるいは「すみやかに」書面で教示ができない場合もあり得ることを考慮して、「遅滞なく」書面で教示すればよいとして、その時間的余裕を与える趣旨に出たものです。

しかし、その遅滞が合理的な日時を超える場合には、不当ないし違法となるのであり、そこには限界があることは当然です。

同様に、例えば、「還付金又は国税に係る過誤納金……があるときは、**遅滞なく**、金銭で還付しなければならない。」（通法56①）という規定も、還付の手続のためには相応の日時が必要であるところから、その手続のために要する遅滞を許容する趣旨です。

28 「当分の間」

「当分の間」は、その規定が臨時的、暫定的な措置であり、将来、別途新しい立法がされるまで等の間は、その規定の効力があることを表します。したがって、いつまでその規定の効力があるかという「当分の間」の期限は、不確定です。

例えば、旧大蔵省が財務省に組織改革されたときの法人税法施行規則の一部改正省令（平成12年大蔵省令69号）附則第2項は、「この省令の施行の際、現に存するこの省令による改正前の様式による用紙は、当分の間、これを取り繕い使用することができる。」と規定していますが、これは旧大蔵省の名称が使用されている用紙がなくなればこの規定の効力もなくなります。

他方、相続税法附則第3項は、「……被相続人の死亡の時における住所がこの法律の施行地にある場合においては、……当分の間……相続税に係る納税地は、……被相続人の死亡の時における住所地とする。」と規定しています。この規定は、昭和25年の相続税法制定以来60年以上この「当分の間」のままで働いていることとなりますが、相続税制度の手続面における抜本的改正がされるまでは、この暫定措置のままであろうと思われます。

29 「時」と「……の際」

☆ 「時」は、時点（瞬間）を表す用語

「時」は、時点（瞬間）を表す法令用語であり、例えば、「相続開始の時」、「事業年度終了の時」のように、一定の時刻・時点、すなわち、具体的な日時を意味します。

この「時」と混同されやすい法令用語に「とき」があります。前述のように、「とき」は、「このような事態になれば……」という仮定的条件を表す用語であり（151頁参照）、両者は厳格に使い分けられているこ

とに注意する必要があります（「とき」との区別のため、「時」は"じ"と発音します）。

なお、同一条項中に「時」と「とき」の両者が用いられている例としては、前述したように、次のようなものがあります。

◇ 「居住者は、年の中途において出国をする場合において、……申告書を提出しなければならない場合に該当するときは、……その出国の時までに、……申告書を提出しなければならない。」（所法127①）

☆ 「……の際」は、「時」よりも時間的に幅がある用語

「……の際」も同様に、ある時点を示す用語ですが、「時」よりも時間的な幅があるのが特徴です。

例えば――、

◇ 「給与等の……支払をする者は、その支払の際、その給与等について所得税を徴収し、……納付しなければならない。」（所法183①）
　→ 「支払の時」ではなく、「支払の際」とされているのには、例えば、コンピュータ入力や銀行振込み等の関係から、給与支払日の何日も前から支払事務を始めなければならない等の事情を考慮し、給与の支払には時間的な幅を持たせる必要があるといった理由によります。

◇ 「当該販売の際の価額による買戻し」（法法53①）

30 「別段の定め」と「特別の定め」

「別段の定め」と「特別の定め」の意義は全く同じです。両者とも、ある法令で規定されている事項について、他の法令等においてそれと異なる内容の規定が設けられている場合の、その「異なる内容の規定」を意味します。

条文例　異なる内容の規定を意味する「別段の定め」

【法人税法22条3項（各事業年度の所得の金額の計算）】
内国法人の各事業年度の所得の金額の計算上当該事業年度の損金の額に算入すべき金額は、別段の定めがあるものを除き、次に掲げる額とする。

⬇

例えば、役員給与の損金算入・不算入については、法人税法34条（役員給与の損金不算入）という「別段の定め」が、資産の評価損については同法33条（資産の評価損の損金不算入等）という「別段の定め」があります。したがって、役員給与、資産評価損に関しては、この22条3項ではなく、それらの「別段の定め」に基づいて判断することになります。

31 「なお従前の例による」と「なおその効力を有する」

☆ 「なお従前の例による」は、改正前の制度全体の適用を意味する

　「なお従前の例による」と「なおその効力を有する」は、いずれも、毎年の税制改正事項を定めた法令（「所得税法等の一部を改正する法律」、「法人税法施行令の一部を改正する政令」等）の附則において用いられる法令用語です。

　「なお従前の例による」は、一定の場合（例えば、改正された法令の施行日前に開始した事業年度について）に、改正前の法令を改正前と同様に適用することを意味します。つまり、税法だけでなく、関係する政令・省令を含めた、改正前の制度全体が適用されます。

　例えば——、
　◇「施行日前に開始した事業年度の所得に対する法人税……については、なお従前の例による。」（「所得税法等の一部を改正する法律（平22法6）」附則10条）
　　→ 改正法の施行日前に開始した事業年度については、一切、改正

193

前の法人税法とその政令・省令に準拠するということです。

☆ 「なおその効力を有する」は、改正前のその条項のみの適用を意味する
　一方、「なおその効力を有する」は、附則で規定された改正前のその条項のみが改正後も効力を有するということを意味します。特定の条項のみが改正後も適用されるという点で、「従前の例による」とは異なります。
　例えば—、
　◇ 「旧法人税法第81条の9第2項第1号又は第2号に定める欠損金額……については、同項（第1号又は第2号に係る部分に限る。）の規定は、なおその効力を有する。」（上記附則26条4項）
　　→ 改正前の法人税法81条の9第2項1号及び2号のみが対象となります。

32 「……の……」、「……に規定する」と「……の規定による」

☆ 「…の…」は、密接な関係がある場合に用いられる
　「AのB」の「の」は、AとBを結び付ける格助詞であり、両者の関係を表します。この「の」は、「その」と「当該」の項（171頁）で述べた「その」と同様に簡潔な表現ですが、多分に解釈に紛れを生じさせるおそれがあるので、AとBとの関係に全く疑義がないような場合に用いられます。例えば、「前項の規定」、「確定申告書の提出」とか「預貯金の利子」の如きです。
　この「の」は、立法に当たっては極めて慎重に用いられ、したがって、この「の」の意味で迷うようなところには使用されていません。

☆ 「……に規定する」は、形式的な字句、文言の引用
　例えば、「第○条に規定するA」であれば、第○条の規定の中にあるAという名詞又は名詞句等を引用する場合に用いられ、通常、この「A」という字句がそのまま第○条中に存在します。

条文例　他の条項の字句をそのまま引用する「○○に規定する△△」

【法人税法22条2項・4項（各事業年度の所得の金額の計算）】

2　内国法人の各事業年度の所得の金額の計算上当該事業年度の益金の額に算入すべき金額は、別段の定めがあるものを除き、資産の販売、有償又は無償による資産の譲渡又は役務の提供、無償による資産の譲受けその他の取引で資本等取引以外のものに係る当該事業年度の収益の額とする。

4　第2項に規定する当該事業年度の収益の額及び前項各号に掲げる額は……

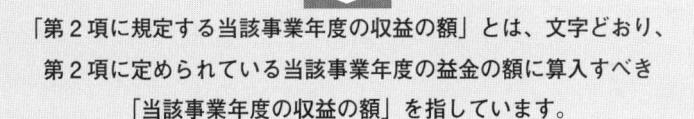

「第2項に規定する当該事業年度の収益の額」とは、文字どおり、第2項に定められている当該事業年度の益金の額に算入すべき「当該事業年度の収益の額」を指しています。

　もっとも、「前号に規定する理由」（通法23①二）のような場合には、同法第23条第1項第1号には「理由」の字句そのものはなく、「……計算に誤りがあったこと……」という「理由」の内容が規定されています。このような場合におけるこの法令用語の趣旨は、正にそこに規定されている「理由」の内容を引用しようとするものです。

　なお、「第○条に規定するA」という引用は、例えば、このAにかっこ書が付されているような場合には、そのかっこ書も含めて引用する趣旨です。例えば、「……山林（事業所得の基因となるものを除く。）又は譲渡所得の基因となる資産……」（所法59①）という規定を、「前条第1項に規定する資産」（同法60①）のように引用すれば、①「山林所得若しくは雑所得の基因となる山林」又は②「譲渡所得の基因となる資産」を引用したことになるのです。

☆ 「……の規定による」は、その規定を適用した結果を引用

　例えば、「第○条の規定によるB」であれば、第○条の規定を適用した結果のいわば結論であるBを意味します。

条文例　　その規定を適用した結果を引用する「○○の規定による△△」

【法人税法26条1項（還付金等の益金不算入）】
内国法人が次に掲げるものの還付を受け……る場合には、その還付を受け……る金額は、……益金の額に算入しない。
一～三　［略］
四　第80条（欠損金の繰戻しによる還付）……の規定による還付金

「法人税法80条（欠損金の繰戻しによる還付）の規定を適用した結果、受けることとなった還付金」を意味します。

　例えば、「第24条から第26条まで……の規定による更正又は決定」（通法28①）は、「第24条から第26条まで」の条文には動詞としての「更正する」とか「決定する」とかの言葉はありますが、名詞の「更正」や「決定」という言葉はないので、「規定する」という表現ではなく、正確に「規定による」と表現して、適用した結果であるいわば結論を引用しています。

33　「……に定める」と「……に掲げる」

　上述の「……に規定する」が、限定された字句、文言等を引用するのに対して、「……に定める」は、規定内容を包括的に示す趣旨で使用される用語です。

　例えば、「この法律に定めるもののほか、担保の提供の手続……については、政令で定める。」（通法54）のように用いられます。ここで、「…

…に定める」も「……で定める」も殆ど同じ意味ですが、前者は動作、作用が起きるもとを示すのに対して、後者は手段、方法を示すという差異があります。

「……に掲げる」は、「次（の各号）に掲げる○○」といった形で使用されることが多く、文字どおり、号又は号をさらに細分するイ、ロ、ハ等として"列挙された○○"を指します。

条文例　文字どおりの意味合いの「……に定める」と「……に掲げる」

【法人税法施行令73条1項（一般寄附金の損金算入限度額）】

……により計算した金額は、次の各号に掲げる内国法人の区分に応じ当該各号に定める金額とする。

一　普通法人、協同組合等及び人格のない社団等（次号に掲げるものを除く。）　次に掲げる金額の合計額の4分の1に相当する金額
　　イ　……に相当する金額
　　ロ　……に相当する金額

◇「次の各号に掲げる内国法人の区分」
→　第1号に掲げる内国法人の区分とは、文字どおり、上記の波線の箇所を指しています。第2号以下についても、同様です。

◇「各号に定める金額」
→　第1号に定める金額とは、「次に掲げる金額の合計額の4分の1に相当する金額」です（「次に掲げる金額」とは、これも文字どおり、イの「……に相当する金額」とロの「……に相当する金額」のこと）。

34　「……のほか」と「かかわらず」

☆　「……のほか」には、2つの意味がある

「……のほか」という法令用語は、2つの意味を持ち、まずは"追加"又は"包含"を表します。すなわち、「AのほかB」であれば、ⅰ）「Aに加えてB」とか、「A及びB」の意味で使用される場合と、ⅱ）「AにBも含めて」という意味で使用される場合とがあります。

例えば——、

◇ 「退職年金業務等を行う内国法人に対しては、……の規定により課する法人税のほか、各事業年度の退職年金等積立金について、退職年金等積立金に対する法人税を課する。」（法法8）

→ この場合の「……のほか」は、「……に加えて」と言い換えることができます。

次に、「……のほか」は、「……を除くほか」と同様の意味で用いられます。

例えば——、

◇ 「前号に掲げるもののほか、当該事業年度の販売費、一般管理費その他の費用……の額」（法法22③二）

→ 前号に掲げられている売上原価、完成工事原価等を除くほか、当該事業年度の販売費、一般管理費その他の費用を意味します。

☆ 「かかわらず」も、一般的には2つの意味を持つ

前述のように、「……の規定にかかわらず」という場合は、原則的規定の適用を排除し、かつ、積極的にその特例を定める趣旨で用いられますが（181頁参照）、「かかわらず」の一般的な意味としては、次の2つがあります。

1つ目は、"一定の条件の有無を問うことなく"という意味であり、例えば、「議席を有すると有しないとにかかわらず」（日本国憲法63）のように用いられます。

2つ目は、「……であるのに」とか「しかし」という意味であり、例えば、「必要があるにもかかわらず」（児童福祉法22①）といった用方です。

35 「理由」と「事由」

「理由」は、"物事のわけ・根拠"を意味し、例えば、「その更正の理由を付記しなければならない。」(法法130②)のように用いられます。

一方、「事由」は、"理由"及び"事実ないし事情"の両方を含む表現です。したがって、それは、人の意思に基づく行為であるか、物理的な事実ないし事実行為であるかを問いません。

例えば――、

◇ 「内国法人が当該法人の次に掲げる事由により金銭その他の資産の交付を受けた場合」(法法24①)

→ ここでは、合併、分割型分割、資本の払戻し又は解散による残余財産の分配、自己の株式又は出資の取得、出資の消却等及び組織変更が掲げられています。

36 「正当な理由」、「やむを得ない理由」と「やむを得ない事情」

☆ 「正当な理由」は、胸を張って主張できる理由

「正当な理由」とは、「その事態に陥ることを避けるため、最善の努力をしたが、このような事情の下でこのようになったのであり、自分には責任はない」と、胸を張って主張できる理由であり、行政罰を免れる場合等に用いられます。「正当防衛」の"正当"とほぼ同じ意味であって、あることをしたこと、又はしなかったことについて正当性があると主張できる理由です。主観的な理由ではなく、客観的に誰もが納得できる理由でなければなりません。

例えば――、

◇ 「正当な理由がなくて……申告書をその提出期限までに提出しなかった場合」(法法160)

☆ 「やむを得ない理由」は、「正当な理由」よりも広い概念

これに対して、「やむを得ない理由」は、「正当な理由」よりも広い概念であり、ⅰ）正当な理由のほかに、ⅱ）「特別な事情があり、やむを得ずこうなった」というような理由が含まれます。

これを図で示すと次のとおりです。

◆ 図11：「正当な理由」と「やむを得ない理由」との関係

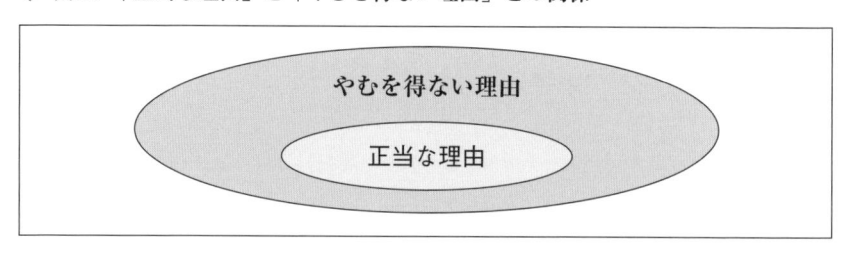

やむを得ない理由
正当な理由

上記ⅱ）の理由としては、主として、「天災に基因する理由」及び「人為的な障害に基因する理由」の2種類があります。しかし、いずれも、①納税者の責めに帰すべからざる理由、又は②その責めを納税者に帰することが困難であると認められる特別な事情があり、例外的な適用を認めること（例えば、国税通則法77条3項の場合であれば、同項に規定する7日以内の日まで不服申立期限の延長を認めること）が法の趣旨に合致すると認められるような理由が必要です。

例えば――、

◇ 「災害その他やむを得ない理由……により決算が確定しないため、当該申告書を……提出期限までに提出することができないと認められる場合には、……その提出期限を延長することができる」（法法75①）

☆ 「やむを得ない事情」は、"事の次第"に重点を置いた表現

「やむを得ない事情」は、「やむを得ない理由」とほぼ同じ概念ですが、どちらかといえば、「そのようになった根拠」よりも「そのようになった事実ないし事の次第」に重点を置いた表現であるとされています。

例えば――、

◇「連結法人は、**やむを得ない事情**があるときは、国税庁長官の承認を受けて第4条の2の規定の適用を受けることをやめることができる」(法法4の5③)

この法令用語は、過失により租税特別措置法上の特例の適用洩れがあった場合等における宥恕規定等に用いられています。

このような場合に関する現実の税務執行としては、例えば、ある特例規定の適用要件の履行漏れが、①その納税者にとって初めてのケースで、②全くの善意であり、かつ、③その適用要件をよく知らなかったことについて本人の責めに帰するのは酷であると認められるような場合が該当すると解されていますが、具体的事例への適用に当たっては、あくまでも、その規定の趣旨と納税義務者の置かれている状況との総合的な判断によるべきです。

これら宥恕すべき理由ないし事情は、通常、まず納税者からその存在についての主張、立証があり、税務署長等がそれを確認して、初めて宥恕規定が適用されることとなります。

☆ **いずれも不確定概念ゆえに租税法律主義との関係が問題となる**

この「正当な理由」、「やむを得ない理由」と「やむを得ない事情」は、いずれもいわゆる不確定概念ですので、その内容が不明確であるとして、租税法律主義の観点から非難も見受けられます。しかし、これらは、いわゆる法規裁量に属し、税務署長等の自由裁量を認めたものではありません。したがって、宥恕すべき理由ないし事情の存否について納税義務者と税務署長等との間に争いがあるときは、最終的に裁判所が判断することとなるので、租税法律主義に反するものではないとされています。

37 「相当の理由」と「特別な事情」

「相当の理由」及び「特別な事情」は、前述の「正当な理由」、「やむ

を得ない事情」等とは異なり、通常、税務署長等に何らかの裁量権が与えられている場合に、その裁量権の行使、不行使の限界を画する要件の一つとして規定されています。

☆　強い客観的合理性が要求される「相当の理由」

　「相当の理由」とは、「合理的な理由」というような意味であり、客観的に、経験則や条理に従って合理的である認定される理由でなければなりません。例えば、夜間の捜索に関する「滞納処分の執行のためやむを得ない必要があると認めるに足りる相当の理由があるとき」（国税徴収法143②）とは、一般的には是認されない夜間捜索を実施せざるを得ない理由が客観的、合理的に認定されなければなりません。その意味では「やむを得ない理由」よりもさらに明確で、強い客観的合理性を必要とします。

☆　普通の事情とは異なった困難な事情を意味する「特別な事情」

　「特別な事情」とは、「普通の事情とは異なった困難な事情」を意味し、例えば、「担保を徴することができない特別の事情」（通法46⑤）は、一般的には担保を徴取すべきところ、金融機関の与信等の関係から担保を徴取すると事業経営に回復困難な影響を与える怖れがあるというような特別の事情を指します。

38　「かつ」と「……と……と」

　「かつ」は、接続語として、文章の併合的連結のために用いられ、「……と……と」は、名詞と名詞又は名詞句と名詞句とを連結して、比較の対象や対比等に用いられる法令用語です。

☆　「かつ」は、文章の併合的連結に用いられる

　「及び」と「並びに」（145頁）は、名詞と名詞あるいは動詞と動詞な

どを並列的に置いてこれを併合的に連結し、「そのどちらも」を意味するものですが、これに対して、「かつ」は、一つのまとまった文章と文章との大きな連結の場合に用いられるという点で差異があります。すなわち、「かつ」で連結される前後の文章は、互いに密接不可分の関係にあり、この双方の文章を一体として用いることにより、その完全な意味を表すような場合に用いられます。

したがって、「あわせて」とか「……とともに」のような意味であり、この「かつ」の前後には、読点（、）を打ちます。例えば、「次に掲げる者で、自己の勤労に基づいて得た事業所得……を有するもののうち、合計所得金額が65万円以下であり、かつ、合計所得金額のうち給与所得等以外の所得に係る部分の金額が10万円以下であるものをいう。」（所法2①三十二）のように用いられます。

なお、単純に名詞と名詞などを連結する場合、例えば、「国民の納税義務の適正かつ円滑な履行に資する」（通法1）のような用法もあり、この場合には、「かつ」の前後に読点は打ちません。

条文例　文章と文章を併合的に連結する「かつ」

【法人税法4条の4第1項（連結法人の帳簿書類の保存）】

連結法人は、財務省令で定めるところにより、帳簿書類を備え付けてこれにその取引等を記録し①、かつ、当該帳簿書類を保存しなければならない②。

⬇

「かつ」は、①と②の文章を併合的に連結

⬇

すなわち、この条項は、連結法人に次の2点を義務づけています。
① 省令の規定に準拠して、備え付けの帳簿書類に取引等を記録しなければならない。
② 省令の規定に準拠して、①の帳簿書類を保存しなければならない。

☆ 「……と……と」は、名詞（句）を連結して対比等に用いられる

「……と……と」は、名詞と名詞又は名詞句と名詞句とを連結して、比較の対象や対比等に用いる法令用語です。この法令用語は、名詞等の後に「と」があれば、その後に必ず「と」を伴う名詞等が続くので、この前後の「と」を探し出すことによって併合的連結が明らかになり、複雑な条文でも理解しやすくなります。

なお、必ず「……と……との」、あるいは「……と……とが」のように表現され、「……と……が」のような表現はありません。

例えば――、

◇ 「原価法により評価した価額と当該事業年度終了の時における価額とのうちいずれか低い価額」（法令28①二）

◇ 「被合併法人と合併法人……とが共同で事業を営むための合併」（法法2十二の八ハ）

39 「価格」と「価額」

「価格」は、物の値段、物の交換価値、役務の提供の対価等を金銭で表示した大きさであり、「公定価格」のように、一般的あるいは抽象的な金銭的価値を表します。

例えば――、

◇ 「短期的な価格の変動を利用して利益を得る目的で」（法法61①）

これに対して、「価額」は、この物、あの財産という具体的に特定された物（これらの物を一団として見た場合を含みます）の金銭的価値を指します。

例えば――、

◇ 「金銭の額及び金銭以外の資産の価額（……にあっては、……当該資産の帳簿価額に相当する金額）」（法法24①）

なお、「価格」と「価額」とが同一条文で使用されている例としては、次のようなものがあります。
  ◇ 「当該相続又は遺贈により取得した財産の**価額**の合計額をもって、相続税の課税価格とする」（相法11の2①）
    → ここで、「課税価格」とは、相続税の課税物件を一般的、金銭的価値で表示したものという意味です。

40 「現状」と「原状」

「現状」は、文字どおり、そのものの現在における状況を意味し、「現状を変更する」のように用いられます。
一方、「原状」は、そのものが元来あった状況又は状態を意味し、「原状回復」、「原状に復する」のように用いられます。
例えば——、
  ◇ 「当該資産の**原状**回復のための修繕費」（法令116①二ロ）

なお、発音上まぎらわしいときは、「原状」は"はらじょう"と発音します。

41 「時期」、「期日」、「期限」と「期間」

☆ 「時期」と「期日」は、何らかの指定日又は効果の発生（消滅）日
「時期」と「期日」は、ⅰ）公法上、私法上の法律行為又は事実行為についてその履行をすべき旨の指定がされた日、あるいはⅱ）公法上、私法上のある法律上の効果が発生し、又は消滅する日を意味し、特定の具体的な日時を定める際に用いられる法令用語です。
例えば——、
  ◇ 「その支給**時期**が1月以下の一定の期間ごとである給与」（法法34①一）

◇「内国法人の申請に基づき、期日を指定してその提出期限を延長することができる」(法法75①)

☆「期限」は、ある程度の時間的広がりの終期を意味する用語

「期限」は、ある程度の時間的広がりの終期を意味します。時間的広がりの終期を意味する点において、具体的な日時を意味する「期日」と区別されます。

例えば——、

◇「申告書を前条第1項に規定する提出期限までに提出することができないと認められる場合」(法法75①)
→ 法人税の確定申告書の「提出期限」は、"事業年度終了の日の翌日から2か月以内"という時間的広がりの終期を意味します。

なお、後述する「期間」の終期も、「期限」です。「期限」には、次のような特徴があります。

① 「期限」は必ず到来する

「期限」は、将来到来することが確実であり、この点において、将来到来するか否かが不確実である「条件」と区別されます。

② 「期限」到来の効果

「期限」が到来することにより、一定の法律効果が発生したり、又は消滅したりします。「期日」の場合には、必ずしもそのような効果はありません。

③ 「期限」には確定的な日時と、不確定な日時とがある

「期限」には、例えば「3月15日」のように明確な日時の場合と、例えば「残余財産の分配の日」のように解散すれば必ず到来するものの、いつ到来するかは不確定な日時の場合とがあります。

前者の例としては、「税務署長は、……その年5月15日の現況によりその予定納税基準額を計算し、その年6月15日までに、その者に対し、その予定納税基準額並びに第1期及び第2期において納付すべき予定納税額を書面により通知する。」(所法106①)の「6月15日」

があり、後者の例としては、「……残余財産の最後の分配又は引渡しが行われる場合には、その行われる日の前日まで）とする。」（法法74②）の「最後の分配又は引渡しが行われる日」があります。

☆「期間」には、"始期"と"終期"がある

「期間」は、継続した時間の流れを一定の長さ（始期と終期）で表現する場合に用いられる法令用語です。ある程度の時間的広がりを含んでおり、法令で規定した事項の効果の発生又は消滅等を「一定の時間的隔たりの長さ」で示します。

i）「期間」と「期日」及び「期限」との差異

上述の「時期」及び「期日」は、特定の具体的な日時を指す点において「期間」と異なります。例えば、「2月16日から3月15日まで」（所法120①）といえば「期間」を表しますが、単に「3月15日まで」（同法144）といえば「期限」を表すこととなります。

もっとも、例えば「（ある事実から）1年以内に」という場合には、「1年」に着目すればある事実の発生の時から1年という「期間」を定めたものとなりますが、「以内に」に着目すれば「1年を経過する最後の日まで」という「期限」を定めたものとなります。しかし、期間の終期は期限でもあるので、いずれの場合でも国税通則法第10条第2項（期限の特例）の規定の適用があり、申告、申請その他書類の提出、納付等に関する期限が土曜日、日曜日、祝日等の日に当たるときは、これらの日の翌日をもってその期限とみなされます。したがって、両者に差異があるわけではありません。

ii）「期間」の計算

税法において日、月又は年をもって定める期間の計算は、国税通則法第10条第1項（期間の計算）に定めるところによります。すなわち、i）期間の初日は、その期間が午前零時から始まるとき等を除き、算入せず、ii）期間が月又は年で定められているときは、暦に従い、iii）この場合

において、月又は年の始めから期間を起算しないときは、その期間は、最後の月又は年においてその起算日に応当する日の前日（最後の月にその応当する日がないときは、その月の末日）に満了します。

iii）単なる計算期間の場合

その期間が単なる計算期間である場合には、国税通則法第10条第1項（期間の計算）の規定の適用はありますが、当然、その終期は期限ではないので、その期間の終期について同条第2項（期限の特例）の規定の適用はありません。

単なる計算期間の例としては、法人税法第13条第1項ただし書の「これらの期間が1年を超える場合は、当該期間をその開始の日以後1年ごとに区分した各期間……をいう。」の「各期間」があります。

42 「取消し」、「撤回」と「無効」

☆ 「取消し」は、一方的な意思表示による"法律行為の効力の消滅"

公法上、「取消し」とは、公の行為がその成立に瑕疵※があることを理由として、これを破棄してその効力を消滅させる行政行為をいいます。
例えば——、
◇ 「〔著者注：現在の納税地が不明のため旧納税地の税務署長が更正決定をした場合において〕税務署長は、……当該更正又は決定に係る国税につき既に適法に、他の税務署長に対し納税申告書が提出され……ていたため、当該更正又は決定をすべきでなかったものであることを知った場合には、遅滞なく、当該更正又は決定を取り消さなければならない。」（通法30③）

このように、「取消し」は、既に生じた法律行為の効力を一方的な意思表示によって消滅させることをいい、法律行為に瑕疵がある場合に、特段の規定がない限り（例えば、後出法法4の5①）、その効果を遡っ

て消滅させることとして用いられています。

　もっとも、例えば、法人税法第4条の5第1項（連結納税の承認の取消し等）に規定する取消し等にあっては、通常、その取消事由は承認後に発生するものであるので、本来の性質としては承認の撤回ですが、このような場合に関する法人税法を含む税法では、慣例的に「撤回」処分ではなく「取消し」処分として構成し、かつ、その取消しの効果の対象となる期間等について規定を設けています。

　　※　「瑕疵」は、一般的には「きず」「欠点」のことをいいます。法律用語としての「瑕疵がある」とは、通常、行為・物・権利などに本来あるべき要件や性質が欠けていることを意味します。

☆　私法上の「撤回」は、既に申し出た事柄を取り戻すこと

　公法上の「撤回」は、行政行為の成立の段階では瑕疵はないが、その後に発生した事由により、その行政行為の効果を持続させることが適当でないとの判断から、その効力を将来に向かって消滅させる行政行為をいいます（もっとも、各税法では、「撤回」処分に相当する場合でも、慣例的に「取消し」処分として構成し、かつ、その取消しの効果の対象となる期間等について規定を設けていることについては、前述しました）。

　これに対して、私法上の「撤回」は、取消原因がなくても、既に申し出た事柄を取り戻し、申し出なかったこととすることを意味します。もっとも、既になされた意思表示によって、当事者間に権利義務が生じてしまった場合には、原則として撤回することはできません。

　　例えば──、
　　◇　「承諾の期間を定めてした契約の申込みは、撤回することができない」（民法 521 ①）

☆　「無効」は、法律行為の効力が最初から生じていないこと

　「無効」は、法律行為に一定の瑕疵がある結果、当事者の意図した法

律上の効果が初めから全く生じていないことをいいます。

　取り消すことができる瑕疵のある法律行為が、取消しの意思表示によって初めて効力を失うのと異なり、「無効」となるべき瑕疵がある場合は、何人の意思表示も必要とせず、最初から当然に効力がありません。追認によって有効になることもありません。

　例えば――、
　◇「計算の基礎となった事実のうちに含まれていた無効な行為により生じた経済的成果がその行為の無効であることに基因して失われたこと」（所令274一）

　もっとも、公法上は、その行政行為に少しでも瑕疵があれば無効として何人もその効力を否定できることとすれば、法的安定性を欠くことになり、行政の円滑な運営に支障が生ずるおそれもあるので、その行政行為に重大かつ明白な瑕疵がある場合に限り無効とし、それ以外の瑕疵の場合には、権限ある当局によって取り消されるまでは、有効なものとして取り扱われます。

　無効は、原則として「絶対的無効」、すなわち当事者にとってのみならず、すべての人々にとって無効ですが、例外として「相対的無効」、すなわち取引の安全を図るために、無効の効果を特定人に対しては主張できない旨が規定される場合もあります。例えば、「前項の規定による意思表示の無効は、善意の第三者に対抗することができない。」（民法94②）の如きです。

43　「著しく」

☆　「著しい」の程度が法令等で規定されているもの

　「著しい」の一般的な意味は、「はっきりとわかる」、「顕著である」ことですが、どの程度のものを「著しい」というのか、その程度が問題となります。

これについては、「著しい」の程度が法令で明確に定められているケースがあり、また、様々な理由から法令で明確化できず、通達にて判断の基準等を示すことで補っているケースも少なくありません。いずれの場合も、各税務署又は各税務職員によってその判断の基準が異ならないように、法令又は取扱いにおいて基準が定められています。

条文例　「著しい」の程度が法令で定められているケース

> 【所得税法59条1項（贈与等の場合の譲渡所得等の特例）】
> 　次に掲げる事由により……資産の移転があつた場合には、その者の山林所得の金額、譲渡所得の金額又は雑所得の金額の計算については、その事由が生じた時に、その時における価額に相当する金額により、これらの資産の譲渡があったものとみなす。
> 　一　［省略］
> 　二　著しく低い価額の対価として政令で定める額による譲渡（法人に対するものに限る。）

⬇

所得税法施行令169条において、「著しく低い価額」とは、
「譲渡の時における価額の2分の1に満たない金額」（時価の2分の1未満）
と規定されています。

☆「著しい」の程度が法令等で規定されていないもの

　これに対して、「著しい」の程度が法令で定められていないケースがありますが、これは、画一的な基準を設けると課税上不公平が生ずるおそれがあるケースであるといわれています。
　例えば、相続税法は、著しく低い価額の対価で財産の譲渡を受けた場合には、その財産の時価と実際の譲渡対価との差額を贈与により取得したものとみなすこととしています（同法7）が、この「著しく低い価額」

については、上述と異なり、画一的な基準はありません。その理由は、例えば「時価の２分の１に満たない価額」などと画一的な基準を設けることとすれば、高額な財産の贈与があった場合に課税上不公平が生ずるからです(注)。

したがって、例えば、上場有価証券や金銭債権のようにその市場価額が明らかなものについては、相対的な割合としては僅かに市場価額を下回る場合であっても、総額で著しい低額と判断される場合もあり得ることとなります。もっとも、値幅がある不動産等の場合にあっては、社会通念に照らし、「著しい」か否かが判断されなければなりません。

同様に、低額譲受人に対する第二次納税義務（国税徴収法39）で規定する「著しく低い価額」の程度についても基準がなく、機械器具等について時価の７割程度の譲渡が「著しく低い価額」に当たるとした判決があります（松江地裁浜田支部昭和44年７月２日判決・LEX/DB22002966）。譲渡の理由、財産の種類、その価額の大小など、個々具体的な場合に応じてその範囲を定めるべきであるとする考え方です。

(注) 例えば、著しく低いの基準を「時価の２分の１未満」と法定すると、時価１億円の土地を５千万円で譲り受けることは基準には抵触しませんが、不公平感は否めません。

44 「相当の」、「不相当に」と「不当に」

一般的に、「相当」は「ふさわしいこと」、「つりあうこと」を意味し、「不相当」はその逆の「ふさわしくないこと」、「つりあわないこと」を、そして、「不当」は「当を得ないこと」、「道理にはずれたこと」を意味します。

これらについても、「著しい」と同様、どの程度までが「相当」なのか、どの程度を超えれば「不当」なのか、その程度が問題となります。

第3章 税法の読み方

条文例　「相当の」の条文例――基準が法令で定められていないケース

【法人税法施行令137条（土地の使用に伴う対価についての所得の計算）】

借地権……の設定により土地を使用させ……た内国法人については、……その使用の対価として通常権利金その他の一時金……を収受する取引上の慣行がある場合においても、当該権利金の収受に代え、当該土地……の価額……に照らし当該使用の対価として相当の地代を収受しているときは、当該土地の使用に係る取引は正常な取引条件でされたものとして、その内国法人の各事業年度の所得の金額を計算するものとする。

⬇

「相当の地代」の基準については、法令で定められていません。そこで、各税務職員の取扱基準として、通達で「更地価額のおおむね年8％程度の地代」と示されています（法基通13-1-2。なお、平元直法2-2通達は、当分の間、年6％程度としています）。

条文例　「不相当に」の条文例――基準が法令で定められているケース

【法人税法34条2項（役員給与の損金不算入）】

内国法人がその役員に対して支給する給与……の額のうち不相当に高額な部分の金額として政令で定める金額は、その内国法人の各事業年度の所得の金額の計算上、損金の額に算入しない。

⬇

法人税法施行令70条において、「不相当に高額な部分の金額」（損金不算入とされる部分）の算定基準が定められています。金額や割合等を示す画一的な基準となっていないのは、そのような基準を設けると、課税上不公平が生じるなどの理由によります。

213

> **条文例**　「不当に」の条文例——基準が法令で定められていないケース

【法人税法132条1項（同族会社等の行為又は計算の否認）】

税務署長は、次に掲げる法人……の行為又は計算で、これを容認した場合には法人税の負担を不当に減少させる結果となると認められるものがあるときは、その行為又は計算にかかわらず、税務署長の認めるところにより、その法人に係る法人税の課税標準……の額を計算することができる。
一　内国法人である同族会社
二　〔省略〕

⬇

同族会社等のどのような行為又は計算が税負担を「不当に減少させる結果となると認められる」のか、という点については、法令で定められていません。したがって、判例等を参考にするしかありませんが、純粋経済人の行為として不合理・不自然なものか否か、すなわち、経済的合理性を欠いた行為又は計算の結果として税負担が減少したのかどうかなどが問われます。

45　「通常必要である（でない）」

　法令等においても、「通常」は、「世間並み」、「一般的」、あるいは「社会通念上」といった意味合いで使われています。金額等を示す画一的な基準を設けるわけにはいかず、「通常」としか表現のしようがないケースが、税務では多々あります。
　例えば——、
◇　「給与所得を有する者が勤務する場所を離れてその職務を遂行するため旅行を……した場合に、その旅行に必要な支出に充てるため支給される金品で、その旅行について通常必要であると認められるもの」（所法9①四〔非課税所得〕）

→ 出張に必要な金額（出張旅費として妥当な金額）についての画一的基準を法令で設けることはできないので、「通常」と表記せざるを得ません（所基通9-3に、通常必要な範囲内の出張旅費か否かを判断する際のポイントが示されています）。

◇ 「居住者が、……生活に**通常必要でない資産**として政令で定めるものについて受けた損失の金額……」（所法62①）

→ この「生活に通常必要でない資産」については、別荘等のほか、生活に通常必要な動産のうち、1個又は1組30万円を超える貴金属等が挙げられています（所令178①）。これらは、「著しい」の場合と同様に、各税務職員によってその判断が異ならないように、法令においてその基準が定められているものです。

46 「おおむね」

「おおむね」は、法令用語としてはほとんど用いられませんが、通達ではよく使用され、「だいたい」を意味します。

例えば、「おおむね年8％」（法基通13-1-2）であれば、8％という数字は一応の目安として定めるのであって、実際の適用に当たっては、地域の特殊性等を考慮して、機械的、平板的に処理しないよう配慮を求める趣旨から「おおむね」とされているのです。

なお、法人税法では、次のような使用例があります。

◇ 「被合併法人の当該合併の直前の従業者のうち、その総数の**おおむね**100分の80以上に相当する数の者が……合併法人の業務に従事することが見込まれていること」（法法２十二の八ロ(1)）

47 「隠ぺい又は仮装」と「偽りその他不正の行為」

「隠ぺい又は仮装」は、重加算税の課税要件であり（通法68）、「偽りその他不正の行為」は、脱税犯の構成要件です（所法238①等）。両者

は、ともにいわゆる脱税を意味するところから、99％は重なり合いますが、以下に述べるように、微妙な差異があります。

☆　脱税の意図の有無を問わない「隠ぺい又は仮装」

「隠ぺい又は仮装」は、二重帳簿の作成、証憑書類の隠匿、取引名義の仮装などを意味し、いわば「偽りその他不正の行為」の典型的なものが「隠ぺい又は仮装」であるといえるでしょう。

重加算税は、適正・公平な税務執行を妨げ、課税を免れた行為に対する行政制裁であり、また、税務署長の判断による制裁であるところから、その裁量の範囲が余り大きくならないように、外形的、客観的基準により規定することが必要であるとして、その課税要件として「隠ぺい又は仮装」の概念が用いられています。したがって、「隠ぺい又は仮装」は、いわゆる脱税をしようとしたか否かという意図の有無を問いません。

☆　脱税の意図の存在が問われる「偽りその他不正の行為」

「偽りその他不正の行為」は、脱税犯の構成要件に用いられ、脱税という反社会的、反道徳的行為一般を意味します。

刑罰にあっては、このような反社会的、反道徳的行為一般（「不正」、すなわち、故意に税を免れるといういわば心の悪さを伴った行為）に対して制裁を加えるという要請から、行為の態様の如何を問わない抽象的なものを対象とせざるを得ないということがあり、その構成要件として、「偽りその他不正の行為」の概念が用いられているのです。したがって、この場合には、いわゆる脱税をしようとしたという意図の存在（いわゆる「故意」）が立証されなければなりません。

☆　重加算税の課税要件と脱税犯の構成要件には微妙な差異がある

重加算税の課税要件と脱税犯の構成要件との差異は、上述の理由のほかに、質問検査権ないし捜査権の内容とも関係します。

すなわち、通常の税務調査の権限である質問検査権は、いわゆる任意

調査であって、しかも、その調査権限は質問と帳簿書類その他の物件の検査に限定されています。これに対して脱税犯の捜査は、いわゆる強制調査であって、査察官は国税犯則取締法に基づく臨検、捜索、差押えに加え、場合によっては司法警察職員の協力等を得て逮捕することも可能です。

したがって、前者の権限ではいわゆる脱税の故意を立証する証拠の収集は困難であるところから、外形的、客観的基準が採用され、後者の権限ではこれを立証する証拠の収集も可能であるところから、反社会的、反道徳的行為一般が構成要件とされているのです。

このように要件に異同がある結果、両者は99％重なり合うものの、微妙な差異もあります。すなわち、例えば、青色承認取消益にあっては、通常、隠ぺい仮装はないとして重加算税は課されませんが、そもそも偽りその他不正の行為により青色承認を受けていたのですから、その承認取消益についても偽りその他不正の行為ありとして犯則税額を構成するとされ、逆に、簿外貸付に係る認定利息にあっては、実務上、隠ぺい仮装ありとして重加対象とされるが、単なる税務上の擬制であるところから、通常、犯則税額を構成しないと解されています。

この関係を図示すれば、次のようです。

◆ 図12：「隠ぺい又は仮装」と「偽りその他不正の行為」との関係

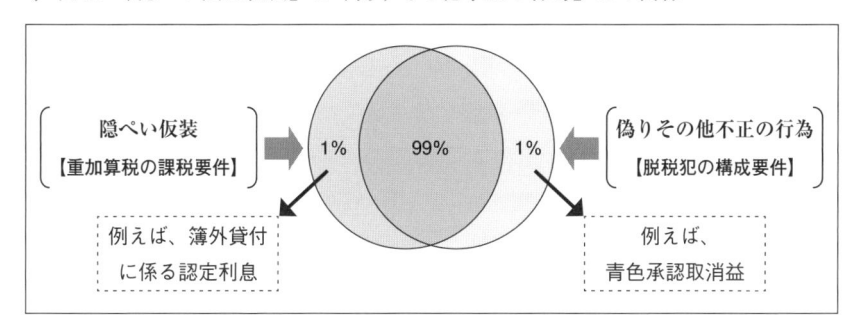

隠ぺい仮装
【重加算税の課税要件】　1%　99%　1%　偽りその他不正の行為
【脱税犯の構成要件】

例えば、簿外貸付に係る認定利息　　　　例えば、青色承認取消益

☆　賦課権の除斥期間との関係

賦課権の除斥期間が7年とされる要件は、「偽りその他不正の行為」

です（通法70④）。この「偽りその他不正の行為」の要件については、脱税という反社会的、反道徳的行為一般があれば、5年という善良な納税者に与えられた特典を剥奪すべきであること、さらには、これは単にあるべき税負担が実現されるだけの課税手続上の問題であって、制裁と観念すべきものではないので、故意を絶対的な要件と考える必要がないと解されています。もっとも、7年間遡及して課税する場合には、特殊な場合を除き（注）、隠ぺい仮装ありとして重加算税の賦課がされているか、又は偽りその他不正の行為ありとして脱税犯として訴追されているかのいずれかになるので、「偽りその他不正の行為」の存在は、そのいずれかで立証されることになります。

（注）例えば、被相続人の脱税を相続人が知らなかった場合における被相続人の所得税準確定申告については、7年間遡及して追徴課税はされますが、重加算税は課されません。

【参考】「隠ぺい又は仮装」と「租税回避行為」、「同族会社の行為計算否認の対象となる行為」、「実質課税の原則の適用対象となる行為」及び「節税対策」との差異

　法令用語ではありませんが、便宜ここで、「隠ぺい又は仮装」と「租税回避行為」、「同族会社の行為計算否認の対象となる行為」、「実質課税の原則の適用対象となる行為」及び「いわゆる節税対策として規制の対象となる行為」との差異を一覧表にすれば、次頁の図13のとおりです。

　したがって、例えば、「租税回避行為」、「同族会社の行為計算否認の対象となる行為」及び「実質課税の原則の適用対象となる行為」は、それのみでは「隠ぺい仮装」はないので重加算税を課されることはなく、また、それのみでは「偽りその他不正の行為」でもないので脱税犯として処罰されることもありません。

◆ 図13:仮装行為等と違法行為と租税回避行為等との差異一覧表

区　　分	真　実	外　観	課税処分 (私法上の法律行為の効果)
□仮装行為等の違法行為 （いわゆる「脱税」） （課税要件充足の事実を秘匿する違法行為）	真実の法形式あり。	意図して違法に異なる法形式で表現	■仮装行為を真実の法形式へ （仮装行為は無視され、真実の法律行為による）
□租税回避行為 （課税要件の充足そのものを回避する行為。違法行為ではない）	真の意思は合法であるが、異常な行為 （租税負担の軽減以外の意図が立証されれば、租税回避行為ではない）		■真の意思で異常な行為を通常の法形式へ（積極説） （私法上の法律行為の効果は、そのまま存続する）
□同族会社の行為計算否認の対象となる行為 （課税要件の充足そのものを回避する行為。違法行為ではない）	同上 （租税負担軽減の意図を要しない）		■同上 （同上）
□実質課税の原則の適用対象となる行為 （違法行為ではない）	真の合理的意思あり。	外観上は他の法形式（合法）により取引	■外観上の法形式を真実の法形式へ （私法上の法律行為の効果は、そのまま存続する）
□明文の規定により「節税対策」として規制の対象となる行為※	真の意思は合法であり、一応合理的と見える。		■租税正義、公平の観点から立法により否認 （私法上の法律行為の効果は、そのまま存続する）

※　例えば、事業から対価を受ける親族がある場合の必要経費の特例等（所法56等）、過大な役員給与の損金不算入等（法法34②等）、いわゆる税金養子の制限等（相法15②、同63等）です。

48 「施行」と「適用」

☆ 「施行」は、法令の規定の効力を現実に発動することをいう

　法令は、公布をすれば直ちにその効力を持つというわけではなく、「施行」されることが必要です。すなわち、「施行」とは、法令の規定の効力を現実に発動することをいうのであり、改正税法の場合には、歳入予算との関係から、一定の確定日（例えば、平成X年度改正税法の場合には、通常、平成X年4月1日）から施行されます。もっとも、「公布の日から施行する。」と規定されている場合には、公布の日（官報号外の場合には、その官報の日付の日）の午前零時から施行されます。

☆ 「適用」は、特定の法令の規定を個別の対象に働かせることをいう

　「適用」は、特定の法令の規定を個別の対象に対して働かせることをいい、例えば、「次条第1項……の規定の適用を受けた国税」（通法37①一）とか、「（前項の規定の適用を受ける場合を除く。）」（通法46②）のように用いられます。また、改正税法の場合には、その附則の規定における「適用」は、「施行」により一般的に発動されることとなっている法令の規定を具体的な対象に対して働かせることをいい、「新所得税法……の規定は、平成27年分以後の所得税について適用し、平成26年分以前の所得税については、なお従前の例による。」（「所得税法等の一部を改正する法律」〔平成25年法律第5号〕附則5条）の如きです。

49 「……等」

　「……等」は、一般的に使われる場合と同様、その直前に表記されたもののほかに、まだいろいろあることを示します。
　しかし、正確に表現すべき法令においては、当然、その使用方法に制限があり、基本的に、次のような場合に使用されます。
　ⅰ）例えば、「第○条第△項に規定する□□等」のように、引用され

ている○条△項を見れば、「□□等」の内容が明確である場合
ⅱ）同じ条文の中で、あるいは他の条文（例えば、法人税法２条の定義規定）において定義付けられているため、内容が明確である場合

例えば——、
◇「第84条第１項……に規定する退職年金業務等を行う外国法人」（法法145の3）
　→　法人税法第84条第１項（「退職年金業務等（……の業務をいう。……）を行う内国法人……」）を見れば、「退職年金業務等」の内容は明白です。
◇「内国法人である公益法人等又は人格のない社団等」（法法7）
　→　「公益法人等」は法人税法第２条第６号で、「人格のない社団等」は同条第８号で定義付けされており、内容は明白です。
◇「内国法人が、適格分割、適格現物出資又は適格現物分配（以下この条において「適格分割等」という。）を行い、かつ、当該適格分割等の日の属する」（法法43⑥）
　→　「適格分割等」は、同じ条文内で定義付けされている（波線の箇所）ので、内容は明白です。

ただし、例えば、次のような例外もあります。
◇「当該役員の職務の内容、その内国法人の収益及びその使用人に対する給与の支給の状況、その内国法人と同種の事業を営む法人でその事業規模が類似するものの役員に対する給与の支給の状況等に照らし、当該役員の職務に対する対価として相当であると認められる金額」（法令70一イ）
　→　各役員の職務の内容をはじめ、それぞれの「役員の職務に対する対価として相当であると認められる金額」を算定する際に考慮すべき要素を規定していますが、その性質上、限定することができないために（ここに列挙している要素がすべてではなく、業種・

業態の特殊性など、他にも考慮すべき要素があり得るため)、「等」を付けざるを得ないケースです。

参考2　法令用語を踏まえた条文の読解例

　ここでは、ご参考までに、これまでご説明してきた税法の読み方の基本手法や代表的な法令用語のおさらいの意味で、法人税法の根幹規定である第22条第2項等を例に取り、読み解いてみたいと思います。

1　法人税法第22条第2項

（各事業年度の所得の金額の計算）
第22条　内国法人の各事業年度の所得の金額は、当該事業年度の益金の額から当該事業年度の損金の額を控除した金額とする。

2　内国法人の各事業年度の所得の金額の計算上当該事業年度の益金の額に算入すべき金額は、別段の定めがあるものを除き、資産の販売、有償又は無償による資産の譲渡又は役務の提供、無償による資産の譲受けその他の取引で資本等取引以外のものに係る当該事業年度の収益の額とする。

3　内国法人の各事業年度の所得の金額の計算上当該事業年度の損金の額に算入すべき金額は、別段の定めがあるものを除き、次に掲げる額とする。
　一　当該事業年度の収益に係る売上原価、完成工事原価その他これらに準ずる原価の額
　二　前号に掲げるもののほか、当該事業年度の販売費、一般管理費その他の費用（償却費以外の費用で当該事業年度終了の日ま

でに債務の確定しないものを除く。）の額
　　三　当該事業年度の損失の額で資本等取引以外の取引に係るもの
　4　第2項に規定する当該事業年度の収益の額及び前項各号に掲げる額は、一般に公正妥当と認められる会計処理の基準に従って計算されるものとする。
　5　第2項又は第3項に規定する資本等取引とは、法人の資本金等の額の増加又は減少を生ずる取引並びに法人が行う利益又は剰余金の分配（……）及び残余財産の分配又は引渡しをいう。

1　解釈に入る前に——法人税法第22条の位置づけは

　本章第2節で触れたように、条文を正しく解釈するためには、まずは、その条文の位置づけ（その条文は何について定めているものなのか）を知ることが大切です。

　法人税法の目次を見ると、内国法人の各事業年度の所得の計算に関する規定が置かれている第2編第1章第1節は、次のようになっています。

第2編　内国法人の法人税
　第1章　各事業年度の所得に対する法人税
　　第1節　課税標準及びその計算
　　　第1款　課税標準（第21条）
　　　第2款　各事業年度の所得の金額の計算の通則（第22条）
　　　第3款　益金の額の計算（第23条～第26条）
　　　第4款　損金の額の計算（第29条～第60条の3）
　　　第5款　利益の額又は損失の額の計算（第61条～第61条の13）
　　　第6款　組織再編成に係る所得の金額の計算（第62条～第62条の9）

第3章　税法の読み方

> 第7款　収益及び費用の帰属事業年度の特例（第63条～第64条）
> 第8款　リース取引（第64条の2）
> 第9款　法人課税信託に係る所得の金額の計算（第64条の3）
> 第10款　公益法人等が普通法人に移行する場合の所得の金額の計算（第64条の4）
> 第11款　各事業年度の所得の金額の計算の細目（第65条）

　ご覧のとおり、第22条は「各事業年度の所得の金額の計算の通則」に関する規定です。すなわち、"内国法人の各事業年度の所得を算定する上での原則的規定"であるということです。
　この第22条を見ると、第1項は、各事業年度の所得の金額は「益金の額」と「損金の額」の差額（所得　＝　益金　－　損金）として算定する旨の規定であることは明らかです。そして、続く第2項は「何が益金となるのか」（益金の意義）に関する規定であり、第3項は「何が損金となるのか」（損金の意義）に関する規定であることがわかります。

2　第22条第2項の主旨（基本構造）は

> 2　内国法人の各事業年度の所得の金額の計算上当該事業年度の益金の額に算入すべき金額は【ブロック①】、別段の定めがあるものを除き、資産の販売、有償又は無償による資産の譲渡又は役務の提供、無償による資産の譲受けその他の取引で資本等取引以外のものに係る【ブロック②】当該事業年度の収益の額とする【ブロック③】。

　法人税法第22条第2項の主旨（基本構造）は、上記の　　　の部分（【ブロック①】～【ブロック③】）であり、これらは、それぞれ主語、修飾

225

語及び述語を構成しています。

ブロック①	益金の額に算入すべき金額は

⬇

ブロック②	資産の販売、有償又は無償による資産の譲渡又は役務の提供、無償による資産の譲受けその他の取引で資本等取引以外のものに係る

⬇

ブロック③	収益の額とする

3 詳しく読み解いてみよう

　この第2項を読み解く一番のポイントは、【ブロック②】の部分を正しく読むことですが、本章第4節で紹介した「又は」「その他の」「……で……もの」「に係る」などの用語がきちんと理解できていれば、問題はないでしょう。

> 資産の販売、有償又は無償による資産の譲渡又は役務の提供、無償による資産の譲受けその他の取引で資本等取引以外のものに係る

　上記は、①「資産の販売」、②「有償又は無償による資産の譲渡又は役務の提供」、③「無償による資産の譲受け」及び④「その他の取引で資本等取引以外のもの」の4つで構成されています。
　順次ポイントを説明します。

☆ 「又は」は"襷がけあり"
　②の「有償又は無償による資産の譲渡又は役務の提供」における「又は」は、前述した"襷がけあり"の「又は」です（143頁参照）。すなわち、

この箇所は、4種類の組合せとなります。

```
有償又は無償による資産の譲渡又は役務の提供
          ↓
  次のⅰ～ⅳの組合せとなります
          ↓
  ⅰ 有償による「資産の譲渡」
  ⅱ 有償による「役務の提供」
  ⅲ 無償による「資産の譲渡」
  ⅳ 無償による「役務の提供」

※「有償」とは対価があることを、「無償」とは対価がないことを意味します。
```

したがって、「無償による資産の譲渡」（例えば、不動産等の現物を寄付した場合）や「無償による役務の提供」（例えば、無利息貸付け）の場合にも、収益が発生すると規定していることになります。

また、③の「無償による資産の譲受け」とは、要するに受贈益であり、当然、益金の額に算入すべきものです。

☆ ④の「その他の」は包括的例示

「その他の」は、前述のとおり（166頁参照）、包括的例示を表す用語であり、"等（など）の"とほぼ同様の意味と解してもよいでしょう。「A、B、Cその他のD」であれば、A、B、Cは「その他の」の後に続くDの例示です。

この【ブロック②】でいえば、「その他の」の前の「資産の販売、……による資産の譲受け」の例示は、「その他の」の後に続く一層意味内容の広い「取引で資本取引以外のもの」の一部をなすものとして、そ

の中に包含されます。すなわち、「取引で資本等取引以外のもの」に該当するものとしては無数に想定されますが、その例示が「資産の販売、……による資産の譲受け」です。

> 資産の販売、有償又は無償による資産の譲渡又は役務の提供、無償による資産の譲受けその他の取引で資本等取引以外のもの
>
> ⬇
>
> 波線の箇所（資産の販売、……による資産の譲受け）は、二重線の箇所（取引で資本等取引以外のもの）の例示

☆ ④の「……で……もの」は限定を示す

「……で……もの」は、前述のとおり（156頁参照）、限定を示す法令用語であり、「AでBのもの」なら、A（「で」の前に記述されている一定の者や事物等）は、Bに範囲を限定されることを意味します。ここでは、「取引で資本等取引以外のもの」となっていますから、「取引」を「資本等取引以外の取引」、すなわち、基本的に、他の企業や消費者との取引等に限定しています。

> 取引で資本等取引以外のもの
>
> ⬇
>
> 「資本等取引以外の取引」を意味します

なお、「取引で資本等取引以外のもの」にいう「資本等取引」については、第5項でその定義を規定しています。すなわち、「資本等取引」とは、

株主からの出資の受入れ、株主に対する配当、法人の解散による残余財産の分配など、基本的に、株主等との取引を意味します。

☆ 「に係る」は前後の語句の密接度の高いつながりを示す

前述のとおり（169頁参照）、「Aに係るB」をどう読むかは、前後のA、Bの関係によって決まります。本項における「取引で資本等取引以外のものに係る当該事業年度の収益」の場合には、「もの」は「取引」を意味しているので、「取引に係る収益」ということになり、ここで「に係る」は、「によって生じた（もたらされた）」、つまり、「取引によって生じた（もたらされた）収益」と読むことになります。

> 取引で資本等取引以外のものに係る当該事業年度の収益
>
> ⬇
>
> この場合の「に係る」は、前後の関係から、
> 「によって生じた（もたらされた）」と解釈します

なお、「収益」については、法人税法上の定義はありません。第4項において、「収益の額（第3項にいう「費用」「損失」の額も）は、一般に公正妥当と認められる会計処理の基準に従って計算されるものとする」、つまり、課税所得の計算は企業会計に準拠して行う旨が規定されていることから、「収益」は、企業の経済活動による経済的価値の増加を意味する会計上の概念です。

以上のことから、法人税法第22条第2項は、次のように読み解くことができます。

```
内国法人の各事業年度の所得の金額の計算上
当該事業年度の益金の額に算入すべき金額は
```

⬇

```
別段の定めがあるものを除き
```

⬇

「資本等取引以外の取引」（下記①〜⑦）
によって生じた（もたらされた）

① 資産の販売（[例] 商品・製品の売上）
② 有償による資産の譲渡（[例] 事業用固定資産の有償譲渡）
③ 有償による役務の提供（[例] 受取利子、受取賃貸料）
④ 無償による資産の譲渡（[例] 不動産の寄付）
⑤ 無償による役務の提供（[例] 無利息融資）
⑥ 無償による資産の譲受け（[例] 不動産の無償譲受け）
⑦ 上記①〜⑥以外の取引（資本等取引を除く）※

⬇

```
当該事業年度の収益の額とする
```

※ 例えば、「国や地方自治体からの補助金（国庫補助金等）」、「債務免除益」、「資産の評価替え」が挙げられます。

4　第22条第2項の解釈における重要ポイントは

☆　原則として（別段の定めがなければ）、収益は「益金」である

　この第22条第2項は、「別段の定めがあるものを除き」、資本等取引以外の取引によって生じた収益は「益金」とすると規定しています。つまり、資本等取引以外の取引によって生じた収益（第4項にいう「一般に公正妥当な会計処理の基準」によって把握された収益）は、原則として（この第22条第2項を根拠法令として）「益金」とされるということです。

　ただし、別段の定めがあるもの（例えば、企業会計上は収益であるが税法上は益金としない、逆に企業会計上は収益ではないが税法上は益金とする規定があるもの）については、その別段の定めに従うことになります。

　ちなみに、この第22条の「別段の定め」は、次のように規定されています。

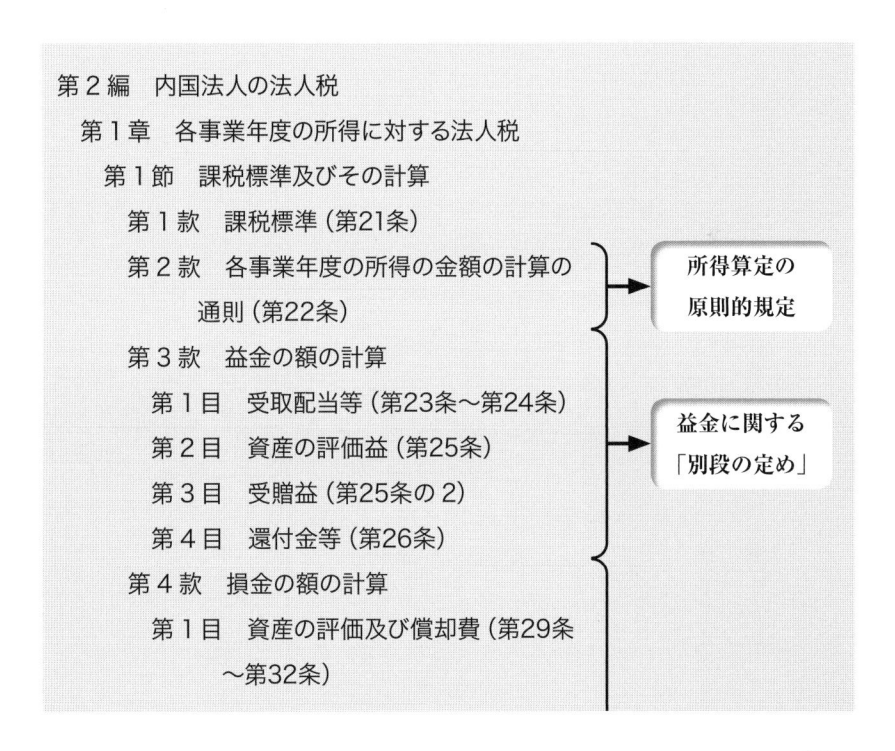

第2編　内国法人の法人税
　第1章　各事業年度の所得に対する法人税
　　第1節　課税標準及びその計算
　　　第1款　課税標準（第21条）
　　　第2款　各事業年度の所得の金額の計算の通則（第22条）　　→　所得算定の原則的規定
　　　第3款　益金の額の計算
　　　　第1目　受取配当等（第23条〜第24条）　　→　益金に関する「別段の定め」
　　　　第2目　資産の評価益（第25条）
　　　　第3目　受贈益（第25条の2）
　　　　第4目　還付金等（第26条）
　　　第4款　損金の額の計算
　　　　第1目　資産の評価及び償却費（第29条〜第32条）

第2目　資産の評価損（第33条）
　　第3目　役員の給与等（第34条～第36条）
　　第4目　寄附金（第37条）
　　第5目　租税公課等（第38条～第41条）
　　第6目　圧縮記帳（第42条～第50条）
　　第7目　引当金（第52条・第53条）
　　第7目の2　新株予約権を対価とする費用等（第54条）
　　第7目の3　不正行為等に係る費用等（第55条）
　　第8目　繰越欠損金（第57条～第59条）
　　第9目　契約者配当等（第60条・第60条の2）
　　第10目　特定株主等によつて支配された欠損等法人の資産の譲渡等損失額（第60条の3）

→ 損金に関する「別段の定め」

　第5款　利益の額又は損失の額の計算（第61条～第61条の13）
　第6款　組織再編成に係る所得の金額の計算（第62条～第62条の9）
　第7款　収益及び費用の帰属事業年度の特例（第63条・第64条）
　第8款　リース取引（第64条の2）
　第9款　法人課税信託に係る所得の金額の計算（第64条の3）
　第10款　公益法人等が普通法人に移行する場合の所得の金額の計算（第64条の4）
　第11款　各事業年度の所得の金額の計算の

→ その他の「別段の定め」

第3章　税法の読み方

細目（第65条）

　例えば、「受取配当等」については、第23条から第24条までの規定（益金に関する「別段の定め」）に、「役員給与」については第34条の規定（損金に関する「別段の定め」）に従うことになります。

　なお、租税特別措置法では、第3章に「法人税法の特例」が規定されていますが、租税特別措置法と法人税法との関係は、「特別法と一般法の関係」であり（32頁参照）、租税特別措置法の第3章の規定は、法人税法の「別段の定め」ではありません。

☆　「取引」には「資本等取引以外」という限定のみ付されている

　この第2項の解釈における重要なポイントは、益金に算入すべき収益の元となる「取引」について、「資本等取引以外のもの」との限定が付されているだけであるという点です。すなわち、次のようなこと（取引の種類や範囲）は問われていないのです。

- 営業取引（売上高等）か、営業外取引か（例えば、固定資産の譲渡）
- 合法な取引か、違法な取引か（例えば、麻薬取引）
- 私法上有効な取引か、無効な取引か（例えば、利息制限法所定の制限を超過した受取利息）

　さらに、もともと純資産の増加原因を意味する「収益」に関しても、その流入形態、すなわち、「収益として流入したのが金銭なのか、金銭以外の資産なのか、あるいは、それ以外の経済的利益（例えば、債務免除益）なのか」は問題とされていません。

　つまり、「たとえ違法（無効）な取引によるものであろうが、金銭等の形態をとらない経済的利益であろうが、企業の経済活動による経済的価値の増加は、原則として、益金に算入する」というのが、この第2項

の主旨です。

☆　「**無償の取引（資産の譲渡・役務の提供）**」**による収益も**「**益金**」
　第2項では、益金の額に算入すべきものとして、「無償による資産の譲渡」及び「無償による役務の提供」を規定しています。これらの無償取引については、外部からの経済的価値の流入はありませんが、法人税法では収益と認識し、益金に算入することになります。
　例えば、不動産を無償譲渡した場合は、その時点での不動産の適正な価額（時価等）が収益を構成することになり、また、「無償による役務の提供」の典型例である「無利息融資」の場合は、通常の利息相当額が収益として認識されます。

2 法人税法第34条第1項・第2項

（役員給与の損金不算入）
第34条　内国法人がその役員に対して支給する給与（退職給与及び第54条第1項（新株予約権を対価とする費用の帰属事業年度の特例等）に規定する新株予約権によるもの並びにこれら以外のもので使用人としての職務を有する役員に対して支給する当該職務に対するもの並びに第3項の規定の適用があるものを除く。以下この項において同じ。）のうち次に掲げる給与のいずれにも該当しないものの額は、その内国法人の各事業年度の所得の金額の計算上、損金の額に算入しない。
　一　[略]
　二　[略]
　三　[略]
2　内国法人がその役員に対して支給する給与（前項又は次項の規定の適用があるものを除く。）の額のうち不相当に高額な部分の金額として政令で定める金額は、その内国法人の各事業年度の所得の金額の計算上、損金の額に算入しない。

3　内国法人が、事実を隠ぺいし、又は仮装して経理をすることによりその役員に対して支給する給与の額は、その内国法人の各事業年度の所得の金額の計算上、損金の額に算入しない。
4　前3項に規定する給与には、債務の免除による利益その他の経済的な利益を含むものとする。
5　[以下省略]

1 解釈に入る前に──法人税法第34条の位置づけは

　前掲の法人税法第2編第1章第1節の目次を見ればわかるとおり、法人税法第34条は、第4款（損金の額の計算）に置かれている規定です。すなわち、企業会計上の費用及び損失の損金算入に関する原則的規定である第22条第3項の「別段の定め」の一つということになります。

　企業会計上は、役員に支給する報酬・賞与は、ともに職務執行の対価として費用計上されます。したがって、役員給与は損金算入が前提となりますが、利益操作の手段とするなどのお手盛り防止のため、第34条でその損金算入に関して厳格な要件を定め、一定の制限を加えているのです。

2 第34条第1項・第2項の主旨（基本構造）は

> 第34条　内国法人がその役員に対して支給する給与（退職給与及び第54条第1項（新株予約権を対価とする費用の帰属事業年度の特例等）に規定する新株予約権によるもの並びにこれら以外のもので使用人としての職務を有する役員に対して支給する当該職務に対するもの並びに第3項の規定の適用があるものを除く。以下この項において同じ。）のうち次に掲げる給与のいずれにも該当しないものの額は、その内国法人の各事業年度の所得の金額の計算上、損金の額に算入しない。
> 　一　［略］［本号に規定する給与は、「定期同額給与」という。］
> 　二　［略］［本号に規定する給与は、「事前確定届出給与」という。］
> 　三　［略］［本号に規定する給与は、「利益連動給与」という。］
> 　2　内国法人がその役員に対して支給する給与（前項又は次項の

第3章　税法の読み方

規定の適用があるものを除く。）の額のうち不相当に高額な部分の金額として政令で定める金額は、その内国法人の各事業年度の所得の金額の計算上、損金の額に算入しない。

　まずは、かっこ書（波線の箇所）を飛ばして、大筋を把握します。第34条第1項及び第2項の幹となる部分は　　の箇所であり、この条文は、次の主旨の規定であることを、まず理解しましょう。

■第1項の主旨

内国法人が
⬇
その役員に対して支給する給与のうち
⬇
第1号から第3号までに掲げる給与のいずれにも該当しないものの額は、
⬇
損金の額に算入しない。
⬇

いい換えれば、
「定期同額給与」、「事前確定届出給与」又は「利益連動給与」の
いずれかに該当する給与のみが、損金の額に算入できる。

■第2項の主旨

内国法人が
⬇
その役員に対して支給する給与の額のうち

不相当に高額な部分の金額として政令で定める金額は、

損金の額に算入しない。

3 詳しく読み解いてみよう

☆ 第34条第1項の「かっこ書」の意味は？

> 第34条 内国法人がその役員に対して支給する給与（①退職給与及び②第54条第1項（新株予約権を対価とする費用の帰属事業年度の特例等）に規定する新株予約権によるもの並びにこれら以外のもので③使用人としての職務を有する役員に対して支給する当該職務に対するもの並びに④第3項の規定の適用があるものを除く。以下この項において同じ。）のうち……
>
> ※ このように、複数のものが列挙されている場合には、列挙されているそれぞれの名詞又は名詞句等の頭に、上記のように、①、②、③……と自分の鉛筆で付番をすると、正確に理解することができます。

　この第1項では、適用対象とする役員給与の範囲から、かっこ書で列挙された4種類のもの（　　の箇所。①～④）が除外されています。つまり、この①～④の給与については、第1項の規定は適用されないということです。

① 退職給与
② 第54条第1項（新株予約権を対価とする費用の帰属事業年度の特例等）に規定する新株予約権によるもの
　→ 金銭による給与の支払いに代えて、いわゆる「ストック・オプショ

ン(注)としての新株予約権」を、役務提供（職務執行）の対価とするもの（新株予約権による給与）
③　使用人としての職務を有する役員に対して支給する当該職務に対するもの
　→　「使用人兼務役員」に支給する給与のうち、使用人としての職務に対応するもの
④　第3項の規定の適用があるもの
　→　この第34条第3項（前掲）は、役員に対して不正に給与を支給した場合（例えば、経理上、意図的に役員給与以外の費用科目で処理するなど）は、損金に算入しないとする規定です。つまり、不正に支給された役員給与は、この第3項に基づいて「損金不算入」とされるので、第1項の対象から除外されている（第1項の規定を適用する必要がない）のです。

なお、この第1項のかっこ書における、「及び」（波線の箇所）と「並びに」（二重線の箇所）の使い分けの意味、2箇所の「並びに」の厳然たる違いについては、本章第4節で触れているので（149頁の「条文例」参照）、ここでは省略します。

（注）「ストック・オプション」は、一種の報酬制度（業績〔株価〕連動型のインセンティブ報酬）です。つまり、法人が役員や使用人等に対して、あらかじめ定められた価額（権利行使価額）で自社の株式を取得する権利を付与（無償発行）し、付与された役員等は、その後、株価が上昇した時点でその権利を行使して株式を取得し、売却することにより、株価上昇分の利益が得られるというものです。

☆　第1項の適用対象外とされる「退職給与」、「新株予約権による給与」及び「使用人兼務役員に支給する使用人分給与」は、損金算入・不算入？
　では、この第1項の適用対象外となる上記の①～④の給与のうち、第

3項によって損金不算入とされる④（不正支給の役員給与）以外のもの、すなわち、「退職給与」、「新株予約権による給与」及び「使用人兼務役員の使用人分給与」は、どうなるのでしょうか？

ⅰ）「退職給与」はどうなる？

　法人税法には、役員に支給する退職給与についての「別段の定め」はありません。したがって、損金に関する通則である「第22条第3項」（及び同第4項）に立ち返り、企業会計上、費用計上される役員退職給与は、原則として、損金算入ということになります（なお、不相当に高額な部分についてはこの条第2項参照）。

ⅱ）「新株予約権による給与」はどうなる？

　ここでいう新株予約権について規定する「第54条第1項」の規定は、損金に関する「別段の定め」の一つです。しかし、同項は、その条文見出しにあるとおり、「新株予約権を対価とする費用の帰属事業年度の特例」です。つまり、ストック・オプションとしての新株予約権を付与された役員が、その権利を行使して株式を取得したことによる経済的利益（給与所得等）に対して所得税が課税される場合の「新株予約権を対価とする費用」（新株予約権による給与）の損金算入の時期に関する「別段の定め」であり、その費用の損金算入・不算入について規定する規定ではありません。したがって、この場合の新株予約権による給与についても、役員退職給与と同様、第22条に基づき、原則として、損金算入となります（なお、不相当に高額な部分についてはこの条第2項参照）。

　ただし、「第54条第2項」は、権利行使時の経済的利益に対して給与所得等の課税が行われない場合[注]は、新株予約権を対価とする費用は損金不算入とする旨を規定しています。

（注）一定の要件を満たす新株予約権（税制適格ストック・オプション）を付与された役員等が、その権利行使時の経済的利益を非課税（課税の繰延べ）とする特例（措法29の2）の適用を受ける場合など。

iii）「使用人兼務役員に支給する使用人分給与」はどうなる？

「使用人兼務役員に支給する使用人分給与」についても、それを損金不算入とする「別段の定め」がない以上、第22条に基づき、原則として、損金算入となります（なお、不相当に高額な部分についてはこの条第2項参照）。

☆　第34条第2項の「かっこ書」の意味は？

> 2　内国法人がその役員に対して支給する給与（前項又は次項の規定の適用があるものを除く。）の額のうち不相当に高額な部分の金額として政令で定める金額は……損金の額に算入しない。

　第2項のかっこ書（　　の箇所）にいう「前項又は次項の規定の適用があるもの」とは、何を意味するのでしょうか？

　前項（第1項）は、退職給与等を除く役員給与のうち、「定期同額給与、事前確定届出給与、利益連動給与のいずれにも該当しない役員給与は、損金に算入しない」という規定です。つまり、「前項（第1項）の規定の適用があるもの」とは、「第1項の規定によって、損金不算入とされる給与」を意味します。

　なお、そもそも第1項の適用範囲から除外されている退職給与等（前述〔238頁〕の①～④）は、当然、「前項（第1項）の規定の適用があるもの」には該当しません。

　次に、「次項の規定の適用があるもの」とは、次項（第3項）に基づいて損金不算入とされる「不正支給の役員給与」（前述の④）のことです。

　したがって、「前項又は次項の規定の適用があるもの」[注]を除いた役員給与、つまり、この第2項の適用対象となるもの（上記の波線の箇所に該当するもの）は、次頁のa～fの給与ということです。

> 第34条第2項の適用対象となる「役員給与」

⬇

> 役員に対して支給する給与
> （第1項又は第3項の規定の適用があるものを除く。）
>
> ⬇
>
> 役員に対して支給する給与
> （第1項の規定により損金不算入とされる役員給与及び第3項の規定により損金不算入とされる不正支給の役員給与を除く。）[※1]

⬇

> ■ そもそも第1項の適用対象から除外されているもの（したがって、原則、損金算入とされるもの）[※2]
> 　a　退職給与
> 　b　新株予約権による給与
> 　c　使用人兼務役員に支給する使用人分給与
> ■ 上記a～c以外の給与で、原則、損金算入とされるもの
> 　d　定期同額給与
> 　e　事前確定届出給与
> 　f　利益連動給与

※1　第1項又は第3項の規定により損金不算入とされているものにあっては、仮に不相当に高額であっても、第2項の損金不算入という規定を適用させる必要がありません。

※2　a～cの給与は、第1項では、同項の適用対象となる役員給与の範囲から除外されていますが、第2項では除外されていないので、当然、第2項の適用があることに留意して下さい。

（注）これらは、前項又は次項の規定によりもともと損金不算入とされているので、さらに、第2項の規定を適用して損金不算入と規定する必要がないのです。

☆ 第34条第2項にいう「不相当に高額な部分の金額」とは？

上記 a～f、すなわち、原則として損金に算入される役員給与のうち、「不相当に高額な部分の金額として政令で定める金額」は損金に算入しないというのが、第2項の規定内容です。

詳しい解説は省略しますが、その「不相当に高額な部分の金額」とは、政令（法令70）で、次の「(1)～(3)の合計額」と規定されています。

(1) 退職給与以外の役員給与の過大部分
一定の判定基準に照らして、その役員に対する給与として相当と認められる額を超える金額
(2) 役員退職給与の過大部分
一定の判定基準に照らして、その役員に対する退職給与として相当と認められる額を超える金額
(3) 支給時期の異なる使用人兼務役員の使用人分賞与
使用人兼務役員に支給する「使用人分賞与」で、他の使用人への賞与の支給時期と異なる時期に支給したものの金額※

⇒ 不相当に高額な部分として損金不算入

※ (3)の賞与を除く使用人分給与については、上記(1)の判定基準によって、不相当高額部分の有無が判断されることになります。

☆ 第34条の構造を図にしてみると

この第34条のような構造を持つ規定の場合、図示すると理解しやすいと思われるので、上記の解説のまとめの意味で、次頁に掲げます。

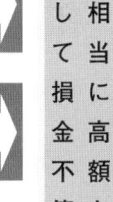

法人税法第34条の基本構造

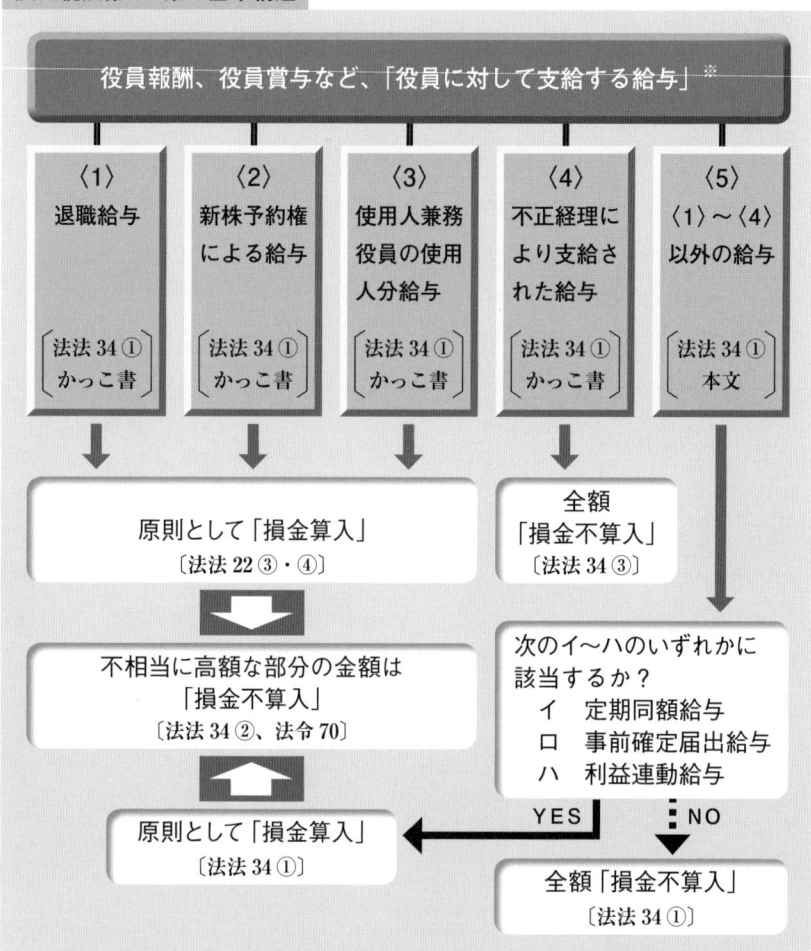

役員報酬、役員賞与など、「役員に対して支給する給与」※

〈1〉	〈2〉	〈3〉	〈4〉	〈5〉
退職給与	新株予約権による給与	使用人兼務役員の使用人分給与	不正経理により支給された給与	〈1〉～〈4〉以外の給与
〔法法34①かっこ書〕	〔法法34①かっこ書〕	〔法法34①かっこ書〕	〔法法34①かっこ書〕	〔法法34①本文〕

〈1〉〈2〉〈3〉→ 原則として「損金算入」〔法法22③・④〕

↓

不相当に高額な部分の金額は「損金不算入」〔法法34②、法令70〕

↑

原則として「損金算入」〔法法34①〕 ← YES

〈4〉→ 全額「損金不算入」〔法法34③〕

〈5〉→ 次のイ～ハのいずれかに該当するか？
  イ 定期同額給与
  ロ 事前確定届出給与
  ハ 利益連動給与

NO ↓

全額「損金不算入」〔法法34①〕

※ 法人が役員に与える経済的利益（役員に対する貸付債権の放棄〔債務免除益〕、役員に対する無利息融資など）も含む（法法34④）。

3 租税特別措置法第41条の18の3第1項

（公益社団法人等に寄附をした場合の所得税額の特別控除）

第41条の18の3　個人が支出した所得税法第78条第2項に規定する特定寄附金のうち、次に掲げる法人（その運営組織及び事業活動が適正であること並びに市民から支援を受けていることにつき政令で定める要件を満たすものに限る。）に対するもの（同条第1項の規定の適用を受けるものを除く。以下この項において「税額控除対象寄附金」という。）については、その年中に支出した税額控除対象寄附金の額の合計額（その年中に支出した特定寄附金等の金額（同条第2項に規定する特定寄附金の額及び同条第3項の規定又は第41条の18第1項若しくは前条第1項の規定により当該特定寄附金とみなされたものの額並びに次条第1項に規定する控除対象特定新規株式の取得に要した金額として同項に規定する政令で定める金額の合計額をいう。以下この項において同じ。）が、当該個人のその年分の総所得金額、退職所得金額及び山林所得金額の合計額の100分の40に相当する金額を超える場合には、当該100分の40に相当する金額から所得控除対象寄附金の額（当該特定寄附金等の金額から税額控除対象寄附金の額の合計額を控除した残額をいう。以下この項において同じ。）を控除した残額）が2,000円（その年中に支出した当該所得控除対象寄附金の額がある場合には、2,000円から当該所得控除対象寄附金の額を控除した残額）を超える場合には、その年分の所得税の額から、その超える金額の100分の40に相当する金額（当該金額に

100円未満の端数があるときは、これを切り捨てる。）を控除する。この場合において、当該控除する金額が、当該個人のその年分の所得税の額の100分の25に相当する金額を超えるときは、当該控除する金額は、当該100分の25に相当する金額（当該金額に100円未満の端数があるときは、これを切り捨てる。）を限度とする。
一　公益社団法人及び公益財団法人
二　私立学校法（昭和24年法律第270号）第3条に規定する学校法人及び同法第64条第4項の規定により設立された法人
三　社会福祉法人
四　更生保護法人

［第2項以下の掲載略］

1　第41条の18の3第1項の主旨（基本構造）は

　この第41条の18の3（以下「本条」という）は、租税特別措置法の第2章「所得税法の特例」に属する規定です。
　まずは、かっこ書（波線の箇所）を飛ばして、大筋を把握します。本条第1項の幹となる部分は　　　の箇所であり、この条文は、次の主旨の規定であることをまず理解しましょう。

第41条の18の3第1項の主旨

【前段の条件句】
　　　個人が支出した特定寄附金のうち、
　　　次に掲げる法人（下記一～四）に対するものについては、
　　　その年中に支出した……額の合計額が
　　　2,000円を超える場合には、

246

第 3 章　税法の読み方

　一　公益社団法人及び公益財団法人
　二　私立学校法第 3 条に規定する学校法人及び同法第 64 条第 4 項の規定により設立された法人※
　三　社会福祉法人
　四　更生保護法人

※　私立学校法第64条第4項の規定により設立された法人は、専修学校又は各種学校の設置のみを目的とする法人です。

【前段の主文】

その年分の所得税の額から、
その超える金額の 100 分の 40 に相当する金額を控除する。

【後　段】

この場合において、
当該控除する金額が、
当該個人のその年分の所得税の額の
100 分の 25 に相当する金額を超えるときは、
当該控除する金額は、
当該 100 分の 25 に相当する金額を限度とする。

2　詳しく読み解いてみよう

　飛ばしたかっこ書は、「前段の条件句」に集中しているので、まず、この箇所について、詳しく見てみましょう。

> 「前段の条件句」の概要

> 個人が支出した特定寄附金のうち、
> 次に掲げる法人（かっこ書①）に対するもの（かっこ書②）
> については、
> その年中に支出した……額の合計額（かっこ書③）が
> 2,000円（かっこ書④）を超える場合には、

ⅰ 「特定寄附金」とは

本条の冒頭で、「個人が支出した所得税法第78条第2項に規定する特定寄附金のうち」とされています。所得税法第78条第2項は、「寄附金控除」（所得控除）の対象となる「特定寄附金」の定義について規定しており、それは下記a〜cの寄附金とされています。

a 国又は地方公共団体に対する寄附金
b 財務大臣による指定寄附金
c 特定公益増進法人に対する寄附金（その法人の主たる目的である業務に関連する寄附金）

本条第1項は、特別税額控除の適用対象となる特定寄附金を同項第1号から第4号までに掲げる法人に対するものに限定していますが、これらの法人（公益社団法人、公益財団法人、学校法人、専修学校又は各種学校の設置のみを目的とする法人、社会福祉法人、更生保護法人）は、上記Cの「特定公益増進法人」に該当します（所法78②三、所令217）。

ⅱ 「かっこ書①」を見てみよう

「かっこ書①」の内容は、下記のとおりです（　　の箇所）。

> ……次に掲げる法人(その運営組織及び事業活動が適正であること

第 3 章　税法の読み方

> 並びに市民から支援を受けていることにつき政令で定める要件を満たすものに限る。）に対するもの……

　このかっこ書は、「次に掲げる法人」の直後に位置し、「……政令で定める要件を満たすものに限る」とする内容であることから、直前の「次に掲げる法人」（第 1 号～第 4 号の公益社団法人等）に一定の要件を付加するものであることがわかります。

　このかっこ書には、「及び」と「並びに」が使われていますが、「並びに」が 1 箇所のみですので、本件の場合には、2 種類のジャンル（異なる次元）の語句の接続であり、その 1 種類が複数であることを表しています（145 頁参照）。すなわち、「並びに」は、波線の箇所と二重線の箇所の接続ということになります。

　つまり、「次に掲げる法人」（第 1 号～第 4 号の公益社団法人等）のすべてが対象となるわけではなく、その中で、「ⅰ）運営組織・事業活動がともに適正であり、かつ、ⅱ）市民から支援を受けている法人、具体的には政令〔措令 26 の 28 の 2〕で定める要件を満たす法人」に限定されることを、この「かっこ書①」は示しています。

ⅲ　「かっこ書②」を見てみよう

　「かっこ書②」の内容は、下記のとおりです（　　の箇所）。

> 個人が支出した所得税法第 78 条第 2 項に規定する特定寄附金のうち、次に掲げる法人（かっこ書①）に対するもの（同条第 1 項の規定の適用を受けるものを除く。以下この項において「税額控除対象寄附金」という。）については……

　このかっこ書における「同条」とは、その直前に規定されている「所得税法第 78 条」（寄附金控除）のことです。つまり、「同条第 1 項の規

249

定の適用を受けるものを除く」とは、「所得税法78条第1項の寄附金控除の適用を受ける特定寄附金は、本条の特別税額控除の適用を受けることはできない」ことを意味します（「所得控除」と「税額控除」とのダブル適用は不可）。

また、「以下この項において「税額控除対象寄附金」という。」と定義付けされていますから、以下、本条第1項で「税額控除対象寄附金」と表記されている場合は、「次に掲げる法人（かっこ書①の要件を満たすもの）に対する特定寄附金で、所得税法第78条第1項（寄附金控除）の規定の適用を受けないもの」を意味します。

iv 「かっこ書③」を見てみよう

「かっこ書③」の内容は、下記のとおりです（　　の箇所）。

> 個人が支出した……特定寄附金のうち、次に掲げる法人（かっこ書①）に対するもの（かっこ書②）については、その年中に支出した税額控除対象寄附金の額の合計額<u>（その年中に支出した特定寄附金等の金額（同条第2項に規定する特定寄附金の額及び同条第3項の規定又は第41条の18第1項若しくは前条第1項の規定により当該特定寄附金とみなされたものの額並びに次条第1項に規定する控除対象特定新規株式の取得に要した金額として同項に規定する政令で定める金額の合計額をいう。以下この項において同じ。）</u>が、当該個人のその年分の総所得金額、退職所得金額及び山林所得金額の合計額の100分の40に相当する金額を超える場合には、当該100分の40に相当する金額から所得控除対象寄附金の額<u>（当該特定寄附金等の金額から税額控除対象寄附金の額の合計額を控除した残額をいう。以下この項において同じ。）</u>を控除した残額）が2000円……

「かっこ書③」には、二重かっこ書が2カ所あり（二重線の箇所と波線の箇所）、その二重かっこ書を飛ばすと、「かっこ書③」は、以下のようになります（　　　の箇所）。

　個人が支出した……特定寄附金のうち、次に掲げる法人（かっこ書①）に対するもの（かっこ書②）については、その年中に支出した税額控除対象寄附金の額の合計額（その年中に支出した特定寄附金等の金額（二重かっこ書③－A）が、当該個人のその年分の総所得金額、退職所得金額及び山林所得金額の合計額の100分の40に相当する金額を超える場合には、当該100分の40に相当する金額から所得控除対象寄附金の額（二重かっこ書③－B）を控除した残額※）が2000円……

※「金額」ではなく、「残額」と表現されていることに留意して下さい。つまり、二重線の箇所の結果が仮にマイナスとなった場合には、「残額」は「0」であるということになります。

「かっこ書③」は、その直前の語句である「その年中に支出した税額控除対象寄附金の額の合計額」（波線の箇所）に何らかの限定を加える内容であることは、一見してわかると思います。
　では、波線の箇所にどのような限定を加えているのかを、算式で示すと、以下のようになります。

【特定寄附金等の年間支出合計額 ＞ 合計所得金額×40%】の場合には

⬇

「その年中に支出した税額控除対象寄附金の額の合計額」（波線の箇所）は

⬇

【合計所得金額×40% － 所得控除対象寄附金】となる。

⬇

251

> ※ つまり、本条の特別税額控除の計算の基礎となる「税額控除対象寄附金の年間支出合計額」（波線の箇所）は無制限ではなく、「合計所得金額×40％」が上限となる（「所得控除対象寄附金」がある場合は両者を合わせて）ということです（なお、「合計所得金額」の定義については、所得税法第2条第1項第30号ロを参照して下さい）。

　したがって、逆に「特定寄附金等の年間支出合計額 ≦ 合計所得金額×40％」の場合は、この「かっこ書③」は無視してよいということになります。その判断のために、まず、「特定寄附金等の金額」について説明している「二重かっこ書③－A」を見てみましょう（　　の箇所です）。

> 【二重かっこ書③－A】
>
> ……（その年中に支出した特定寄附金等の金額（同条第2項に規定する特定寄附金の額及び同条第3項の規定又は第41条の18第1項若しくは前条第1項の規定により当該特定寄附金とみなされたものの額並びに次条第1項に規定する控除対象特定新規株式の取得に要した金額として同項に規定する政令で定める金額の合計額をいう。以下この項において同じ。）が、……）
>
> ※　上記の「同条」とは「所得税法第78条」を、「前条」とは「租税特別措置法第41条の18の2」を、「次条」とは「租税特別措置法第41条の19」を指します。

　この「二重かっこ書③－A」には、「及び」と「並びに」が使われていますが、「並びに」が1箇所のみですので、本件の場合は、2種類のジャンル（異なる次元）の語句の接続であり、その1種類が複数であることを表しています（145頁参照）。すなわち、「並びに」は、波線の箇所と二重線の箇所の接続ということになります。なお、ここでは「及び」、「並びに」と「又は」、「若しくは」とが用いられています。この両者は同格ですが、本件の場合には、「及び」、「並びに」に重点を置いて読むこと

となります（151頁参照）。

　このかっこ書により、「特定寄附金等の金額」とは、次のイ～ハの合計額であることがわかります。

　　イ　特定寄附金（国・地方公共団体への寄附金、財務大臣による指定寄附金、特定公益増進法人への寄附金）（所法78②）
　　ロ　特定寄附金とみなされたもの（政治活動に関する寄附金、認定NPO法人への寄附金等）（所法78③、措法41の18①、同41の18の2①）
　　ハ　いわゆるエンジェル税制に係る控除対象特定新規株式の取得に要した金額（措法41の19①）

　次に、「所得控除対象寄附金の額」について説明している「二重かっこ書③－B」を見てみましょう（　　の箇所です）。

> 【二重かっこ書③－B】
> 　……所得控除対象寄附金の額（当該特定寄附金等の金額から税額控除対象寄附金の額の合計額を控除した残額をいう。以下この項において同じ。）を控除した残額）が……

　このかっこ書によると、「所得控除対象寄附金」とは、上記イ～ハの「特定寄附金等」の金額から、税額控除対象寄附金の合計額を控除した残額とされています。つまり、所得税法第78条の寄附金控除の適用を受ける寄附金ということになります。

v　「かっこ書④」を見てみよう
　「かっこ書④」の内容は、下記のとおりです（　　の箇所）。

> 　個人が支出した……特定寄附金のうち、次に掲げる法人（かっこ書①）に対するもの（かっこ書②）については、その年中に支出した税額控除

> 対象寄附金の額の合計額（かっこ書③）が2,000円（その年中に支出した当該所得控除対象寄附金の額がある場合には、<u>2,000円から当該所得控除対象寄附金の額を控除した残額</u>※）を超える場合には……
>
> ※　ここも「残額」と表記されていることから、二重線の箇所の結果が仮にマイナスとなった場合には、「残額」は「0」であるということになります。

　この「かっこ書④」によると、上記の所得控除対象寄附金の支出がある場合には、「2,000円」ではなく、「2,000円 － 所得控除対象寄附金」となることがわかります。

vi　本条の全貌は

　以上、「前段の条件句」を見てきましたが、これに「前段の主文」及び「後段」を加えると、本条第1項は、以下のように読み解くことができます。

個人が支出した特定寄附金【※A】のうち

⬇

以下の一〜四の法人（政令［措令26の28の2］で定める要件を満たすものに限る）に対する寄附金【※B】（以下「税額控除対象寄附金」）
についは、
一　公益社団法人及び公益財団法人
二　私立学校法に規定する学校法人及び専修学校又は各種学校の
　　設置のみを目的とする法人
三　社会福祉法人
四　更生保護法人

⬇

その年間支出合計額【※C】が 2,000 円【※D】を超える場合には

⬇

　次のイ、ロのうち、いずれか少ない金額を、その年分の所得税額から控除することができる。
イ　〔税額控除対象寄附金の年間支出合計額【※C】
　　－ 2,000 円【※D】〕× 40%
ロ　その年分の所得税の額 × 25%

【※A】「特定寄附金」：上記 i の a～c の寄附金
【※B】「所得税法第78条の「寄附金控除」の適用を受ける寄附金を除く。
【※C】その年中に支出した「特定寄附金等」(注) の金額が、合計所得金額の 40% を超える場合は、〔合計所得金額 × 40% － 所得控除対象寄附金(注)〕（≧0）が、「税額控除対象寄附金の年間支出合計額」の限度となる。
　　（注）「特定寄附金等」及び「所得控除対象寄附金」の意義については、上記 iv を参照
【※D】その年中に支出した「所得控除対象寄附金」（上記 iv 参照）がある場合は、〔2,000 円 － 所得控除対象寄附金〕（≧0）となる。

第5節　公正な解釈のために

　解説書を読むときは、必ずその根拠条文も読み、解説の内容を条文上で確認することを自らに義務づけることが大切です。
　そして、解釈が必要なときは、条文を解釈し、決して解説を解釈してはならないのです。

1　解説や通達に頼らず、自分の頭で条文を解釈する

　序章で述べたように、税法に関する解説書を読むときは、必ず、その解説文の末尾に引用されている根拠条文も読み、その解説の内容を条文上で確認しなければなりません。これを「条文に当たる」又は「条文を当たる」と表現します。

　繰り返しになりますが、この「根拠条文の確認」の必要性は、次の二つにあります。

　その一は、解説書には、その著者が書きたいことが書かれているのであって、例えば、解釈に疑義があって書くのはいかがなものかと躊躇したり、これは大したことではないと考えて省略したり、そこまで思い至らなかったり、あるいは複雑過ぎて簡単に書けないようなことは、書かれていないのです。そして、書かれていないことが問題となったときに、根拠条文を読まないで、解説を解釈しようとすると、序章で述べたような失敗をすることとなります（4頁参照）。解説は、その額面どおりに受け取り、それを超える部分は、法律に求めなければなりません。

　その二は、その一と裏腹ではありますが、法律とその委任を受けた政令、省令は、当然、全ての事象に対応できるように書かれているということです。したがって、その解説の根拠条文に当たることにより、上述の解説中に書かれていないことも含め、完全網羅的に頭の中が整理でき

ることとなります。

　すなわち、解釈の対象はあくまでも「条文」であって、解説を解釈してはならないのです。通達も、解説の一種です。

　これを図示すれば、次のとおりです。

◆ 図14：「法律」と「解説」の問題意識ないし対象の差異

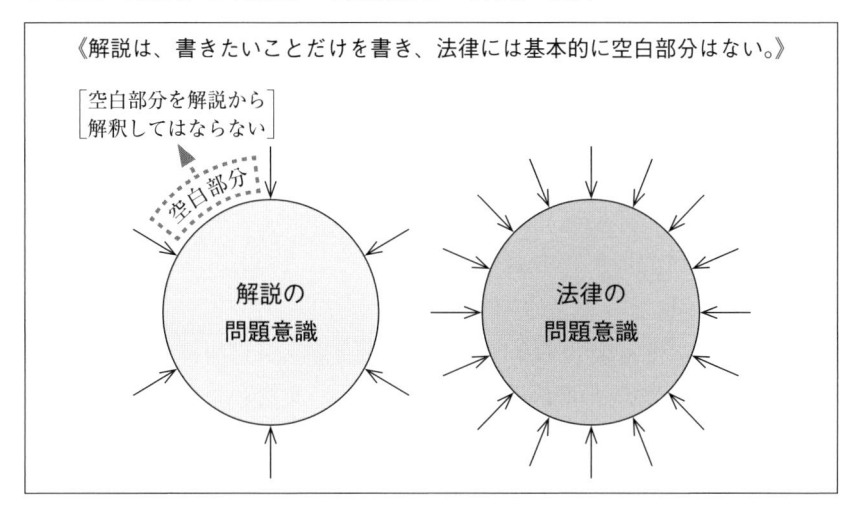

《解説は、書きたいことだけを書き、法律には基本的に空白部分はない。》

［空白部分を解説から解釈してはならない］

空白部分

解説の問題意識

法律の問題意識

2　公正な解釈が要求される税理士や税務職員は、各々の立場に基づき「結論は妥当か」を反省すべし

　これまでのまとめの意味で、法律解釈にまつわる基本的考え方を要約すれば、次のとおりです。
1　解説を読むときは、必ず根拠条文を確認すること。解説の言葉を鵜呑みにしてはいけません。
2　自分なりに条文を解釈する習慣をつけること。そのためには、なぜこのような規定が必要なのか等について、常に疑問を抱いて考え、その立法趣旨を知るように努める必要があります。
3　解説や通達に頼らないこと。そのためには、自分の頭で考えることが必要です。通達の字句の解釈を云々することは全く益のないことで

あり、問題があれば法律の字句の解釈を云々すべきです。

　しかし、自分なりに出した解釈が客観的に通用するものであるかどうかは、解説や通達で裏付ける必要があり、その間に差があればその差を認識し、自分の解釈が正しいと考えても、税理士であればその差を顧問先に説明する必要があります。これにより、顧問先も公正な判断のための材料を得ることになります。

　なお、自分なりに出した解釈と解説等との間に差異が存することとなる理由は、文法的に誤ったような場合を除き、条文のどこに重点を置いて読むかなど価値観の差、世界観の差に由来します。したがって、最終的に、最高裁判所大法廷であれば裁判官15人のうち8人以上が、小法廷であれば裁判官5人のうち3人以上があなたの価値観等を支持すれば、あなたの解釈が正しいということになるし、支持されなければ誤っているということになるのです。

　それ故に、社会経済情勢の変遷、発展とともに価値観、世界観等が変化すれば、解釈も変わるものであるという前提の下に解釈しなければなりません。

4　以上により、解釈力を付け、学友同士で、あるいは会計事務所等の職場内で大いに議論をすることは有益です。

5　条文の解釈をめぐって論争するときは、次のようなことを心がけましょう。

　① まずは、冷静にその条文の趣旨から尋ねる。
　② 相手の解釈を批判したり、否定したりはしない。人身攻撃になる怖れが強いからです。
　③ 理路整然と、三段論法で、自分の建設的な意見・解釈を述べる。そして、相手の解釈と自分の解釈とのどちらが客観的に正しいかの判断を求める。
　④ 議論が紛糾したときは、一つずつ重要度に従って順番に議論する。一挙にいろいろな問題を纏めて議論すると、結論を得ることができず、お互いにいいっ放しになることが多いからです。

6　自己に有利な学説・判例等を引用するときは、次のような点に留意して下さい。
　① これから処理しようとすることについては、その理論的裏付けは慎重に、
　② 既に処理してしまったことについては、大胆に、
　③ いずれにしても、根拠条文や判例を示しながら顧問先等の相手方に説明すること

　税理士の場合は、独立した公正な立場から、公正な解釈が出されることを期待されており、また、税務職員であれば、国庫のためではなく、租税正義の観点から公正な解釈が求められています。このような観点から、「結論は妥当か」を常に反省しなければならないのです。

第4章

判例の読み方

第4章　判例の読み方

第1節　判例を学ぶ必要性とその心得

　厳密に法令を解釈しても判断に迷う問題に直面したとき、判例は、その解決のための強力なツールとなります。

　また、特に税理士の場合、税務訴訟の際に補佐人として出廷・陳述することが認められていますから、それに備える意味でも、判例を学ぶことが重要です。

　判決文の読み方に近道はなく、通常は判決文の頭から全部を読む必要があります。もっとも、効率的な読み方としては、いわゆる新方式の判決書の場合には「争点」及び「争点に対する判断」から読む方法もあります。

1　厳密な法令解釈によっても判断に迷う場合に「判例」がモノを言う

　序章で述べたように、条文は、基本的に、どのような問題が提起されようとそれに対する答えが出るように書かれています。

　しかしながら、厳密に法令を解釈しても判断に迷うことがあるのも事実です。そのような場合に、解決策に導いてくれる強力なツールの一つが「判例」です。

　もち論、判例は、以下に述べるように、個別具体的事件に関して出されたものですから、自己の問題に類似のもの又は近似のものを参照したり、あるいはそれらを総合して一般的な理論を見出して、自己の問題に適用する必要があります。

　したがって、判例の個別具体的事実（いわゆる「重要な事実」。269頁参照）と自己の問題とする事実とが──、

　①　一致する場合には、その判例の結論がそのまま強力な援軍となり

（逆に、諦める理由となることもあり得ます）（301 頁参照）、
② 　少しずれている場合には、その判例が自己の事案に適用できるかどうかという、いわゆる「判例の射程範囲」（319 頁参照）が問題となり、
③ 　大きく異なる場合には、いわゆる「判例の類推」（いわば判例の準用）ないし「判例理論による予測」の技術（320 頁参照）が問題となります。

　まとめられた判例要旨を読むだけでは、その判例が自分が問題とする事案にそのまま適用できるかどうか、あるいはその射程範囲はどうかなどが解明できるケースは少ないでしょう。やはり、判例を適用しようとするときは、関連する判決の全文を読み、自分が問題とする事案の事実関係に近い事実関係の判例を探し出す必要があります。
　このように、個別問題に判例を適用するためには、判例を読む力が必要とされるのです。

2　税理士は補佐人として法廷陳述をすべき

　税理士は、租税に関する事項について、裁判所において、補佐人として、弁護士である訴訟代理人とともに出頭し、陳述することが認められています（税理士法 2 条の 2）[注1]。租税に関する事項であれば、行政事件のほか、民事・刑事を問いません[注2]。
　したがって、税理士は、クライアントの事情をもっとも良く知る者として、補佐人としての関与が求められますし、さらには、クライアントの権利保護の観点から、積極的に補佐人として法廷で陳述すべきでしょう[注3]。
　そこで、そのような場合に備えて、税理士も訴訟手続を勉強する必要があり、その前提ないしはその一環として、判決文そのものに慣れておかねばなりません。

（注 1 ）　通常、補佐人の出頭には裁判所の許可が必要ですが（民事訴訟法 60 条）、

この税理士法に基づく出廷陳述の場合は、裁判所の許可は必要ありません。
(注2) 課税庁の処分に関する事項などの行政事件訴訟のほか、例えば、国税債権不存在確認訴訟、国家賠償請求訴訟、相続分等に関する訴訟等が考えられます。
(注3) 独立性と公正性を求められる税理士が、法律家として国家、国民に対し貢献する手段の一つに、税理士の税務訴訟代理権の問題があります（坂本孝司「司法改革と税理士の税務訴訟代理権」税理士界平成10年2月15日第1121号16頁参照）。

3　判決文を読むときの基本的心得──「はじめに結論ありき」も、そして「饒舌」

判決文を読むための前提ないし予備知識については、次節以下に譲るとして、その前に総括的な心得に触れておきます。

最初に言いたいことは、"判決文の読み方に極意はない"ということです。結局、何度も読んで慣れるより方法はありません。

この点、第3章で述べたように、法令の読み方にはそのコツや極意、近道がありますが、判決文の場合には、一審、二審、上告審、それに民事事件、刑事事件、行政事件それぞれで書き方が異なる上に、事件は多種多様であり、さらに裁判官の好みもあって、その読み方のコツや極意などはないのです。

もっとも、効率的な読み方としては、いわゆる新方式の判決書（313頁）の場合には「争点」及び「争点に関する判断」から読む方法もあり、また、いわゆる旧方式の判決書（312頁）の場合には、このような区分がないので、まず判決要旨を読み、次に「理由」のうちその要旨の元となった部分を読むという方法もあります。

しかし、この方法による場合でも、その活用目的にもよりますが、最終的には全部を読むことをお勧めします。したがって、本章では、判決文を読むときの眼の付け所はどこかという点に主眼を置いて述べたいと思います。

判決文を読むときの心得については、それぞれのところで詳述します

が、ここでは、2つだけ挙げておきます。

　第一に、判決には、「初めに結論ありき」も多いということを忘れてはなりません。裁判官は、当然心証の傾いた方を勝たせるのですから、そのような場合には、その勝たせるための理屈は後から付けることになります（これを評して「理屈は後から貨車で3杯付いてくる」と言われます）。そのようなときに、「裁判官は何らかの理由で原告（又は被告）を勝たせたかったのだな」と気付けば、いろいろな疑問が氷解することが多いのです。

　第二に、判決理由には十分原則がありません。いわば饒舌なのです。したがって、その適用要件を十分充足していても、なおかつ「これでもか、これでもか」という感じで理由を付け加えます。このように、適用要件を十分満たしているにも拘わらず付け加えられた理由を、必要最少限の条件と誤解してはいけません。これは、参照した判例の数が少ないときに、往々にして陥る誤謬です。

　なお、少し複雑な事件になれば、主文を読んでも、どちらがどれだけ勝訴したのかが不明の場合も少なくありませんが、そのときは、主文中の「訴訟費用の負担割合」を見れば判明します（314頁参照）。

4　押さえておきたい「主要な用語の定義」

　本題に入る前に、主要な用語の定義を押さえておきましょう。

■ 判決、決定及び命令

　これは、裁判の種類です。

　「判決」は、裁判所が原則として口頭弁論を経て、法定の書式による書面（判決原本）を作成し、それに基づき言渡しをしたもので、当然、個別・具体的事件についてのものです。

　「決定」は、合議体が行う「判決以外の裁判」で、原則として口頭弁論を経ないものであり、「命令」は、個々の裁判官が行う「判決以外の裁判」で、原則として口頭弁論を経ないものです。

第4章　判例の読み方

　判例集等には、例えば「名古屋高金沢支判」とか「……支決」というように表示されています。前者は「名古屋高等裁判所金沢支部判決」のことであり、後者は「……支部決定」ということです。

■ 判　例
　一般的には、判決として繰り返され、抽象化された法則を意味します。もっとも、1回限りでも、将来に向かっての規範たる価値があれば判例たり得ます[注]。当然、個別・具体的事件から切り離されたものです（判決と判例の区別は、実際には極めて曖昧であり、より正確には293頁参照）。
　本章の目的は、個別・具体的事件に係る判決のなかから法則を見出す（あるいは見出したい）ことにあるので、題名に「判例」という用語を使用しました。

（注）もっとも、最高裁の判決に限定して「判例」という説もあります。過去に最高裁の判決で示された意見がある場合において、その後の最高裁がそれと異なる意見により裁判をしようとするときは、大法廷の審理によらなければならないとされている（裁判所法10条3号）ところから、最高裁の判例変更は慎重に行われます。したがって、最高裁の判決で示された意見があるときは、下級審も、同様の意見により裁判をする場合も多いからです。この説によれば、下級審の判決は、単なる「裁判例」です。

■ 判例法
　基本的には、判例を法源として認める国（英米法系の国々）の法源の一つです。
　わが国のような成文法主義の国では、判例の拘束力は制度的には保障されていません。しかし実際には、最高裁は軽々には（最高裁自身が出した）判例の変更はしないので、裁判官、検事、弁護士とも敗訴を恐れて最高裁の判例に従うことも多く、事実上の拘束力は強いといえます。このように、わが国でも最高裁の判例のほか下級審でも同じ判例が繰

返されれば、それは法意識として定着しているとして判例法といって差し支えないと考えます。

■ 判旨（はんし）
　判決の結論と理由のことをいいます。法律上の論点についての裁判官（裁判所）の判断です（なお、319頁参照）。

■ 判示事項（はんじじこう）
　何について判決をしたか、その項目をいいます。見出し的、索引的に用いられます。

■ 判決主文
　その判決の結論です。訴え又は上訴に対する裁判所の応答であり、例えば、「○○処分を取り消す」とか、「請求を棄却する」というように表現されます（判決の種類については、288頁参照）。

■ 判決理由
　判決文の中で、判決主文の因ってきたる判断の経路を示す部分を指します。いわゆる新方式の場合（313頁参照）には、判決文中の「事実及び理由」の1項目である「争点に対する判断」の中で判断の経路が示されます。したがって、当然、判決理由は書かれていますが、「理由」という項目はありません。また、いわゆる旧方式の場合（312頁）には、「理由」という項目はあるものの、その中で当事者の主張、争いのない事実、争点等も一緒に述べられています。
　判決としての先例性は、この理由（ないしは争点に対する判断）の部分にあります。

■ 判決（例）要旨
　判決の要旨であり、決して判決の一部ではありません。判決（例）要

旨は、最高裁判決の場合には最高裁判例委員会が、TKCの法律情報データベース「LEX/DB」の場合にはTKC税務研究所が作成しているものであり、判決の一部を形成するものではありません。

　<u>判決（例）要旨は、あくまで読者がこれを索引として利用し、その後に判決全文を読むという前提で作成されている</u>ので、要旨を鵜呑みにしてはなりません。

　もっとも、「LEX/DB」の場合は、通常の判決（例）要旨の分量の3倍程の分量があり、できる限り事実関係も取り込んで作成されていますから、通常の利用の仕方であれば、判決全文まで読む必要がないことが多いかもしれません。

■ **重要な事実**

　結論にとって意味のある事実を指します。判決の基礎となる事実には、それが他の事実と入れ替わっても結論に影響を与えない事実と、入れ替われば結論が異なることとなる事実とがあり、後者が結論にとって意味のある事実、即ち、「重要な事実」です（なお、316頁参照）。

■ **争　点**

　争い、論争の的となっている事実と法律解釈をいいます。裁判所による事実認定ないしは法律解釈を要します。

■ **法律上の論点**

　争点から導き出され、結論に直結した法律上の問題点をいいます。争点のうち、事実認定以外のもので、これに関する裁判所の判断が判例であり、その判断が間違っていた場合には、上級審で破棄されることになります。結論に直結しない論点に関する判断は、傍論であって単なる参考程度の意味しか持ちません（なお、317頁参照）。

第2節　税務訴訟の概要

　税務訴訟（抗告訴訟）には、①処分の取消しの訴え、②裁決の取消しの訴え、③無効等確認の訴え、④不作為の違法確認の訴え、⑤義務付けの訴え及び⑥差止めの訴えの6つの類型があります。
　①の取消訴訟の訴訟要件としては、「訴えの利益」、「訴えの対象」、「原告適格・被告適格」、「原則不服申立前置」及び「出訴期間」があります。これらの訴訟要件は裁判所の職権調査事項であり、そのうちの一つでも欠けるときは、訴えは不適法として却下されることになります。

1　税務訴訟には取消訴訟以下6つの類型がある
(1)　処分の取消しの訴え
　「処分の取消しの訴え」とは、行政庁の処分その他公権力の行使に当たる行為（不服申立てに対する裁決等を除く）の取消しを求める訴訟をいいます（行政事件訴訟法3条2項）。
　行政処分は、一般に次の効力を有するとされています。
　①　拘束力
　　　行政処分が、その内容に応じて一定の法律上の効果を生じさせて、相手方及び行政庁を拘束する効力
　②　公定力
　　　行政処分が拘束力を有することの承認を一般に強要する効力。すなわち、行政処分が行われると、それが無効であればともかく、仮に取り消し得べき瑕疵があっても取り消されるまでは、その当・不当や適法・違法を問わず、行政処分の相手方や国のほか一般の第三者も、こ

れを有効なものとして、無視することができない効力をいいます。
③　執行力
　行政庁が判決等の執行名義を得ることなく、行政処分自体を根拠として、自力でその内容を強制し、実現し得る効力
④　不可争力（形式的確定力）
　もはやその行政処分の効力を争えなくなる効力。不服申立期間ないし出訴期間が経過し、不服申立ての手段が尽きたときに生じます。
⑤　不可変更力（実質的確定力）
　行政庁が自ら職権でその行政処分を取り消したり、変更したりすることができなくなる効力。行政行為の性質により、又は一定の手続を経た結果として、自由な取消し又は変更ができなくなることを意味します。

　行政処分には、以上のような効力があるので、処分が無効でない限り、例えば、更正・決定等の処分が存在すると、仮にそれが違法な処分であっても、何人もそれを有効なものとして扱わなければならず、また、処分をそのままにして、不当利得の返還を請求したりすることはできません。
　「処分の取消しの訴え」は、この行政処分の持つ公定力を排除し、納税者の権利救済を図ることを目的とする訴訟です。

(2)　裁決の取消しの訴え

　「裁決の取消しの訴え」とは、異議申立て、審査請求等の不服申立てに対する行政庁の決定、裁決等の行為の取消しを求める訴訟をいいます（行政事件訴訟法3条3項）。
　行政事件訴訟法は、いわゆる原処分中心主義[注1]を採用しているので、裁決の取消しの訴えは、裁決に固有の瑕疵（例えば、正当な理由なしに行った閲覧拒否）に限り、取消事由として主張することができます。

(3) 無効等確認の訴え

「無効等確認の訴え」とは、処分若しくは裁決の存否又はこれらの効力の有無の確認を求める訴訟をいいます（行政事件訴訟法3条4項）。

現在の法律関係に関する訴えにより、目的を達することができる場合（例えば、納付した税金の還付を求める、請求された租税債務が存在しないことの確認を求める等）には、当事者訴訟[注2]等に依らなければならず、したがって、これらの方法では目的を達することができない場合に限り、この無効等確認の訴えによることになります[注3]。

この無効等確認の訴えについては、不服申立前置や出訴期間の遵守を必要としません。

(4) 不作為の違法確認の訴え

「不作為の違法確認の訴え」とは、行政庁が、法令に基づく申請等に対して相当の期間内に何らかの処分等をしなければならないにもかかわらず、これをしない場合に、その違法の確認を求める訴訟をいいます（行政事件訴訟法3条5項）。

その申請等は、法令の規定に基づくもの（例えば更正の請求、猶予の申請等）でなければなりません。

(5) 義務付けの訴え

「義務付けの訴え」とは、次に掲げる場合において、行政庁がその処分又は裁決をすべき旨を命ずることを求める訴訟をいいます（行政事件訴訟法3条6項）。

① 行政庁が一定の処分をすべきであるにもかかわらず、これがされないとき（②の場合を除く）[注4]。

② 行政庁に対し、一定の処分又は裁決を求める旨の法令に基づく申請又は審査請求がされた場合において、当該行政庁がその処分又は裁決をすべきであるにもかかわらず、これがされないとき。

(6) 差止めの訴え

「差止めの訴え」とは、行政庁が一定の処分又は裁決をすべきでないにもかかわらず、これがされようとしている場合において、行政庁がその処分又は裁決をしてはならない旨を命ずることを求める訴訟をいいます（行政事件訴訟法3条7項）。

以下は、上記(1)の「処分の取消しの訴え」（取消訴訟）を中心として解説することとします。

(注1)「原処分中心主義」とは、例えば、更正・決定等の処分とその処分についての不服申立てとその裁決等のように、上下の関係で段階的に2回以上の行政処分がされた場合に、納税者は当初の処分（上記の場合は更正・決定等）についてのみ争うことを認める制度をいいます。

◆ 図15：原処分中心主義の例

区　分	処　分	差引残額	争訟の対象
更正処分	100	100	
100について異議申立て			100
異議決定（一部取消し）	△10	90	
一部取消し後の90について審査請求			原処分のうち 90
審査裁決（一部取消し）	△30	60	
一部取消し後の60について取消訴訟提起			原処分のうち 60

※税務争訟は、原処分中心主義です（国税通則法75条3項、行政事件訴訟法10条2項）。

(注2)「当事者訴訟」とは、行政事件訴訟においては、行政処分の取消変更を求める抗告訴訟等に対して、対等の当事者間の法律関係を確認し、又は形成する処分（又は裁決）に関する訴訟で、その法律関係の当事者の一方を被告とするもの及び公法上の法律関係に関する確認の訴えその他の公法上の法律関係に関する訴訟をいいます（行政事件訴訟法4条）。

(注3) 行政処分が無効となる場合は、処分の瑕疵が重大で、かつ、その瑕疵の存在が外観上明白であることを要すると解されています。

(注4) 国税通則法第24条（更正）の規定による減額更正を求める訴えをこの義務付けの訴えとして提起することができるか否かという問題がありますが、同条は、「……調査したところと異なるときは、その調査により、……更正する。」と規定し、まず調査があって税務署長に非違の認識があれば増減を問わず更正すべきことを義務付けているのであり、したがって、税務署長が既に調査を経て非違を認識していない限り（例えば、前期否認後期認容の場合には、後期について減額すべきことを認識している）、この義務付けの訴えには馴染まないと解されています（なお、180頁参照）。これについては、既に「更正の請求」及び「取消訴訟」という是正手段が与えられていたことを根拠として、減額更正を求める訴えが却下されています（広島高裁平成20年6月20日判決、最高裁平成20年12月16日三小決定）。

2 訴えの利益などの訴訟要件の一つでも欠ければ取消訴訟は却下
(1) 訴えの利益

国の機関である裁判所を利用して裁断を求めるからには、それなりの利益ないし必要性がなければなりません。これを「訴えの利益」といいます。訴えの利益には、①処分が存在することと、②権利ないし法律上の利益の侵害があることの2つが要求されます。

① 処分の存在

税務官庁が公権力の行使に基づき、納税者に義務を課したり、その権利を制限する行為がなければなりません。したがって、例えば、次のような行為等にあっては処分は存在しません。

　　a 税務官庁の行為であっても、法律効果を生じさせない事実行為（納付の慫慂、申告是認通知等）
　　b 納税者自らの行為（納税申告書の提出等）
　　c 税務官庁の内部の行為（通達発信等）
　　d 税務官庁の私法的行為（不要物品の払下げ等）

e　後日の税務官庁の行為や納税者自らの行為によって処分性を失ったもの（再更正処分後の当初更正処分、修正申告後の当初更正処分等）注1)
　f　一つの処分の中の一部分（加算部分と減算部分とが合体した減額更正処分のうちの加算部分のみ等）
② 権利ないし法律上の利益の侵害があること
　その行政処分による権利ないし利益の侵害の事実が存在することが必要となります。したがって、例えば、次のような処分等にあっては、権利ないし法律上の利益の侵害はありません。
　a　納税者にとって利益である処分（減額更正等）
　b　それ自体のみでは、利益を侵害しない処分（更正処分に附記された理由、所得の種類等）
　c　申立人自体の利益を侵害していないもの（自己に帰属しない財産に対する差押え等）
　d　感情的な利益侵害に過ぎないもの（親族に対する行政処分等）
　e　窓口的事務（申告書の受理等）

(2) 訴えの対象
　税務訴訟における訴えの対象は、処分の違法性一般、すなわち、典型的には、更正処分、滞納処分等の税務官庁による公権力の行使たる行為です（なお、審理の対象については、280頁参照）。
　例えば、青色申告承認取消処分と白色としての更正処分とを受けた場合には、この両者について争訟を提起しなければなりません。仮に、先行する青色申告承認取消処分に瑕疵があったとしても、その後の白色申告としての更正処分とは別個の処分であり、先行する青色申告承認取消処分が取り消されても、それのみを理由として、その後の白色申告としての更正処分が取り消されるわけではありません。これを「違法性の承継」がないといいます注2)。

(3) 原告適格・被告適格

　税務訴訟の原告は、原則として「納税者」です。もっとも、国税徴収法第39条所定の第二次納税義務者は、主たる課税処分につき不服申立て適格を有するとされています（最高裁平成18年1月19日一小判決・LEX/DB28110295）。

　国税の取消訴訟の被告は、「国」です。これは、不当利得返還請求訴訟や処分に基因する損害賠償請求訴訟等にあっても同様です。

(4) 不服申立前置

　処分の取消訴訟にあっては、不服申立前置を必要とします。したがって、異議申立てを経なければならないものは異議申立てを、審査請求を経なければならないものは審査請求を、異議申立てと審査請求とを経なければならないものはその両者を経る必要があります。

　一般に、不服申立ては——、
- a　その行政庁に反省の機会を与え、紛争の自主的解決を図ることができ、
- b　行政手続の専門性、技術性を生かして、迅速、的確な解決を望むことができ、
- c　併せて、行政の統一的運用に資することができる

のです。特に、税務争訟にあっては——、
- d　課税標準の認定等は複雑かつ専門的であるので、税務行政庁の知識と経験を活用して訴訟に至ることなく事件の解決が期待できること
- e　訴訟に移行した場合には事実関係の明確化に資すること
- f　税務処分の大量性、回帰性に伴う裁判所の混乱を回避できること

から、原則として、不服申立前置を要することとされているのです。

　もっとも、次のような場合には、不服申立前置を要せず、直接に裁判所に出訴することができます（国税通則法115条1項）。

　イ　審査請求をした日の翌日から起算して3か月以内に裁決がされな

第4章　判例の読み方

　　いときなど
　ロ　更正・決定等の取消訴訟を提起した者が、その訴訟係属中に、同一国税についてされた他の更正・決定等の取消しを求めるとき
　ハ　異議申立てについての決定又は審査請求についての裁決を経ることにより生ずる著しい損害を避けるため、緊急の必要があるとき、その他その決定又は裁決を経ないことにつき正当な理由があるとき

(5) 出訴期間

　取消訴訟は、処分又は裁決があったことを知った日から「6か月以内」に提起しなければならないとされています(行政事件訴訟法14条1項)。ただし、正当な理由があるときは、この限りではありません。

　また、正当な理由がない限り、処分又は裁決の日から1年を経過したときは、取消訴訟を提起することはできません（同条2項）。

（注1）不服申立てにあっては、更正処分後に再更正処分があっても、その当初の更正処分について不服申立ての利益ありとされ、両者の不服申立てが併合審理又はあわせ審理の対象となります。このように、不服申立ての場合には「段階説」が採用されており、訴訟の場合の「吸収説」と対比されます。

（注2）青色申告承認取消処分が行われれば、その後に税務署から送付される申告書用紙は白色申告用のものです。したがって、その取消処分を争っているときは、白色申告用のものではなく青色申告用の用紙を使用して申告し、その後に白色としての更正処分を受ける都度、それぞれ争訟を提起する必要があります。

　　なお、最高裁昭和57年2月23日三小判決（LEX/DB60009680）は、青色申告承認取消処分と白色としての更正処分とを受けた納税者が前者についてのみ訴訟を提起し、その取消処分が取り消された場合には、後者の白色としての更正処分については、後発的事由による更正の請求ができると解しています。

3　取消訴訟を提起する裁判所は3〜4カ所の中から選択可能

　取消訴訟は、以下の①〜④のうちのいずれかの裁判所に提起すること

ができます。これは、納税者の便宜を図る趣旨です。
① 被告の普通裁判籍の所在地を管轄する裁判所（国が被告の場合には、法務大臣が国を代表するので、法務大臣の所在地を管轄する東京地方裁判所）
② 当該処分又は裁決をした行政庁の所在地を管轄する裁判所
③ 当該処分又は裁決に関して事案の処理に当たった下級行政機関の所在地を管轄する裁判所（例えば、裁決の場合には、現実に裁決をした各地方の国税不服審判所の所在地を管轄する裁判所）
④ 原告の普通裁判籍の所在地を管轄する高等裁判所の所在地を管轄する地方裁判所（例えば、京都市在住の納税者の場合には、大阪地方裁判所）

なお、行政訴訟の第一審の事物管轄を有する裁判所は地方裁判所本庁であり、地裁の支部は行政訴訟を取り扱いません。

訴えの提起は、裁判所に訴状を提出して行います（民事訴訟法133条1項）。訴状には、当事者及び法定代理人並びに請求の趣旨及び原因を記載しなければなりません（同条2項）。

ここで「請求の趣旨」とは、裁判を求める趣旨を簡潔明瞭に表示する部分であり、例えば、「被告が平成○年○月○日付でした原告の平成○年分所得税に係る更正処分のうち、総所得金額○○円、納付すべき税額○○円を超える部分及び過少申告加算税の賦課決定処分の取消しを求める」のように記載します。

また、「請求の原因」は、請求の趣旨と相まって、かつ、それを補足して訴訟物を特定するためのものですから、訴えの対象たる行政処分の存在とそれが違法であることを訴状に記載すれば十分であり、何故違法かなどを記載する必要はありません。

訴状には、所定の収入印紙（訴え提起の手数料相当額）を貼用しなければなりません。行政訴訟の申立ての手数料は――、
　a 訴えの提起の場合、「訴訟目的100万円まで10万円ごとに1,000

円」から、「訴訟目的50億円を超える部分1,000万円ごとに1万円」までの6段階の累退率形式で定められ、
b　控訴の場合、上記aの1.5倍
c　上告の場合、上記aの2倍
などと定められています（民事訴訟費用等に関する法律別表第一）。さらに、裁判所が行う証拠調べ、書類の送達等に要する費用の概算額を予納する必要があります（同法12条）。

※　参考：弁護士報酬
　弁護士費用としては、着手金、報酬金、実費・日当、手数料、法律相談料、顧問料がありますが、弁護士は、弁護士報酬に関する基準（報酬の種類、金額、算定方法、支払時期及びその他弁護士の報酬を算定するために必要な事項）を作成し、事務所に備え置かなければならないとされています（弁護士の報酬に関する規程3条）。なお、弁護士報酬の目安については、日弁連が行っている「弁護士報酬の目安（アンケート結果版）」があり、日弁連のホームページで見ることができます。

4　「争点整理手続の整備」と「証拠収集手続の拡充」

　現行民事訴訟法では、争点整理手続の整備と証拠収集手続の拡充が図られています（平成10年施行改正民事訴訟法）。
　すなわち、前者については、争点等の整理を集中的に行うことを目的とする口頭弁論として「準備的口頭弁論」（164条以下）、準備手続の内容を充実させた「弁論準備手続」（168条以下）、当事者の出頭なしに準備書面の提出等により争点及び証拠の整理をする手続として「書面による準備手続」（175条以下）という3種類の手続が設けられ、事案の性質、内容等に応じて適切な争点整理手続を選択して、早期に適切な争点等の整理を行うことができます（柳田幸三「新民事訴訟法について」ジュリスト1098号17頁）。
　また、後者については、文書提出命令の対象となる文書の拡張（220

条4号）のほか、文書提出命令の手続の整備、さらには、当事者の主張・立証の準備の充実に資するため、当事者は訴訟の係属中、相手方に対し、主張又は立証を準備するために必要な事項について、相当の期間を定めて書面で回答するよう書面による照会ができます（163条）（前出柳田論文）。

　したがって、現行民事訴訟法下においては、口頭弁論の期日外における裁判長の釈明権の行使等によって実質的な争点整理が行われ、簡単な事件であれば、1回の出廷で判決言渡しがされるものもあるでしょう。

　また、攻撃防御方法も、証拠随時提出主義ではなく、適時提出主義です。

　なお、証拠には人証と物証とがあり、前者にあっては証人申請と証人尋問が行われ、物証にあっては原告側甲号証、被告側乙号証として順次付番して提出されます。

5　審理の対象をめぐる「総額主義」と「争点主義」の対立

　税務争訟手続においては、その審理の対象は何かという点について、従来から「総額主義」と「争点主義」の対立がありますが、訴訟においては、判例は総額主義を採用しています（最高裁昭和49年4月18日一小判決・LEX/DB21046010、最高裁平成4年2月18日三小判決・LEX/DB22004771）[注1]。

　「総額主義」とは、「審理の範囲は、課税処分によって確定された税額が総額において処分時に客観的に存した税額を上回るか否かを判断するに必要な事項の全部に及ぶ」とするものです。したがって、この説によれば、税務署長は訴訟の場において処分時の認定理由に拘束されることなく、その後に新たに発見した事実を追加し、あるいは認定事実を交換することによって処分理由を差し替えることができるのであり、その処分を維持するための一切の理由を訴訟上主張することが可能です（なお、後出最高三小判昭和56年7月14日参照）。もち論、納税者も、その処分を違法とするあらゆる理由を主張することができます。

　他方、「争点主義」とは、「審理の範囲は、処分時の認定理由の存否に

限定され、それのみを争点として審理が行われる」とするものです。したがって、課税処分の同一性を処分理由の同一性により捉え、課税処分取消訴訟の審理の対象は、その処分理由との関係における税額の適否であり、訴訟の段階で処分理由を差し替えることは許されないこととなります。しかし、この場合でも、主張の制限を受けるのは課税庁側だけであり、納税者はその処分を違法とするあらゆる理由を主張することができるとされます。

◆ 図16：総額主義と争点主義の例

区　分	更正処分	審理の結果
売上計上洩れ	100 ⟶	100
架空仕入れ	100 ⟶	100
経費過大計上	100 ⟶	40
	300	240【争点主義】
不服申立て又は訴訟における審理の結果、更正処分に係る否認項目以外に架空人件費が判明	―	100
		原処分維持【総額主義】

　更正処分が売上計上洩れ100、架空仕入れ100、経費過大計上100、合計増差額300であり、この否認項目に限定して調査したところ、経費過大計上が40であったときは、60を取り消して増差額240となります。これが「争点主義」です。ところが、上記否認項目以外の項目についても争訟審理の過程で調査し、架空人件費100が判明したときは、それも加味して増差額340となるので、300の原処分を維持するのが「総額主義」です。

　前述のように、現在、税務訴訟においては総額主義が採られていますが、この総額主義の考え方は、「紛争解決の一回性」の原則に基づいています。これは要するに、裁判所は同一事件を1回しか取り上げず、一旦裁判所が結論を出して確定すれば、同じ事件については二度と出訴できないという原則であって、この原則は一事不再理や既判力の範囲等に

現れており、この要請は訴訟経済から生ずるものです[注2]。

　このように、審理の範囲については総額主義が採用されているわけですが、さらに、これを「理由の差替え変更」の切り口から検討します。

　白色申告に係る更正・決定についての異議決定、審査裁決の附記理由にあっては、訴訟において、それと異なる主張をすることは全く差し支えありません。

　しかし、青色申告に係る附記理由にあっては、最高裁（昭和56年7月14日三小判決・LEX/DB21074080）は、「一般的に差替えができるか否かはともかく」として判断を留保し、その事件については、「本件追加主張を許しても、更正処分を争うにつき被処分者たる上告人に格別の不利益を与えるものではない」としました。そこで下級審では、理由の差替え変更を無制限に許すか否かについては微妙に分かれていますが、結論としては無制限説に傾きつつあるようです。租税正義の立場から当然というべきでしょう。

◆　図17：青色附記理由の差替えの例（最高裁昭和56年7月14日三小判）

区　分	取得価額	販売価額
申　告	7,600万円	7,000万円
更正処分における附記理由	6,000万円	7,000万円
差替え後の理由	7,600万円	9,450万円

※　最高裁は、このような附記理由の差替えを適法としました。

（注1）現在、異議申立て及び訴訟は総額主義、審査請求は争点中心主義（正確には、調査は争点主義で、審理は総額主義）です。したがって、審判所が積極的に（図16の例でいえば）架空人件費の計上を探し出すことはしないが、原処分庁から主張されれば、それも加味することとなります。

（注2）仮に税務訴訟に争点主義が採用され、国側が主張できる理由をその更正通知書に附記された理由の範囲に限定するとすれば、既判力（289頁）の範囲に関する考え方にもよりますが、その理由に限定された更正処分が取り消されるこ

282

ととなります。そうすれば、その他の理由には既判力が及ばず、したがって、課税庁は、その訴訟において主張できなかった他の理由により、もう一度更正処分をすることになります。それについてまた訴訟が提起され、結局、国側が主張したい理由の数だけ更正処分がされ、その数だけ訴訟が係属することとなってしまうのです。

6　時機に後れた攻撃防御方法は原則却下

　課税処分取消訴訟が提起され、被告税務署長が課税処分の基礎となった事実を明らかにした場合において、原告納税者が必要経費等の自己に有利な事実について税務署長の主張した事実と異なる事実を主張しようとするときは、遅滞なく、その異なる事実を具体的に主張し、併せてその事実を証明する証拠の申出をしなければなりません。

　原告納税者がこれに違反して行った主張又は証拠の申出は、民事訴訟法第157条第1項の「時機に後れて提出した攻撃又は防御方法」とみなされます（国税通則法116条2項）。

　この規定は、主として、推計課税処分(注)を争って、いわゆる実額を主張しようとする場合に適用されます。

（注）推計課税処分にあっては、実額反証の立証の程度、逆推計等の特殊性がありますが、これについては省略します。

7　証拠調べの手続は民事訴訟と同様

　税務訴訟においては、通常の民事訴訟と同様に、弁論主義、当事者主義（不告不理）の原理によります。ただ、職権証拠調べの規定（行政事件訴訟法24条）はありますが、これは補充的なものであり、積極的な利用はありません(注)。

　当事者双方の主張が出揃い、争点が明確になれば、争いのある事実の存否について証拠調べが行われます。

　証拠方法としては人証、書証、物証があり、その証拠調手続としては

事実上の主張、争点の整理、書証の提出、人証等の取調べがあり、これらは通常の民事訴訟と同様です。

（注）因みに、不服審査においては、職権探知主義によるので、審判所は、積極的に証拠調べを行うこととなり、したがって、次項の立証責任に関する問題もありません。審判官は、自ら納得できる程度にまで調査することとなります。

8　立証責任に関する通説（法律要件分類説）は修正の方向へ

「立証責任」とは、訴訟上のある事実の存否が審理の最終段階になっても確定しないときに、当事者の一方が受ける不利益をいいます。

取消訴訟においては、立証責任を税務官庁が負うのか、それとも納税者が負うのかについては、次のように意見が分かれています[注1]。

(1) 適法性推定説

行政処分には一般的に適法性が推定されるとして、納税者に立証責任ありとする説ですが、この説は戦前及び昭和30年代の前半までのものであり、現在ではこの説が主張されることはありません。

(2) 法律要件分類説

取消訴訟の立証責任も、民事訴訟の場合と同様に、実体法たる税法の規定いかんにより定まるとするものです。すなわち、権利発生事実については税務官庁が、権利障害事実及び権利消滅事実については納税者が、それぞれ立証責任を負うとします。判例（最高裁昭和38年3月3日三小判決・LEX/DB21017180他）はこの説によっていると考えられます。

しかし近時、この法律要件分類説は、裁判規範たる民商法に関する争いに関しては妥当するが、行為規範たる税法に関する争いには妥当しないとする有力な説（波多野弘「税務訴訟における主張・立証責任」税理27巻6号2頁、武田昌輔「コンメンタール国税通則法」5074頁、松田直樹「移転価格税制と今後の課題（下）」税務事例22巻11号23頁他）

が出現し、漸次、法律要件分類説が修正され、どちらかといえば、次の個別具体説の方向に向かいつつあるといえるようです注2)。

(3) 個別具体説

　税法の立法趣旨や特殊性（大量性、継続性等）、立証の難易等を考慮して、正義と公平に合致するよう立証責任を分配するとするものです（紙浦健二「税務訴訟における立証責任と立証の必要性の程度」判例タイムズ315号37頁、田中二郎『租税法』（第三版）380頁他）。

　その基準が抽象的で一般性がないという難点があるものの、筆者は、この説が租税正義に叶う説であると考えます。

(4) 憲法秩序帰納説

　国民の自由を制限し、義務を課する行政行為の取消しを求める訴訟にあっては、行政庁側がその行為の適法であることの立証責任を負担し、国民の側から国に対して自己の権利、利益の拡張を求める訴訟にあっては、原告がその請求権を基礎付ける事実について立証責任を負うとする説です（北野弘久「租税争訟における立証責任」判例研究日本税法体系305頁）。これに対しては、立法趣旨と行政行為の性質のみを拠りどころとして一律に割り切るのは疑問である、という批判があります。

(注1) 諸外国における立証責任の分配は、次のとおりです（武田昌輔「コンメンタール国税通則法」（5067頁の3））。
　① アメリカ → 立証責任は、原則として納税者側にあるが、個人及び正味資産700万ドル以下の法人で、正規の帳簿書類を備え、税務調査に協力するものにあっては、課税庁側にある（1998年改正IRC1491条）。
　② イギリス → 一般的に、納税者側にある。
　③ ドイツ → 一般的に、収入については税務当局側に、経費や税務上の特典については納税者側にある。
　④ フランス → 賦課課税方式については、一般的に立証責任は税務当局側に

ある。

(注2)「今後の税制のあり方についての答申」(昭和58年11月税制調査会)の第二の一の5(納税環境の整備)の(4)(立証責任その他の争訟手続関係)においても、記帳義務(所得税法231条の2、法人税法150条の2)、証拠申出の順序(国税通則法116条)等の規定から、今後、諸外国並みに納税者に立証を求める方向に漸次進んでいくことを期待しています。

また、「個人所得課税に関する論点整理」(平成17年6月税制調査会)の6(3)でも、「近年の税務訴訟においては、納税者に立証を求めるべき場面においては、納税者に一定の立証を求める裁判例が判例として定着しつつある」とし、「こうした流れや経済社会の構造変化を踏まえれば、今後、納税者が自ら説明責任を果たすことが相応しいと思われる項目について、個別に制度的枠組みを整えていくことが望ましい」としています。

9 行政処分の是非の判断は処分時の事実を基礎とする

行政処分がされた後、その基礎となる事実状態に変化があった場合でも、その処分の是非の判断の基礎となる時点は「処分時」です。

これについては、例えば、消費税の仕入税額控除について、その税務調査時には帳簿等を提示せず、後日、審判所に提出したからといって、仕入税額控除の適用を受けることができることとなると解することはできないとする裁決(国税不服審判所平成5年11月16日裁決・LEX/DB66011806)があり、これに関する判決には「帳簿等の保存」には「提示」が含まれるか等の問題として積極説(東京地裁平成10年9月30日判決・LEX/DB28033031、前橋地裁平成12年5月31日判決・LEX/DB28090269等)と消極説(大阪地裁平成10年8月10日判決・LEX/DB28033029)とがありましたが、最高裁は積極説を支持しました(最高裁平成16年12月16日一小判決・LEX/DB28100112)。

もっとも、訴訟上、更正処分の後に収集された資料により、原処分を維持することができることはいうまでもありません(最高裁昭和36年12月1日二小判決・LEX/DB21015580)。

10　裁判の形式は判決、決定、命令の3種類

　判決は、判決書の原本に基づき、裁判長が言い渡すことによってその効力が生じます。

　訴訟で必要的口頭弁論を経たものが、裁判をするのに熟したときは、裁判所は「終局判決」をします（民事訴訟法243条1項）。判決以外の訴訟の終了原因としては、訴えの取下げ（同法261条）と訴訟上の和解（同法89条、267条）があります。

　口頭弁論を経ないもの及び任意的口頭弁論を経たものについて、決定（同法119条。合議体の場合に行う）又は命令（同条。個々の裁判官の場合に行う）があります。支払命令、差押命令等がこれに当たります。

　第一審たる地方裁判所の判決に不服があるときは高等裁判所に控訴を、控訴審たる高等裁判所の判決に不服があるときは最高裁判所に上告又は上告受理申立てを、それぞれすることができます[注]。これらを「上訴」といいます。上訴には、原告、被告の片方がするとき（一方上訴）と、その双方がするとき（双方上訴）とがあります。また、相手方が上訴するなら当方も上訴するという附帯上訴があります。例えば、双方が控訴をしたときは、控訴審では第一審原告とか第一審被告というように呼ばれます。

　反訴があれば、反訴部分については反訴原告、反訴被告と呼ばれます。

　判例集では、通常、原告は「X」、被告は「Y」と表示されます。

　原告、被告ともに控訴人、被控訴人になる可能性があり、さらに、控訴人、被控訴人とも上告人、被上告人になる可能性があります。これを図示すれば、次のようになります。

◆　図18：上訴とその当事者

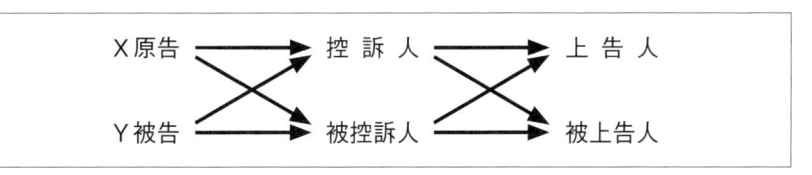

```
X原告  ──→  控訴人   ──→  上告人
      ╲  ╱         ╲  ╱
       ╳            ╳
      ╱  ╲         ╱  ╲
Y被告  ──→  被控訴人 ──→  被上告人
```

なお、判決書の送達を受けた日の翌日から2週間内に上訴しなければ、判決は確定します。

判決が上訴により取り消される可能性がなくなった状態を「形式的確定力」が生じたといい、これにより、何人もその判決を無視することができなくなり、既判力(実質的確定力ともいう。次頁参照)が生ずることとなります。もっとも、再審事由があり、一定の手続を経れば別です。

(注) 上告は、判決に憲法の解釈の誤りがあることその他憲法違反があることを理由とするときのほか、法律に従って判決裁判所を構成しなかったこと等を理由とするときに限り、することができます(民事訴訟法312条)。しかし、これでは上告が極端に制約されることとなるので、民事訴訟法に上告受理の申立て(同法318条)という制度が設けられており、最高裁判所は、原判決に最高裁判所の判例(これがない場合には、大審院又は高等裁判所の判例)と相反する判断がある事件その他の法令の解釈に関する重要な事項を含むものと認められる事件について、申立てにより、決定で、上告審として事件を受理することができるとされています。

11 判決には「却下」、「認容」、「棄却」、「事情判決」がある

☐ 却　下

訴訟要件を欠く訴えに対して下されます。

☐ 認　容

請求が全部理由ありとされる場合には全部認容判決が、請求が一部理由ありとされる場合には一部認容判決が下されます。

☐ 棄　却

請求に理由がない場合に下されます。

☐ 事情判決

処分を取り消すべき場合であるが、その取消しが公共の福祉に適合しないと認められるときは、損害賠償等を認めた上、その請求を棄却するものです。

なお、判決書は、当事者の表示のほか、判決の結論を示す「主文」、基礎となる「事実」、判断のよってきたる縁由を明らかにする「理由」からなり、裁判官が署名し、法廷でこれを読み上げることにより、言い渡します（判決書のスタイルの詳細については、312頁以下参照）。

12　判決が確定すると形成力、既判力等の効力が発生

判決が確定すると、その判決は、「形式的確定力」、「形成力」、「既判力」、「拘束力」及び「執行力」を有することとなります。

□　形式的確定力

訴訟手続上、上訴審において取り消される可能性がないことをいいます。

□　形成力

行政処分の取消判決が確定すると、その処分は遡ってその効力を失います。その行政庁の取消処分を必要としません。これが、取消判決の本質的効力であり、この効力は第三者に対しても発します。

□　既判力

判決が確定すると、当事者は後訴において、同一事項について確定判決の内容と矛盾する主張をすることができず、後訴裁判所も同一事項について確定判決の内容と矛盾する判断をすることができません。これを「既判力」といいます（実質的確定力ともいう）。

既判力は、原則として、判決主文に表現された判断事項について生じますが、具体的に明確でない場合には、判決中の事実の摘示及び理由を参酌して、その内容を明確にする必要があります。

取消訴訟の棄却判決は、処分が違法でないことを確定するものですから、納税者は、後日、別個の違法事由を主張して取消訴訟を提起することはできませんが、逆に税務当局は、別個の課税漏れを発見したときは新たな更正処分をすることができると解されています。

□　拘束力

処分又は裁決を取り消す判決は、その事件について、当事者たる行政

庁その他の関係行政庁を拘束します。

　この「拘束力」の内容は、裁判所が違法と判断したのと同一事情の下では、同一の理由で、同一人に対して、同一の内容の処分をすることを禁止するものであり、その趣旨は同一過誤の反覆防止にあります。

□　執行力

　過誤納金の返還請求訴訟等の当事者訴訟にあっては、原告が勝訴すれば、国等に対して強制執行をすることができます。

13　判決は法律解釈、事実の認定判断に対して先例性を持つ

　上述の判決の効力は、当然のことですが、その個別具体的事件について生ずるものであって、他の事件には及びません。

　しかしながら、ある個別具体的事件について判決が出されれば、その事件と同様の事情にある他のケースについても、裁判所は同様の判断を下すことが予想されるので、敗訴を避けるため、税務当局、納税者ともその前提の下に対応を考える必要があります（特に最高裁のそれについて、300頁参照）。

　これが、判決の先例性ともいうべき事実上の拘束力であり、これには、次の2つがあります。

□　法律解釈

　法律解釈に関する先例です。判示事項としては「…の意義」とか、「…の要件」などと表現され、判決（例）要旨では「…と解される」とか、「…を要するものである」などと表現されます。

□　事実の認定判断

　事実の認定判断にあっては、裁判所は判決の前提となった事実関係をどのように評価したのか、換言すれば、事実の認定判断に際しては事実をどのように捉え、どのように整理し、どう認定し、評価したかという裁判所の思考、判断過程が明らかとなり、これも重要な先例性を有することになります。判示事項では「…した例」とか、「…した事例」などと表現され、判決（例）要旨では「…の要件を満たすものというべきで

ある」とか、「…の場合に該当すると解する」などと表現されます。

第3節　判例の意義とその重要性

　「判例」とは、既述のように、一般的には、最高裁、下級審を問わず判決として繰り返され、抽象化された法則を意味しますが、最高裁の判決に限定して「判例」という説もあります。また、事実の認定判断に関する先例も、これに含まれます。
　判例には、次のような働きがあり、そこに判例の重要性が認められるのです。
　①　実務の支配
　②　法の創造──判例法
　③　解釈の統一

1　判例の重要性──判例の働き

　本章第1節（267頁）で述べたように、最高裁は、自身が出した判例は軽々には変更しないので、裁判官、検事、弁護士とも、敗訴を恐れて最高裁の判例に従うことが多く、その意味で、判例は実務を支配しているといえるのです。
　また、第1章第3節（26頁）で述べたように、判例は、制定法の解釈を補い、法の欠缺を補填する役割を果たしています。いわゆる法の創造です。
　さらに、上訴制度によって下級審の判断を是正することにより、判例は、いわゆる国家意思を統一します。
　以上の3点に判例の重要性が認められます。以下、順次解説していきます。

2　「判例」は法律上の論点についてなされた裁判所の判断

「判例」という言葉は、その使用する者によって種々の意味が持たされているようであり、例えば、先例となる判断を指すほか、裁判所の判決全体を指す場合や、裁判所の一般的な考え方を指す場合も少なくないようです。

しかし、判例の法律上の概念は、「判例」という用語が用いられている刑事訴訟法第405条や第410条第2項、刑事訴訟規則第253条、民事訴訟規則第192条等における概念であり、一般的に学説上もこの概念が用いられています。これによれば、判例の意義とは、次のようなものであるといわれています。

① 法律上の論点について、判決、決定の理由のなかで示された裁判所の判断であること[注]。
② ある特定の裁判において示された判断であるが、それは別の事件を裁判するときに先例となるような、一般性を有した法律的判断であること。
③ 判例は、必ずしも積み重ねられている必要はなく、ただ1回だけの判断も判例であること。
④ 上記①から③までに合致すれば、最高裁、下級審を問わずそれは「判例」というべきものであるが、後述（300頁）するように、先例としての力、実務を支配する力において最高裁と下級審との間には大きな差があることから、最高裁の判断のみを判例ということもあること。
⑤ 裁判所が裁判理由において示した法律的判断であっても、いわゆる「傍論」は判例ではないこと。

（注）事実の認定判断にあっても重要な先例性を持つので、一般的に「判例」といえば、事実の認定判断に関する先例も含まれます。

3　「傍論」（余論）には判例としての拘束力はない

「判例」は、その事件の法律上の論点についてなされた判断に限られ

るのであって、裁判の理由のなかで示された法律的判断のすべてが「判例」となるわけではありません。法律上の論点とは、仮にその点についての原審の判断が間違っていた場合には原判決が破棄されることとなるような「結論に直結した問題点」のことです。この結論（主文）に直接結びつく部分を「判例」といい、それ以外の判断を「傍論」又は「余論」といいます(注)。

　この区分は、判例法の国では極めて重要ですが、わが国でも、刑事事件の上告理由としての判例違反があるかどうか、また、民事、刑事を問わず、判例の変更手続（最高裁の判例変更については大法廷の判断によらなければならない）が必要かどうかという点において、重要な意味を有します。すなわち、傍論には判例としての拘束力はないのです。

　傍論のなかには、大法廷又は小法廷の裁判官の全員一致若しくは多数の意見として述べられているものもあります。これらは、将来の他の事件の裁判の際には、それ自体が判例となる可能性が高く、将来の判例を予測する材料といえるでしょう。

　なお、傍論の一つとして、最高裁の裁判官の少数意見（反対意見、意見、補足意見）があります。本来、裁判の評議における各裁判官の意見は秘密事項ですが、最高裁に限り、各裁判官の意見は公表されます（裁判所法11条）。これは、最高裁の裁判官に限り国民審査の制度があるので、その審査の資料を提供するためのものですが、この少数意見も将来の判例の動向予測の重要な資料となります。その意見の内容が説得力を有するものであれば、裁判官の退任、新任によるその構成の変動により、多数を占めることとなる可能性もあるからです。

（注）「傍論」を「暴論」と区別するため、「かたわら論」と発音することがあります。

4　法律上の論点についての判断には"結論命題"と"理由付け命題"とがある

　前述のように、判例とは、その事件の法律上の論点についての裁判所

の判断です。この法律上の論点についての判断には、「結論の部分」と「結論の理由付けの部分」とがあります。

　結論の部分は、例えば、「○○法第○○条は、憲法第○○条に違反する。」とか、「本件の具体的事実からすれば、本件契約は公序良俗に反するので無効である。」というような形（命題）で示されるので、「結論命題」と呼ばれます。

　理由付けの部分は、例えば、「Ａという行為がなければＢという事実は発生しなかったであろうという関係があれば、ＡとＢとの間には法律上の因果関係がある。」というような形（命題）で示され、一般的な定義として他の事件にも適用することができるところから、「理由付け命題」と呼ばれます。

　では最高裁は、「判例」の範囲ないし内容をどのように考えているのでしょうか。これについては、次のようなことが言われています（中野次雄編『判例とその読み方（三訂版）』149頁）。

① 　最高裁は、結論命題と理由付け命題の両方を判例として取り扱っている。もっとも、後者を判例として用いる場合は、該当する結論命題がない場合に限られ、後者を判例として取り扱うことを制限しているようである。
② 　最高裁は、自らの裁判例を判例として引用するほか、「判例の趣旨」として引用したり、あるいは判例として引用しているかどうかわからない形で引用する場合もあり、これらの場合には、事件や判旨が類似しているとはいいにくい判例も引用されているようである。
③ 　判例違反の主張や判例を引用しての法令違背の主張に対しては、その判例についてのいくつかの可能な読み方のうち狭い方を選び、あるいは事件を厳密に区分して結論命題を判例とする傾向がある。

5　具体的事実を前提として法律的効果を述べる命題及び重要な事実と射程範囲との関係

　ところで、結論命題のうち、前述の「○○法第○○条は、憲法第○○

条に違反する。」のように、ある法令の条項の有効、無効に関する命題は一般性を有している（いわゆる「一般的法命題」）ので、そのまま「判例」となりますが、前述の「本件の具体的事実からすれば、本件契約は公序良俗に反するので無効である。」のように、その事件の具体的事実を前提として法律的効果を述べる命題は、そのままでは他の事件に適用することができないので、「判例」にはなりません。

しかし、その具体的事実から、その事実が他の事実と入れ替わっても結論に影響を与えないような事実（例えば、時間や地名）を取り除き、結論にとって意味のある事実だけを残せば、ある程度抽象的な内容となり、他の同種の事件にも適用できるようになります。これが本来の結論命題です。そして、この結論にとって意味のある事実、つまり、その有無によって結論が変わるような事実が「重要な事実」です（269頁参照）。この重要な事実が多ければ多い程、その判例の射程範囲は狭くなり、重要な事実が少なければその射程範囲は広くなるという関係にあります（なお、319頁参照）。

6　判例は学説に具体的素材と結論を提供し、学説は判例に理論面で寄与

判例と学説との関係は、これらによって代表される「裁判実務」と「学問としての法律学」との関係として見ることができます。

判例は、学説に対して、法律問題となる無数の具体的事例を提供しています。したがって、学説から見れば、その理論の正しさを検証することができる絶好の資料となり、また、学説では予想もしなかったような資料の提供を受け、理論の発展に寄与できることとなります。

さらには、判例の結論の判断が学説に影響を及ぼすことは、十分に考えられます。現に、確立した判例は、学説の変化の一つの原動力となっているのです。

一方、学説は、判例に対して2つの面で寄与しているといわれています。一つは、基礎的な法律学の面です。当然のことながら、裁判官も、その資格条件である法律学の知識と理解は、大学における講義や教科書

を基礎として得ています。そして、裁判官としてその任務に就いた後も、常に学説の動向に留意して法律学的な思索と探求をすることになるわけです。

　もう一つは、裁判官は、個々の具体的な裁判に当たって、常に判例のみならず学説をも参照しています。裁判官は、当然ながら、学説にとらわれず独自の立場から結論を出すべきですが、その過程において、どのような学説があるかを知ることは極めて重要であり、また、自己の結論の正しさを検証する意味でも、学説上の理論は必要なのです。

　これらの関係を図示すれば、次の図のようになります。

◆ 図19：判決と学説との関係

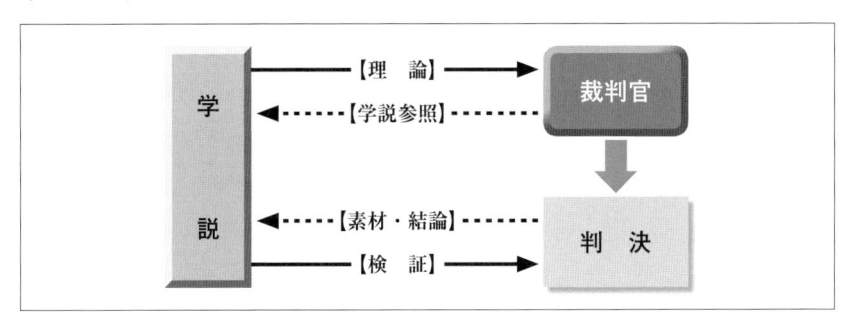

　このように、学説は裁判官に対して理論を提供し、裁判官は学説に対して判決を通じて具体的な素材と結論を提供し、その検証を求めます。すなわち、判例と学説は互いに影響し合い、かつ協力し合うという密接な関係にあるわけです。

　税理士等の実務家が、判例と学説を活用して事案を処理しようという場合、まずは学説によって問題点を法律的に整理することから始めます。そして、その整理された個々の事例に適用できる判例があれば、それに基づいて一応の結論を出し、それをもう一度学説により検証することとなります。その意味では、具体的事案への適用に当たっては、判例があればそれが優先することとなりますが、しかし、その正しさを検証するためには学説の理論が必要なのです。この流れを図示すれば、次のよう

297

になります。

◆ 図20：税理士による学説と判例の活用方法

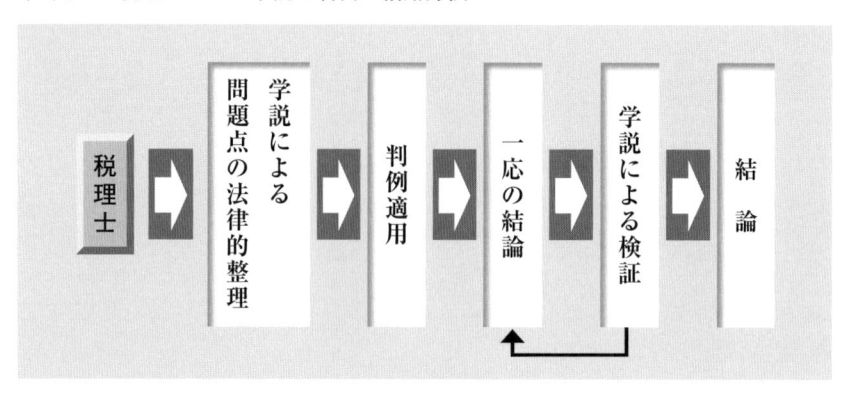

税理士 → 学説による問題点の法律的整理 → 判例適用 → 一応の結論 → 学説による検証 → 結論

（「学説による検証」から「一応の結論」へ戻る矢印）

7　判例も情勢の変化に伴い変更される

　判例が実務に及ぼしている影響と法的安定性を考えると、裁判所の法律的判断が変わるということは望ましいことではありません。しかし、従前の裁判所の判断が諸般の事情から適当でないということになれば、これを変更することとなるのは当然でしょう。

　しばしば、「法律は、それが成立した瞬間から古くなる」といわれますが、判例もまさに同様です。ある時点の社会経済情勢に対応するために作られた法律は、その情勢の変化に伴って次第に適応力を失い、その法律に基礎をおく判例による法律的判断もまた同様に、社会経済事象の変化に従い、次第に陳腐化していくことになります。そして、この判例変更を通じて、判例は発展していくのです。

　判例の変更は、最高裁が具体的事件の裁判において、従前からある判例に反する法律的判断を示すことにより行われます。この点、下級審においては、従前からある判例に反する法律的判断が出されても、それは、単に相反する判例が併存しているというだけであって、後の判例が前の判例にとって代わるということはありません。

8　最高裁の専権に属する判例変更は遡及効を有する

　このように、判例の変更は最高裁の専権に属します。もっとも、大審院の判例と高等裁判所の判例の変更は小法廷でもできますが、最高裁自身の判例の変更は、それが大法廷の判例であると小法廷の判例であるとを問わず、必ず全員の合議体である「大法廷」で行わなければなりません。これは、判例の統一を図るほか、その慎重を期するためであるといわれています。

　判例を変更する裁判においては、特に「前の判例を変更する」旨の表示が必要であるかどうかという問題があります。これについては、判決文の中にその旨が明示されるのが通常ですが、例外的に、何らかの理由でその明示がされない場合もないわけではありません。しかし、判例変更の権限を持つ最高裁（大法廷）が前の判例と異なった判断をした以上、仮にそれが前の判例を見落としたものであったとしても、判例変更に当たるというべきでしょう。

　この判例の変更も、一般の場合と同様に裁判官の多数決によります。したがって、場合によっては、最高裁の裁判官の構成の変動に伴って結論が揺れ動く可能性があり、現にそのような例がないわけではありません。そこで、これについては、多数決ではなく、例えば3分の2以上の賛成を要することとすべきであるという意見もあります。

　しかし、法的安定性と判例の発展、進歩との比較考量の問題もあり、現実にも、頻繁に変更された判例は極めて例外的なものに留まっています。

　ところで、判例を変更するということは、通常は前の判例における考え方が間違っていたということですから、変更後の新判例の考え方は、変更前に生じていた事実にも適用されなければなりません。現に、判例変更後にされる裁判においては、その事実が生じた時点の如何を問わず、新判例の考え方で裁判がされており、この意味では判例変更の効果は遡及するということができます（なお、次頁参照）。

　しかし、これには、2つの問題があります。

一つは、新判例によれば違った結論が出るはずの裁判が、既に確定していた場合です。裁判がいつされたかという偶然の事情によって不公平が生ずることは避けなければなりませんが、法的安定性という要請もあります。そこで、これについては、既に裁判が確定した者を遡って救済する旨の規定を設けるという、立法上の手当てがされることがあります。

　もう一つは、旧判例に従って行動した既成の法律関係を混乱させるということです。これについては、非嫡出子に関する民法第900条第4号ただし書の規定は憲法第14条第1項（法の下の平等）に違反し、無効であるとする判決（最高裁平成25年9月4日大法廷決定）があり、同判決は、本件違憲判断の先例としての拘束性について、問題となった平成13年7月の相続開始時から本決定までの間に開始された他の相続には、上記民法を前提としてされた遺産分割の審判その他の裁判、遺産分割協議その他の合意等により確定的なものとなった法律関係に影響を及ぼすものではないと解するのが相当であるとしています。

9　判例の働き・その1「実務の支配」——判例は裁判官を事実上拘束するが故に、その実務に及ぼす影響は大きい

　税法に限らず、学術として法律を学ぶときは、当然、その論点に関する学説と判例を視野に入れ、この両者を同次元において論究することになります。しかし、実務に対する影響力の面では、学説と判例との間には大きな差があることに留意する必要があります。

　すなわち、ある論点に関する学説は、どのような有力学者の説であってもあくまで一つの説に過ぎませんが、その論点に関する判例があれば、実質的に実務を支配するといっても過言ではありません。なぜそのようになるかというと、（最高裁の）判例が拘束する相手は直接には裁判官ですが、もし下級審の裁判官が（最高裁の）判例に反する判断をすれば、その事件は上訴の結果、結局破棄されることとなるでしょうから、裁判官としてはそのような裁判をすることを好まないでしょうし、検察官や弁護士としても、裁判官が（最高裁の）判例に拘束されることを前提と

第4章　判例の読み方

して訴訟活動をするほうが実際的であるからです。

したがって、その結論について最高裁の判断を仰ぐこととなる全ての行政処分の前提となる行政判断も、判例に拘束されることとなり、このような観点から見る限り、税理士もまた、（最高裁の）判例に支配されているといわざるを得ません。

すなわち、判例の個別具体的事実と自己の問題とする事実とが一致する場合には、その判例の結論がそのまま強力な援軍となり（逆に諦める理由となることもあり得る）、これらが一致しない場合には、判例の射程範囲ないし判例の類推を問題とする必要があるのです。

もっとも、それは法的安定という一面からの考え方であって、要するに、ある具体的論点に関する（最高裁の）判例は、「将来も最高裁はこのように判断するであろう」といういわば予測資料に過ぎないのですから、もし何らかの理由で、最高裁はそれとは異なった判断をするであろうということが期待されるのであれば、そこに判例の拘束力の限界があるといえます。

このような観点から見れば、裁判官が判例に従うということは、判例が裁判官を事実上拘束するということですが、これは正確には、裁判官は「最高裁判所がするであろうと予測される判断」に拘束されているのであって、そのような予測がされないのであれば、当然その判例に拘束されないで判断をすることとなります。

したがって、判例の拘束力といっても、判例が直接に裁判官を拘束しているわけでないことは明らかであり、いわば裁判官が判例における判断を自らの判断としたに過ぎないのです（なお、298頁参照）。

では、最高裁の判例がまだ示されていない法令の解釈問題についての下級裁判所の判例には、どのような効力があると考えればよいでしょうか。

これについては、下級裁判所の判例は、最高裁の判例のような拘束力を持つものでなく、単に先例としての参考資料たり得るに留まります。もっとも、たとえ下級裁判所のものとはいえ、法令の解釈に関する全く

301

新しい判例が出現すれば、同種の事件に関するその後の裁判に何らかの影響を及ぼすことは当然であり、さらに、いくつかの下級裁判所で繰り返し同じ解釈による判決が出されれば、実務の面ではそれ相応の意味を持ち、評価を受けることとなります。

10　検察官や弁護士を通じて判例を動かし、作り上げることも税理士の大きな役割

　判例には、拘束力の面から「強い判例」と「弱い判例」があります。
　「強い判例」とは、変更される可能性の少ない判例をいいます。特に、その判例が長年にわたって繰り返され、いわゆる「確立した判例」となっている場合にはその強度は極めて高く、最高裁大法廷の判例、各小法廷が揃って同一の判断を示している判例、（最高裁の）裁判官全員一致の判例も、反対意見のある判例に比べ安定度が高いといえます。
　これに対して、「弱い判例」とは、変更の可能性がかなりあると思われる判例をいいます。例えば、相当以前に1回だけ出されたに過ぎない判例の場合はその強度は低く、最高裁で8対7というような僅かな差でもって決定されたような判例、あるいは学者、実務家の間で異論の多い判例も、変更の可能性がある判例であるといえるでしょう。
　したがって、下級審の裁判官としては、確立した判例があれば、通常はそれに従って裁判をすると思われますが、当然、説得力のある理由があれば、最高裁の判例変更を促すという意味で、確立した判例とは異なった判断で裁判をするでしょう。また、「弱い判例」や判例がないような場合には、裁判官は、その事件の争点に適合する規範を発見し、仮に規範がなければそれを創造して、それにより裁判をすることとなります。
　このように見てくると、下級審の裁判官は、単に判例に拘束されるという受け身の立場だけではなく、判例を動かし、作り上げるという能動的な立場にもあることとなります。
　これは、「租税正義」の一翼を担う税理士にもいえることであり、能動的な立場に立って、検察官、弁護士を通じて判例を動かし、作り上げ

る役割を、法律家たる税理士であれば持つべきではないでしょうか。

11　判例の働き・その2「法の創造」――税法を含む民事の分野では「判例法」が重要な役割を担う

　判例法の国では、判例を一つの法と考えたり、あるいは不文法を宣言したものであると考える伝統があるといわれています。

　これに対して、成文法によるわが国では、判例そのものは法たる性質を有してないのであって、先に述べたように（300頁）、判例の拘束力は、いわば裁判官が判例における判断を自らの判断としたに過ぎません。

　しかし、判例が次第に「確立した判例」となっていくに従い、実質的にその内容が不文法としての力を持つことになるのもまた事実です。このように、確立した判例が一般社会において法意識として定着されると、それを「判例法」と呼びます。

　ところで、税法の分野にあっては、法律、政令、省令とかなり詳細に規定されています。しかし、このような詳細な法令によってもなお規定しきれない場面、場合、限界があることは、厖大な通達を見れば明らかです。

　このように、法の予定しなかった問題が生じた場合には、罪刑法定主義による刑事の分野はともかく、税法を含む民事の分野では判例法が重要な機能を営むこととなります。

　すなわち、民事裁判にあっては、裁判官は該当する法律が存在しないことを理由に裁判を拒否することは許されませんから、このような場合には、裁判官はその事件に適合する規範を発見し、仮に規範がなければそれを創造して、それにより裁判をしなければなりません。ここに、判例法が生成し、重要な意味を持つ理由があるのです。

　なお、近時における重要判例ないし判例法の例としては、第1章第3節（27頁）を参照して下さい。

12 判例の働き・その3「解釈の統一」——最高裁による司法判断の統一には上告理由の制限等、制度上の限界がある

　裁判は、もち論、国家の意思表示です。しかし、裁判官は各々独立してそれぞれ裁判をするところから、どの裁判官（法律的には裁判所）が判断するかによって、それぞれ、その帰趨するところに差異があるのもまた当然でしょう。

　ところで、これを裁判を受ける側からいえば、どの裁判官（法律的には裁判所）の判断を受けるかによって差異があることとなれば不公平となりましょう。裁判が国家の意思表示であるならば、本来的にはどの裁判官が担当しようと、同一の事件については同一の判断がなされなければなりません。

　これについては、行政の場合にあっては、上級機関による事前の通達や指導によってこの統一が図られますが、裁判の場合には、裁判官独立の原則からこのようなことは許されません。

　そこで、「上訴制度」によって下級審の判断を是正し、統一することとされています。すなわち、下級審の判断は、上訴によって最終的に最高裁の判断を仰ぐことができることとし、そこで判断の統一が行われます。すなわち、一種の事後統制によって国家意思の統一が図られるわけです。

　もっとも、最高裁による判断の統一といっても、現実の問題としては限度があります。その理由の第一は、制度上、最高裁に上訴することができる事件ないし上告理由には制限があること（例えば、民事事件や行政事件にあっては事実認定に関する理由は原則不可）、その第二は、仮に上訴ができる事件であっても、当事者が必ずしも上訴するとは限らないことです。最高裁の事務負担の限界を考え、また、当事者主義を原則とする限り、やむを得ないこととともいえましょう。

13　最高裁の憲法判断は慎重に行われる

　解釈の統一に関連する問題として、憲法に関する判断があります。

すなわち、憲法第81条は「最高裁判所は、一切の法律、命令、規則又は処分が憲法に適合するかしないかを決定する権限を有する終審裁判所である。」と規定しています。これは、憲法判断に関する全ての事件について、最高裁へ上訴することができることを意味します。一般の法律問題と違って、憲法判断は最高裁固有の権限であることを示すものですが、下級裁判所も当然、違憲立法審査権を有するといわれています。

　最高裁の違憲判断が確定した場合、その違憲とされた法律（条文）はどうなるかという問題があります。これについては、一般的、対世的に効力を失うとする説（一般的効力説）と、その事件に限り効力がないとされるに過ぎないとする説（個別的効力説）とがあります。しかし、実際上は、違憲判決は判例となり、その後はその判例によって常に無効のものとして取り扱われますから、両説の間にはそれ程差異はありません。

　最高裁のこの点に関する考え方は明らかではありません。実例では、立法府は、違憲とされた法律の廃止ないしその条文の改正を行っており、これは、その違憲とされた法律（条文）がその他の関係では未だ有効であるとされるような事態を避けるための立法措置であると思われますが、このことをもって、立法府は個別効力説を前提にしているとする説があります（中野次雄『判例とその読み方（三訂版）』90頁）。

　なお、当然のことですが、法律は、国民によって民主的にコントロールされている国会が制定し、その議院内閣制の下で行政府が行政処分を行います。ところが、裁判官にはこの民主的コントロールは直接には及ばないのです。そこで、このような国会が制定した法律や行政府の行政処分を、裁判所が無制限に違憲ないし無効と判断してよいかどうかという問題があり、このことについては、アメリカではつとに議論がされており、裁判所は違憲審査権の行使について自己制約的ないくつかの規則を作り出しているといわれます（高柳賢三『司法権の優位』107頁）。

　わが国でも、最高裁の違憲判断については、裁判所法による規制と明文の規定のない自己規制とがあります。すなわち、裁判所法は、最高裁における憲法判断は建前としては大法廷の権限に属することとし（同法

10条1号)、その事項について既に大法廷が合憲とした裁判があり、これと同じ意見であるときは、小法廷でも裁判をすることができることとしていますが(同号かっこ書)、違憲の判断をするときは、既にこれと同じ趣旨の大法廷の裁判があっても、大法廷でこれをしなければならないとしています(同条2号)。しかも、関与裁判官の数如何にかかわらず、8人以上の裁判官の意見の一致を必要としています(最高裁判所裁判事務処理規則12条)。このようにして、違憲判断を慎重ならしめているのです。

また、明文の規定はありませんが、最高裁は次のような自己規制を行っているといわれています。

その一つ目は、高度の政治性を持つ事項については違憲審査権が及ばないとする、いわゆる統治行為の理論であり、二つ目は、他に方法があれば、できる限り違憲判断は回避すべきであるという考え方です。

後者は、具体的には、1)違憲判断はそれが明白な場合に限って行うべきであること(合憲性の推定)、2)法律は合憲な範囲に縮小して有効なものと解釈すべきこと(合憲限定解釈)、3)これらが不可能な場合には、その事例への適用に限り違憲とする方法を採ることによって、法令そのものの違憲・無効の判断をなるべく回避すること(適用違憲、運用違憲)とする考え方であるとされています(佐藤幸治『現代法律学講座5 憲法(新版)』327頁以下)。

なお、違憲判断がされたときは、官報でその旨公告され、裁判書正本が内閣及び国会に送付されます(前出・事務処理規則14条)。

14 高裁等の事実認定は最高裁を拘束

判例の拘束力ではありませんが、裁判所法第4条は、「上級審の裁判所の裁判における判断は、その事件について下級審の裁判所を拘束する。」と規定しています。この規定は、上級審の裁判所が原裁判を破棄し、又は取り消して事件を下級裁判所に差し戻した場合には、再度その事件が上級審と下級審との間を往復することのないように、その破棄、取消

しの理由となった上級審の裁判所の判断は、再度その事件を審理することとなった下級裁判所を拘束するとするものです。

　また、民事事件について民事訴訟法第321条第1項は、「原判決において適法に確定した事実は、上告裁判所を拘束する。」と規定しています。これは、民事事件に関する事実認定は、本来下級裁判所のなすべきものであり、上告審は法律審であることを建前とするものです[注]。もっとも、事実認定に関連する法律問題もあり得るので、それに関する経験則の適用、釈明権行使についての最高裁の判断は、下級裁判所の事実認定の仕方に影響を与えることは、当然です。

（注）「法律審」に対応する言葉は、「事実審」です。第一審及び控訴審は事実審であり、事実審では法律問題と事実問題を審理し、認定することができます。

第4節　判例の読み方

　判決文の効率的な読み方は、新方式の場合であれば、前述したように、「争点」及び「争点に対する判断」から読む方法があります。しかし、正確に読むためには、まず、その事実関係から入らなければなりません。この事実関係には、①当事者間に争いのない事実、及び②争いがあって裁判官が認定した事実（争点）とがあります。そして、この事実関係の中から、結論にとって意味のある「重要な事実」（269頁参照）を抜き出す必要があります。この「重要な事実」の多寡がその判例の射程範囲を左右することになります。

　事実関係が明らかになれば、次に、それを前提として、「法律上の論点」（269頁）を把握します。

　最後に、その事件の具体的事実関係と論点とを前提にして、裁判所の判断を読まなければなりません。法律上の論点についての裁判官の判断が「判旨」であり、結論と理由とからなります。

　もち論、判例を読む目的により、読み方が異なり、ある問題に限定してこのような判例があるということを知る程度の一般的な勉強の場合には、判例要旨でほぼ十分ですが、税理士等が具体的事件について判例を必要とする場合には、判決文そのものを読む必要があります。

　なお、第一審判決、控訴審判決及び上告審判決がある場合には、効率的な読み方は、上告審から読む方法ですが、正確に理解するためには第一審から読む方法をお勧めします。この場合に、当事者の略称がそれぞれの審級によって異なっていることが多いので、まず、当事者の略称を統一してから読めば理解し易いでしょう。

第4章 判例の読み方

1 判例の特定とその入手──「LEX／DB」を利用すれば欲する判例の検索・入手は比較的容易

まず、自分の抱えている問題について参考となるような判例が欲しいときはどうすればよいか、その手段について述べたいと思います。

(1)「LEX／DB」注1)を利用しない場合

① まず、その問題点を法律的に分解、整理します。
② 整理された個々の問題点に関する論文、解説書、判例評釈等を探し出し、その中で引用されている判例をリストアップします。この場合には、その問題の性質、内容に応じて、後述（310頁）する各種の資料を適宜使い分ける必要があります。
③ 法条別又は理論的分類に従って整理されている判例集により、その法条又は分類に従って、その要旨により必要とする判例を探し出します。
④ 上記②及び③を交互に繰り返します。特に、総合的な研究書を出発点とし、そこから順次参考とすべき文献等の範囲を拡げていければ最高です。
⑤ 以上により、参照すべき判決の特定（裁判所名、判決年月日、出典等）注2)ができれば、下記⑥の検索に入ります。
⑥ 法条別又は理論的分類に従って整理されている判例集の場合には、上記の手順により特定できれば、即、その要旨及び判決文を見ることができます。時系列に従って整理されている判例集の場合には、それぞれその判決年月日、裁判所名等に従って検索することができます。

(2)「LEX／DB」を利用する場合

Ⅰ 判決が特定されていない場合

① フリーキーワード又は法条別検索システムにより、必要とする判決全文又は判例要旨を検索します。この場合、キーワードの選択とその組み合わせが重要であり、これらが適正でないと満足な結果を得ることができない場合も少なくありません。

② 判決書誌には参考文献のリストが付されているので、それによって調査の範囲をさらに拡げることができます。
③ 判決全文から判例要旨へ、又は判例要旨から判決全文へも容易に移行できます。各審級間にあっても、同様です。
Ⅱ 判決が特定されている場合
① 「LEX/DB」では、裁判所名、判決年月日[注2]が特定できれば、それによって検索することができます。もち論、その文献番号により特定できれば、その検索はさらに容易です。
② 上記Ⅰの②及び③に同じ。

(注1)「LEX/DB」については、本章末の「参考4」(363頁)を参照。なお、「税理士情報ネットワークシステム（TAINS）」、「判例MASTER for WEB」（新日本法規）及び「リーガルベース判例版」（日本法律情報センター）等もあります。
(注2)同一裁判所で、同一年月日に複数の判決が出されている場合も少なくありません。そのような場合には、事件番号まで特定できればベターです。

2 判例集には時系列、法条別に掲載したものや理論的立場から整理したものなどがある
(1) 時系列による判例集
おおむね、次のようなものがあります。
□ 最高裁判所民事判例集（いわゆる「民集」）
□ 最高裁判所刑事判例集（いわゆる「刑集」）
□ 高等裁判所民事（刑事）判例集
□ 下級裁判所民事（刑事）判例集
□ 行政事件裁判例集（いわゆる「行裁例集」）
□ 訟務月報
□ 税務訴訟資料（行政・民事）（刑事）等
民集及び刑集には、その事件の第一審判決及び控訴審判決のほか、上告理由（趣意）書も掲載されています。その事件の事実関係と論点を正

確に把握するためには、これらも併せて読む必要があります。

　なお、裁判所ウェブサイトの裁判例情報で、最高裁判所判例集、高等裁判所判例集、下級裁判所判例集及び行政事件裁判例集等を検索することができます。

(2) 法条別による判例集

　おおむね、次のようなものがあります。

- □ 判例体系（第一法規）
- □ 基本判例（第一法規）
- □ 行政判例集成（ぎょうせい）

(3) 理論的立場から整理した判例集

　おおむね、次のようなものがあります。

- □ 判例コンメンタール（三省堂）
- □ 総合判例研究叢書（有斐閣）
- □ 行政関係判例解説（ぎょうせい）

(4) 判例の個別研究

　おおむね、次のようなものがあります。

- □ ジュリスト（有斐閣）
- □ 判例タイムス（判例タイムス社）
- □ 判例時報（判例時報社）
- □ 法律時報（日本評論社）
- □ 最高裁判所判例解説（法曹会）

(5) 書誌情報の検索

　おおむね、次のようなものがあります。

- □ 法律判例文献情報（第一法規）
- □ 最高裁判所図書館邦文法律雑誌記事索引（最高裁判所図書館）

　なお、判例集を見ると、その判決・決定の冒頭に「判決（決定）要旨」が掲載されています。この「判決（決定）要旨」は、最高裁判所判例集の場合には最高裁の判例委員会等が作成したものであり、「LEX/DB」

の場合にはTKC税務研究所が作成したものであって、決して判決、決定の一部を構成するものではありません。

　これらは、「判例」を検索する場合の手掛かりとして索引的に記載されているものであり、これをそのまま「判例」であると考えるのは危険であって、判例はあくまでもその判決を読む人自身が読み取らなければなりません。もっとも、最高裁の判例委員会等は、その裁判の「判例」であると考えたものを要旨として書いているので、われわれが「判例」を読み取り、理解をするのに大いに参考となることは当然です。

3　民事事件（行政事件を含む）の判決書は「主文」、「事実」、「理由」から構成

　前述のとおり（266頁）、裁判には判決、決定及び命令の3種類がありますが、ここでは、主として「判決」について述べることとします。

　民事事件（行政事件を含む）の判決のスタイル、すなわち、判決書の構成は、平成5～6年頃まではおおむね次のようでした（以下「旧方式」という）。

```
　主　文
　事　実
　　　第一　当事者の求めた裁判
　　　　一　原告の請求の趣旨[注1]
　　　　二　請求の趣旨に対する被告の答弁[注2]
　　　第二　当事者の主張
　　　　一　請求の原因
　　　　二　請求の原因に対する被告の認否
　　　　三　抗弁[注3]
　　　　四　抗弁に対する被告の認否
　　　第三　証拠
　理　由
```

第4章　判例の読み方

> 裁判官　署名捺印

その後は、次のような方式（以下「新方式」という）のものが多いですが、基本的に各裁判官の任意に委ねられているので、統一されているわけではありません。

> 主　文
> 事実及び理由
> 　　第一　原告の請求と被告の答弁
> 　　　　一　原告の請求の趣旨[注1)]
> 　　　　二　請求の趣旨に対する被告の答弁[注2)]
> 　　第二　事案の概要
> 　　　　一　争いのない事実
> 　　　　二　争点
> 　　　　三　当事者の主張[注4)]
> 　　第三　争点に対する判断
> 結　論[注5)]
> 　　　　　　　　　　　　　　　　裁判官　署名捺印

民事事件（行政事件を含む）の判決の場合には、判決書には、主文、事実及び理由のほか、当事者及びその法定代理人並びに裁判所を記載し、裁判官がこれに署名捺印します（民事訴訟法253条1項、民事訴訟規則157条1項）。上級審の判決では、事実及び理由の記載は、下級審判決と重複すればこれを引用しないことができます。

「主文」は、判決の結論を示す部分であり、訴え又は上訴に対する応答であって、例えば、原告の請求の全部又は一部を棄却するとか、あるいはその請求の趣旨に応じた判断が掲げられます。

「事実」は、紛争当事者間に争いのない事実関係をいい、争いがあっ

313

て裁判所が認定しなければならない事実関係は「争点」といいますが、両者を併せて事実又は事実関係ともいいます。

　旧方式の「理由」及び新方式の「争点に対する判断」は、原告及び被告の主張又は抗弁を取捨選択し、主文の結論を導き出した経路を明らかにする部分です。

　判決としての先例性は、この理由・争点に対する判断の部分にありますが、それのみでは論旨が明確でないような場合には、事実欄に記載された当事者双方の主張等をも参照する必要があります。

　なお、主文中の訴訟費用に関する記述箇所によっても、原告、被告の双方がどの程度勝訴したのかを知ることができます。例えば、「訴訟費用はこれを三分し、その一を原告の、その余を被告の負担とする。」とあれば、原告は、おおむねその請求の３分の２について勝訴し、３分の１については敗訴したということになります。

（注１）例えば「〇〇処分の取消しを求める。」などと表示されます。
（注２）例えば「請求の棄却を求める。」などと表示されます。
（注３）相手方の主張を排斥する主張です。
（注４）これにより、問題点（争点）を明確にしようとするものです。
（注５）「結論」の項が設けられない場合もあります。なお、判決書の構成は、刑事事件の場合は少し異なり、また、上告事件の場合は大きく異なります。

4　判例は、その読む目的に即してその事件の具体的事実との関連性に立脚して読む

　ところで、判例を読む目的は何かということにより、判例の読み方が異なってきます。

　例えば、法曹実務家が職務上の必要性から読むときは、徹底した読み方が必要でしょうが、単に税法学の勉強の一環として判例を読むのであれば、必ずしも判決文そのものを直接に読む必要はなく、判例要旨により一通りの内容が分かればよい場合も多いでしょう。しかし、税理士等

が具体的な事件について判例を必要とする場合においては、微妙な点に疑問があれば、やはり判例要旨のみに頼るということはせず、判決文そのものを読む必要があります。

後述（316頁以下）するように、通常、判例を読むときは、1)事実関係との関わりにおいて、2)論点を把握し、3)その論点についての裁判所の判断（判旨）を読むことになります。すなわち、判例は、それぞれの事件の具体的事実（269頁で述べた「重要な事実」）との関連という射程範囲の問題（319頁参照）があり、したがって、判例を読むときは、この具体的事実と関連させながら読むことが必要です。

5 裁判所の判断の予測等を目的とする判例研究の場合は、さらに深い読み方が必要

判例研究や学問上の理論研究のためには、次のようなさらに深い読み方が求められます（中野次雄編『判例とその読み方（三訂版）』124頁以下）。

(1) 判例に内在するものを中心とした読み方

これは、判例が実務に対し支配力を持っている事実に基づき、その射程範囲を明らかにし、将来の裁判所の判断の予測を行うことを主眼とする研究です。そのためには、総合判例研究によって多くの判例の基底にある判例理論を発見することもまた、重要な課題であるといわれています。判例研究の本道です。

(2) 批判的読み方

自分ならこう考えるという態度で、自己の法律的考え方をその事件に当てはめて見るやり方で、引いてはその判例の批判に繋がる読み方です。この場合、あくまでも、その判例は具体的事件の解決のための判断であるという認識の上に立った批判であるべきであり、それを欠いた抽象的な批判は単なる学説と同列になります。

この批判的読み方は、本来、どのような立場からの批判でもよいが、裁判官に何らかの影響を与えようというのであれば、全く反対の立場からの批判や、判例との距離が五歩も十歩も開けば無視されるのが落ちであり、建設的な役割を果たそうとするのであれば、一歩の距離を置いて批判する必要があるといわれています（平野竜一『判例研究の効用』270頁以下）。

(3) 学問上の理論研究のためにする読み方
　判例は、学問研究のための具体的事例を無数に提供します。中には、予想もしなかったような、したがって、その法律的解決が論ぜられたこともなかったような事例が提供され、理論の発展に寄与することは、しばしば経験することです。このように、判例の結論は、学問上の理論に反省の機会を与えるといっても過言でありません。
　なお、長年の経験により培われた裁判官の法律的直観は尊重すべきものがあり、税理士等の実務家としては、判例の事実関係から導き出した自己の結論と判例の結論とが異なるときは、謙虚に判例の結論が正しいとの前提で読み直し、自己の理論の欠点を発見するようになれば、判例研究の成果があったといえるのではないでしょうか。

6　判例の事実関係の中から、結論を左右する「重要な事実」を読みとる

　一般性のある判決か、特異性のある判決かを、まず事実関係から読み取る必要があります。
　先に述べた（314頁）ように、判例を読むためには、まずその事実関係を知ることが不可欠です。この事実関係には、①当事者間に争いのない事実と、②争いがあって裁判官が認定した事実（争点）とがあります。
　そして、この事実関係の中から、論点と判旨との関係において、「重要な事実」（269頁参照）を抜き出す必要があります。すなわち、その事件の具体的事実を、「その事実が他の事実と入れ替わっても結論に影

響を与えないような事実（例えば、時間、地名）」と、「結論にとって意味のある事実（その有無によって結論が変わることとなる事実——重要な事実）」とに分類する必要があります。もっとも、これを一律に分類する基準はないので、多くの事例に取り組むことによって、これを読み取る技術を養う必要があるでしょう。

　判決要旨だけを読めば一般性のある判決のようであっても、事実関係まで読むとその事件には特異性があり、いわば最初に結論があって、理由を後から付けたようなものも多くあります。したがって、事実関係を読むことは極めて重要であるといえます。

　この事実関係については、通常は、判決文の理由の中で、必要な事実ないしその認定と法律の適用関係として示されていますので、これで知ることができます。しかし、これで論旨が明確にならない場合には、判決文の事実欄の当事者双方の主張等から汲み取らなければなりません。

　また、最高裁の判決、決定の理由の中には事実が全く示されていない場合が多く、このような場合には、その事件の第一審、控訴審の判決を見る必要があります（306頁参照）。また、具体的事実を知る手掛かりの一つとしては、上告理由（趣意）書があります。

7　「重要な事実」を把握した後に「法律上の論点」を把握する

　事実関係が明らかになったら、次に、それを前提として「法律上の論点」（269頁）を把握する必要があります。

　この法律上の論点は、通常は、請求の原因、請求の原因に対する被告の認否、抗弁、抗弁に対する被告の認否等を通じて明確になり、最終的に裁判官が判断をすることとなります。また、旧方式（312頁）のスタイルの判決書であればその「理由」から、新方式（313頁）のスタイルであれば「争点」から、それぞれ導き出されるのですが、とりわけ旧方式の場合にはこれを簡便に読み取る便宜な方法があるわけではないので、やはり多くの判例を読み、習熟するしか仕方がないのではないかと考えます。

論点は、上告審にあっては、通常、上告理由（趣意）書によって提示されるので、それを読めば一応把握できるでしょう。しかし通常、第一審、控訴審を通じて争われているものであり、場合によっては、第一審及び控訴審判決を読んで、それまでにどのような点が争われてきたかということを知ることも有益です。
　ここで、後掲の「参考3」（325頁）で引用する判決について、「重要な事実」と「法律上の論点」を挙げれば、次のとおりです。

◆　図21：参考3の判決の「重要な事実」と「法律上の論点」

区　分	本　件　判　旨
重要な事実	ア　宗教法人によるペット葬祭業である。 イ　そのパンフレット及びホームページによれば、火葬料金について、動物等の重さと火葬方法との組み合わせによる料金表を掲載している。 ウ　墓地への埋蔵には無料と有料とがあり、有料墓地について、ホームページでは「お手頃にご用意できます」と掲載している。 エ　帳簿記載の収入金額は、イの料金表の金額に一致している。
法律上の論点	法人税法2条13号の収益事業に該当するか。

※1　参考3で引用している最高裁判決でも述べているように、法人税法第2条第13号の収益事業に該当するか否かは、上記の事実関係を基に「事業に伴う財貨の移転が役務等の対価の支払として行われる性質のものか、それとも役務等の対価でなく喜捨等の性格を有するものか、また、当該事業が宗教法人以外の法人の一般的に行う事業と競合するものか否か等の観点を踏まえた上で、当該事業の目的、内容、態様等の諸事情を社会通念に照らして総合的に検討して判断する」のですから、上記重要な事実から導き出された法律上の論点がそのまま結論とはならないこともあり得るということに留意する必要があります。
※2　参考3で引用している最高裁判決が参考となるような具体的事件に直面した場合（例えば、①他の宗教法人が○○供養と称した会で料金表を定めて喜捨を求めたようなケース、②仮に、本件宗教法人が料金表を公表していなかったようなケース）を想定した「本判決の射程範囲」の検討については、327頁を参照して下さい。

8　法律上の論点についての裁判官の判断が「判旨」

　最後に、法律上の論点についての裁判所の判断を読みます。

　「判旨」は、三段論法（①事実はかくかくしかじか。②法律解釈はかくかくしかじか。③事実に法律を当て嵌めれば結論はかくかくしかじか。）で書かれています。

　裁判所の判断は、最高裁の場合には、その判決、決定の理由中で、「この判決（決定）は、（裁判官〇〇の……意見があるほか）裁判官全員一致の意見によるものである。」というような文章で締めくくられた部分に記載されています。これらは、判例集あるいは判例解説等では「判旨」として引用されます。

　この判旨は、常に具体的事実関係と論点とを念頭に置いて読む必要があり、また、従来の判例との関係や学説との関係についても調査すれば、さらに深い理解を得ることができるでしょう。

　この判旨も、最高裁の場合には、「この点に関する原判示は正当である。」というような記載もあり、このような場合には原判決も併せて読む必要があります。

　なお、傍論ないし意見（269頁参照）は、判旨には含まれません。

9　重要な事実の多寡がその判例の射程範囲を左右

　いま参照しようとしている判決の個別具体的事実（いわゆる「重要な事実」）が——、

① 少なければ、自己の問題点に適用できる確率が大きく（射程範囲が広い）

② 多ければ、自己の問題点に適用できる確率が小さい（射程範囲が狭い）

といえます。これが、「判例の射程範囲」の問題です。

　判決の効力である既判力、拘束力及び形成力は、いずれもその事件について生ずるものです。しかしながら、先に述べたように、判決理由が法律解釈ないし適用にわたる場合には、その事件と同様の事件について

は、裁判所は同様の判断を示すものと考えられ、納税者、税務当局、税理士ともそれを前提にして対応しなければなりません。

また、判決が事実の認定判断に係るものである場合には、その判断を通じて裁判所の思考と判断の過程が明らかとなるので、それにより、法律解釈の前提として事実をどのように捉え、整理し、評価するかという点についても、極めて重要な先例となります[注]。なお、場合によっては、法的判断をすべきところを事実認定の問題として解決を図ることも、全くないわけではないと聞いています。

しかし、いずれにしても、その判例とその判例を当てはめようとする事件（直面している事案）との関係において、いわゆる「重要な事実」（269頁参照）の類似性如何が問題であり、「重要な事実」の一部にでも差異があれば、当然、そのまま当てはめることができないこととなります。そこで、前述のように（295頁）、「重要な事実」が多ければ多い程、その判例の「射程範囲」（判例が適用できる範囲）は狭くなり、それが少なければ少ない程、その射程範囲は広くなるという関係にあります。

そこで、射程範囲が狭い場合には、判例の類推ないし判例理論の発見（次頁参照）の手法が必要となります。

（注）地裁、高裁段階における裁判官の事務量を事実認定と法律解釈とに分ければ、地裁で事実認定9：法律解釈1、高裁で事実認定8：法律解釈2ぐらいではないかといわれており（倉田卓次『講座民事訴訟6』32頁）、事実認定が相当大きな部分を占めていることがわかります。

10　判例予測の方法には「既存の判例からの類推」と「判例理論の発見」がある

前述のように、判例の拘束力とは、裁判官は判例における判断を自らの判断とし、あるいは「最高裁判所がするであろうと予測される判断」に拘束されることを意味します。したがって、ここに将来の最高裁の判断の予測の必要性があるのです。

ところで、判例は、いかにその内容を抽象化、一般化しても「重要な事実」という制約があるところから、その射程範囲はある程度狭いものとならざるを得ません。前述した一般的法命題（296頁）[注1]が述べられている判例は数としては少なく、大部分は、結論命題（296頁）[注2]であるからです。

そこで、将来の判例を予測する方法として、「既存の判例からの類推」と、「判例理論の発見」とを活用する技術が必要となります。

(1) 判例の類推

「判例の類推」とは、ある判例の重要事実を入れ替えて結論を得る方法で、いわば判例における判断の「準用」（183頁参照）です。

この判例の類推は、最高裁もしばしば行っているところであり、その場合には、判決文に「判例の趣旨に従い…」と述べられています[注3]。

この判例の類推により、判例の射程範囲をある程度拡げることができますが、当然、重要な事実の類似性という制約があり、その重要な事実を入れ替えても結論が異ならないという論証が必要となります。

(2) 判例理論

数多くの判例の基底にあって、その判例を生み出している裁判所の一般的な考え方を「判例理論」といいます。いわば講学上「○○説」とか「○○理論」とかいわれるものと同様です。

裁判は、当然個々の事件についての判断をするものであり、具体的事実を前提とした個別的なものですが、そこには個々の判断を通じた一貫性があるといわなければなりません。この一貫性の基礎となるものが、その法律問題についての抽象的・一般的な考え方であり、これが「判例理論」と呼ばれるものです。

この判例理論は、裁判官が意識して形成しようとするものではなく、判例が積み重ねられていく過程において自ずと成立していくものですから、多くの判例に示されている結論命題から帰納的に推理されることと

なります。

　判例の類推を行う場合における「事件の類似性」という制約に比べ、この判例理論にあっては、それが的確に推理できれば将来の判例をかなり確実に予測することができるといえるでしょう[注4]。判例理論は抽象的・一般的なものであり、その射程範囲が広いからです。

　しかし、判例理論を的確に推理することは決して容易ではありません。すなわち、人によって見解を異にすることとなる場合が多く、一義的でないという弱点があることから、この判例理論に頼り過ぎるのは危険であり、あくまでも、将来の判例予測のための手段の一つだという程度に考えるべきであるとされています（中野次雄編『判例とその読み方（三訂版）』73頁）。

（注1）例えば、「○○法第○○条は、憲法第○○条に違反する。」のように述べられているものです。

（注2）例えば、「本件の具体的事実からすれば、本件契約は公序良俗に反するので無効である。」のように述べられているものです。

（注3）判例そのものに従ったときは、「判例とするところである。」と述べられることとなります。

（注4）判例理論による判例予測の一つの実例を挙げると、脱税犯に対する刑罰が実刑となるか執行猶予付となるかという予測があります。これについては、最近の研究によると、次のような事情があれば実刑になることが多いといわれています（板倉宏他「租税ほ脱犯処罰の現状とその問題点」税理36巻6号2頁）。

　イ　ほ脱税額が2億円以上3億円未満の場合は、次の3つの要件を満たすこと。
　　　(a) ほ脱率が80％以上で、(b) その手段が巧妙・悪質であり、かつ、(c) 罪証隠滅工作がされたこと。
　ロ　ほ脱税額が3億円以上5億円未満の場合は、次の2つの要件を満たすこと。
　　　(a) ほ脱率60％以上で、(b) その手段が巧妙・悪質であること。
　ハ　ほ脱税額が5億円以上の場合は、ほ脱率40％以上であること。

第5節　判例の活用

　税理士業務は、法律判断業務であり、その場合の武器は、「税法の解釈能力」と「判例の活用能力」です。
　税理士法第1条で謳っている、税務当局にも納税者にも偏らない公正な立場を堅持するために、判例を大いに活用し、さらに進めて新しい規範の創造に寄与することを期待します。

1　判例は実務における攻撃防御の強力な武器

　税理士等の実務家は、実務における攻撃防御方法として、判例を大いに活用すれば強力な武器となります。

　その理由は、これまで縷々述べてきたように、判例は一種の拘束力を持ち、また、通達は裁判官による適否の判断の対象となるところから、判例は、通達にも学説にも優先して適用され、ときには法律をも凌駕することもあるからです。

　このような観点からいえば、納税者ないし税理士の見解と税務当局の見解とに相違が生じたときは、判例はこの両者の主張の適否を判断するための大きな手掛かりとなり、これに勝るものはないといっても過言ではありません。

　その活用の方法は、先に述べたように、その事件をまず学説により法律的に整理し、その整理された個々の事例に適用できる判例があればそれによって一応の結論を出し、そして、その結論をもう一度学説により検証することとなります（図19・297頁）。その意味では、具体的事案への適用に当たっては、判例があればそれが優先することとなりますが、しかし、その正しさを検証するためには学説の理論が必要なのです。

税理士が判例の重要性についての認識を持てば、通達の抽象的、一律的な基準による尺度よりも、個別のケースに応じた具体的妥当性のある判例の方が勝ることは当然であり、通達に拘束された税務当局よりも優越した立場に立つことは疑いがありません。その適切な活用を強く期待してやみません。

　さらには、もう一歩進めて、先にも述べたように判例にはその拘束力の面から「強い判例」と「弱い判例」とがありますが、いずれの場合であっても、税理士は能動的な立場に立ち、弁護士、裁判官を通じて判例を動かし、作り上げる役割を持つべきであると考えます。

参考3　実際の判例の読み方の例

　ここでは一つの実例（ペット葬祭業の収益事業該当性の有無）を取り上げ、その①書誌情報、②最高裁判決とその見方及びその射程範囲の検討、③高裁判決並びに④地裁判決を掲げます。

1　書誌情報

■ 文　献　番　号
［LEX/DB］28141940
■ 文　献　種　別
判決／最高裁判所第二小法廷（上告審）
■ 裁　判　年　月　日
平成 20 年 9 月 12 日
■ 事　件　番　号
平成 18 年（行ヒ）[注1] 第 177 号
■ 事　件　名
法人税額決定処分等取消請求事件
■ 審　級　関　係
【第一審】名古屋地方裁判所平成 16 年（行ウ）第 4 号、平成 17 年 3 月 24 日判決
【控訴審】名古屋高等裁判所平成 17 年（行コ）第 31 号、平成 18 年 3 月 7 日判決
■ 事案の概要
宗教法人である上告人が、死亡したペットの飼い主から依頼を受けて葬儀、供養等を行う事業に関して金員を受け取ったことについて、被上告人から、本件ペット葬祭業が法人税法施行令 5 条 1 項 1 号、9 号及び 10 号

に規定する事業に該当し、法人税法2条13号の収益事業に当たるとして、法人税の決定処分及び無申告加算税賦課決定処分を受けたため、その取消を求めた事案の上告審において、宗教法人である上告人が、依頼者の要望に応じてペットの供養をするために、宗教上の儀式の形式により葬祭を執り行っていることを考慮しても、本件ペット葬祭業は、法人税法施行令5条1項1号、9号及び10号に規定する事業に該当し、法人税法2条13号の収益事業に当たると解するのが相当であるとされた事例

■ 判示事項　〔TKC税務研究所〕注2)

1. 宗教法人が行うペット葬祭業が収益事業に当たるか否かの判断基準（要旨文献番号：60047571）
2. 宗教法人が行うペット葬祭業が収益事業に当たるとした事例（要旨文献番号：60047572）

■ 裁判結果

棄却

■ 上訴等

確定

■ 裁判官

津野修・今井功・中川了滋・古田佑紀

■ 掲載文献

［裁判所時報］1467号8頁

［判例タイムズ］1281号165頁

［判例時報］2022号11頁

［訟務月報］55巻7号2681頁

［最高裁判所裁判集］民事228号617頁

［裁判所ウェブサイト］

［税務訴訟資料］258号順号11023

■ 参照法令

・法人税法施行令5条（平成12年政令416号改正前）

・法人税法施行令5条（平成14年政令104号改正前）

(注1)「行ヒ」とは、最高裁判所における上告受理事件を意味します（後出329頁参照）。
(注2)「判示事項」及びその内容である「判決要旨」（この頁及び次頁参照）は、判決の一部を構成するものではなく、本件の場合であれば、TKC税務研究所が作成したことを意味します。

2 最高裁判決とその見方及びその射程範囲の検討

1 最高裁判決

=========== 判 決 要 旨 ===========

［提供：TKC税務研究所］注)

■ 判示事項
　宗教法人が行うペット葬祭業が収益事業に当たるか否かの判断基準
（LEX/DB60047571）

■ 判決要旨
　宗教法人の行う、外形的に見ると、請負業、倉庫業及び物品販売業並びにその性質上これらの事業に付随して行われる行為の形態を有するものと認められる事業が、法人税法施行令5条1項10号の請負業等に該当するか否かについては、法人税法が、公益法人等の所得のうち収益事業から生じた所得について、同種の事業を行うその他の内国法人との競争条件の平等を図り、課税の公平を確保するなどの観点から、これを課税の対象としていることにかんがみれば、その事業に伴う財貨の移転が役務等の対価の支払として行われる性質のものか、それとも役務等の対価でなく喜捨等の性格を有するものか、また、当該事業が宗教法人以外の法人の一般的に行う事業と競合するものか否か等の観点を踏まえた上

で、当該事業の目的、内容、態様等の諸事情を社会通念に照らして総合的に検討して判断するのが相当である。

■ 判示事項
宗教法人が行うペット葬祭業が収益事業に当たるとした事例（LEX/DB60047572）

■ 判決要旨
上告人宗教法人Ｘが行う本件ペット葬祭業においては、Ｘ法人の提供する役務等に対して料金表等により一定の金額が定められ、依頼者がその金額を支払っているものとみられるから、これらに伴う金員の移転は、Ｘ法人の提供する役務等の対価の支払として行われる性質のものとみるのが相当であり、依頼者において、宗教法人が行う葬儀等について宗教行為としての意味を感じて金員の支払をしていたとしても、いわゆる喜捨等の性格を有するものということはできない。また、本件ペット葬祭業は、その目的、内容、料金の定め方、周知方法等の諸点において、宗教法人以外の法人が一般的に行う同種の事業と基本的に異なるものではなく、これらの事業と競合するものといわざるを得ない。本件ペット葬祭業が請負業等の形態を有するものと認められることに加えて、上記のような事情を踏まえれば、宗教法人であるＸが、依頼者の要望に応じてペットの供養をするために、宗教上の儀式の形式により葬祭を執り行っていることを考慮しても、本件ペット葬祭業は、法人税法施行令５条１項１号、９号及び10号に規定する事業に該当し、法人税法２条13号の収益事業に当たると解するのが相当である。

（注）前頁の（注２）参照。

= 全 文 =

［文献番号：LEX/DB28141940］

◇法人税額決定処分等取消請求事件

◇最高裁判所第二小法廷平成 18 年（行ヒ）第 177 号
◇平成 20 年 9 月 12 日判決

【主　文】
本件上告を棄却する。
上告費用は上告人の負担とする。

【理　由】
上告代理人草野勝彦ほかの上告受理申立て理由について
1　本件は、宗教法人である上告人が、死亡したペット（愛がん動物）の飼い主から依頼を受けて葬儀、供養等を行う事業に関して金員を受け取ったことについて、被上告人から、上告人の行う上記事業（以下「本件ペット葬祭業」という。）が法人税法施行令（別表記載のものをいう。以下同じ。）5 条 1 項 1 号、9 号及び 10 号に規定する事業に該当し、法人税法 2 条 13 号の収益事業に当たるとして、平成 8 年 4 月 1 日から同 13 年 3 月 31 日までの 5 事業年度に係る法人税の決定処分及び無申告加算税賦課決定処分を受けたため、その取消しを求めている事案である。
2　原審の適法に確定した事実関係の概要は、次のとおりである。
（1）上告人は、昭和 58 年ころから本件ペット葬祭業を行っており、現在は、「X 動物霊園」の名称で、境内にペット用の火葬場、墓地、納骨堂等を設置し、引取りのための自動車を数台保有して、死亡したペットの引取り、葬儀、火葬、埋蔵、納骨、法要等を行っているほか、本件ペット葬祭業のあらましを写真入りで説明したパンフレットを発行し、ホームページを開設するなどして、その周知に努めている。
（2）上告人によるペットの葬儀及び火葬は、ペット専用の葬式場において、人間用祭壇を用いて僧りょが読経した後、死体を火葬に付するというものであるところ、前記パンフレット及びホームページには、その料金につき、第 1 審判決別表 2 記載のとおり、動物の重さ

等と火葬方法との組合せにより8,000円から5万円の範囲で金額を定めた表が「料金表」等の表題の下に掲載されている。この表は、上告人の代表役員が、同様の事業を行う有限会社の料金表を参考にして作成したものである。また、上記ホームページには、「上記は一式全てを含む費用です（引取・お迎え費用等は別）」との記載がある。なお、上告人によるペットの葬祭を希望する者が上告人の自動車でペットの死体を引き取ってもらうときには、3,000円の支払を求められる。

　上告人の保管している帳簿に記載されたペットの供養による収入金額は、いずれも「料金表」記載の金額又はこれに引取りの際の支払金額を加えた金額に合致している。

(3) ペットの死体を境内のペット専用の墓地に埋蔵するに当たり、合同墓地を利用する場合には、上告人にペットの葬儀等を依頼した者であれば無料であるが、個別墓地を利用する場合には、年間2,000円の管理費のほか、3年の使用期限を3回更新した時に1万円の継続利用料の支払を求められる。また、納骨堂を利用する場合には、納骨箱の大きさに応じて3万5,000円又は5万円の永代使用料、年間2,000円の管理費等の支払を求められる。前記ホームページには、「合同のお墓は上記費用にて無料でお使いいただけます。また、納骨堂・石墓地（個別墓）などのご利用の場合でもお手頃にご用意できます。」などと記載され、合同墓地、納骨堂、石墓地の説明と費用が示されている。さらに、上告人は、遺骨を納めた飼い主からの依頼に基づいて初七日法要や七七日法要を行う際に、あらかじめ定められた額の金員を受け取っている。

　このほか、上告人は、ペットの葬祭に関連して、塔婆、位はい、墓石等を希望者に交付し、あらかじめ定められた額の金員を受領している。

(4) ペットの供養や葬祭を行うことは、我が国では昭和50年代くらいから広まり始めたとされている。このような事業を行う事業者の

数は、平成 16 年現在、全国で 6,000 ないし 8,000 に及ぶとされ、仏教寺院によるものだけでなく、倉庫業、運送業、不動産会社、石材店、動物病院等によるものも見られる。

3 　上記事実関係によれば、本件ペット葬祭業は、外形的に見ると、請負業、倉庫業及び物品販売業並びにその性質上これらの事業に付随して行われる行為の形態を有するものと認められる。法人税法が、公益法人等の所得のうち収益事業から生じた所得について、同種の事業を行うその他の内国法人との競争条件の平等を図り、課税の公平を確保するなどの観点からこれを課税の対象としていることにかんがみれば、宗教法人の行う上記のような形態を有する事業が法人税法施行令5 条 1 項 10 号の請負業等に該当するか否かについては、事業に伴う財貨の移転が役務等の対価の支払として行われる性質のものか、それとも役務等の対価でなく喜捨等の性格を有するものか、また、当該事業が宗教法人以外の法人の一般的に行う事業と競合するものか否か等の観点を踏まえた上で、当該事業の目的、内容、態様等の諸事情を社会通念に照らして総合的に検討して判断するのが相当である。

　前記事実関係によれば、本件ペット葬祭業においては、上告人の提供する役務等に対して料金表等により一定の金額が定められ、依頼者がその金額を支払っているものとみられる。したがって、これらに伴う金員の移転は、上告人の提供する役務等の対価の支払として行われる性質のものとみるのが相当であり、依頼者において宗教法人が行う葬儀等について宗教行為としての意味を感じて金員の支払をしていたとしても、いわゆる喜捨等の性格を有するものということはできない。また、本件ペット葬祭業は、その目的、内容、料金の定め方、周知方法等の諸点において、宗教法人以外の法人が一般的に行う同種の事業と基本的に異なるものではなく、これらの事業と競合するものといわざるを得ない。前記のとおり、本件ペット葬祭業が請負業等の形態を有するものと認められることに加えて、上記のような事情を踏まえれば、宗教法人である上告人が、依頼者の要望に応じてペットの供養を

するために、宗教上の儀式の形式により葬祭を執り行っていることを考慮しても、本件ペット葬祭業は、法人税法施行令5条1項1号、9号及び10号に規定する事業に該当し、法人税法2条13号の収益事業に当たると解するのが相当である。

　これと同旨の原審の判断は是認することができる。論旨は採用することができない。よって、裁判官全員一致の意見で、主文のとおり判決する。

〔裁判長裁判官：津野修、裁判官：今井功、裁判官：中川了滋、裁判官：古田佑紀〕

2　上記判決の見方

【主　　文】[注1)]
本件上告を棄却する。
上告費用は上告人の負担とする[注2)]。
【理　　由】
上告代理人草野勝彦ほかの上告受理申立て理由[注3)]について

《右「判決原文」の見方》	《判 決 原 文》
1　概要と経緯	1　本件は、宗教法人である上告人が、死亡したペット（愛がん動物）の飼い主から依頼を受けて葬儀、供養等を行う事業に関して金員を受け取ったことについて、被上告人から、上告人の行う上記事業（以下「本件ペット葬祭業」という。）が法人税法施行令（別表記載のものをいう。以下同じ。）5条1項1号、9号及び10号に規定する事業に該当し、法人税

第4章　判例の読み方

2　原審が確定した[注4]事実関係 （1）概　要	法2条13号の収益事業に当たるとして、平成8年4月1日から同13年3月31日までの5事業年度に係る法人税の決定処分及び無申告加算税賦課決定処分を受けたため、その取消しを求めている事案である。 2　原審の適法に確定した事実関係の概要は、次のとおりである。 （1）上告人は、昭和58年ころから本件ペット葬祭業を行っており、現在は、「X動物霊園」の名称で、境内にペット用の火葬場、墓地、納骨堂等を設置し、引取りのための自動車を数台保有して、死亡したペットの引取り、葬儀、火葬、埋蔵、納骨、法要等を行っているほか、本件ペット葬祭業のあらましを写真入りで説明したパンフレットを発行し、ホームページを開設するなどして、その周知に努めている。
（2）パンフレット及びホームページにおける動物の重さ等と火葬方法との組合わせによる「料金表」の掲載とその内容 →【重要な事実】	（2）上告人によるペットの葬儀及び火葬は、ペット専用の葬式場において、人間用祭壇を用いて僧りょが読経した後、死体を火葬に付するというものであるところ、前記パンフレット及びホームページには、その料金につき、第1審判決別表2記載のとおり、動物の重さ等と火葬方法との組合せにより8,000円から5万円の範囲で金額を定めた表が「料金表」等の表題の下に掲

333

(3) パンフレット及び
　　ホームページにおける
　　埋蔵と管理費の記載
　　→【重要な事実】

載されている。この表は、上告人の代表役員が、同様の事業を行う有限会社の料金表を参考にして作成したものである。また、上記ホームページには、「上記は一式全てを含む費用です（引取・お迎え費用等は別）」との記載がある。なお、上告人によるペットの葬祭を希望する者が上告人の自動車でペットの死体を引き取ってもらうときには、3,000円の支払を求められる。

　上告人の保管している帳簿に記載されたペットの供養による収入金額は、いずれも「料金表」記載の金額又はこれに引取りの際の支払金額を加えた金額に合致している。

(3) ペットの死体を境内のペット専用の墓地に埋蔵するに当たり、合同墓地を利用する場合には、上告人にペットの葬儀等を依頼した者であれば無料であるが、個別墓地を利用する場合には、年間2,000円の管理費のほか、3年の使用期限を3回更新した時に1万円の継続利用料の支払を求められる。また、納骨堂を利用する場合には、納骨箱の大きさに応じて3万5,000円又は5万円の永代使用料、年間2,000円の管理費等の支払を求められる。前記ホームページには、「合同のお墓は上記費用にて無料でお使いいただけます。また、

	納骨堂・石墓地（個別墓）などのご利用の場合でもお手頃にご用意できます。」などと記載され、合同墓地、納骨堂、石墓地の説明と費用が示されている。さらに、上告人は、遺骨を納めた飼い主からの依頼に基づいて初七日法要や七七日法要を行う際に、あらかじめ定められた額の金員を受け取っている。このほか、上告人は、ペットの葬祭に関連して、塔婆、位はい、墓石等を希望者に交付し、あらかじめ定められた額の金員を受領している。
（4）ペット葬祭業者の数等とその本業	（4）ペットの供養や葬祭を行うことは、我が国では昭和50年代くらいから広まり始めたとされている。このような事業を行う事業者の数は、平成16年現在、全国で6,000ないし8,000に及ぶとされ、仏教寺院によるものだけでなく、倉庫業、運送業、不動産会社、石材店、動物病院等によるものも見られる。
3　該当法条の解釈 　収益事業に対する課税の趣旨 　収益事業に該当するか否かは、①財貨の移転が役務等の対価の支払いか、又は喜捨等の性格を有するもの、また、②一	3　上記事実関係によれば、本件ペット葬祭業は、外形的に見ると、請負業、倉庫業及び物品販売業並びにその性質上これらの事業に付随して行われる行為の形態を有するものと認められる。法人税法が、公益法人等の所得のうち収益事業から生じた所得について、同種の事業を行うその他の内国法人との競争条件の平等を図

般的に行われている事業と競合するか否かによる。

4　結　論[注5)]

上記事実関係に該当法条を当て嵌める。

り、課税の公平を確保するなどの観点からこれを課税の対象としていることにかんがみれば、宗教法人の行う上記のような形態を有する事業が法人税法施行令5条1項10号の請負業等に該当するか否かについては、事業に伴う財貨の移転が役務等の対価の支払として行われる性質のものか、それとも役務等の対価でなく喜捨等の性格を有するものか、また、当該事業が宗教法人以外の法人の一般的に行う事業と競合するものか否か等の観点を踏まえた上で、当該事業の目的、内容、態様等の諸事情を社会通念に照らして総合的に検討して判断するのが相当である。

前記事実関係によれば、本件ペット葬祭業においては、上告人の提供する役務等に対して料金表等により一定の金額が定められ、依頼者がその金額を支払っているものとみられる。したがって、これらに伴う金員の移転は、上告人の提供する役務等の対価の支払として行われる性質のものとみるのが相当であり、依頼者において宗教法人が行う葬儀等について宗教行為としての意味を感じて金員の支払をしていたとしても、いわゆる喜捨等の性格を有するものということはできない。また、本件ペット葬祭業は、その目的、内容、料金の定め方、周知方法等

> の諸点において、宗教法人以外の法人が一般的に行う同種の事業と基本的に異なるものではなく、これらの事業と競合するものといわざるを得ない。前記のとおり、本件ペット葬祭業が請負業等の形態を有するものと認められることに加えて、上記のような事情を踏まえれば、宗教法人である上告人が、依頼者の要望に応じてペットの供養をするために、宗教上の儀式の形式により葬祭を執り行っていることを考慮しても、本件ペット葬祭業は、法人税法施行令5条1項1号、9号及び10号に規定する事業に該当し、法人税法2条13号の収益事業に当たると解するのが相当である。

　これと同旨の原審の判断は是認することができる。論旨は採用することができない。よって、裁判官全員一致の意見で、主文のとおり判決する。
〔裁判長裁判官：津野修、裁判官：今井功、裁判官：中川了滋、裁判官：古田佑紀〕

（注1）「主文」は、その判決の結論を示す部分です。
（注2）本件の場合は、訴訟費用は、すべて原告、控訴人、上告人（本件の場合は、同一人である）の負担となっているので、被告、被控訴人、被上告人（本件の場合は、同一人である）の10割勝訴です（314頁参照）。
（注3）上告審では、受理した「上告理由」についてのみ判示します。したがって、「争点」の記載はありません。なお、本書では、上告代理人の上告受理申立て理由の登載を省略しています。
（注4）行政事件における上告審は法律審であり、原判決において適法に確定した

事実は、上告裁判所を拘束します（民事訴訟法321条1項）。したがって、民事事件及び行政事件に関する最高裁の判決にあっては、原審が適法に確定した事実を引用します。

（注5）「争点」（上告代理人の上告理由）に関する判断です。いわゆる三段論法になっており、2で確定された事実を述べ、3で該当法条の解釈を示し、4でその事実関係に該当法条を当て嵌めて結論を出しています。

3　本判決の射程

本判決が参考となるような具体的事件に直面した場合（例えば、①本件類似の宗教法人が〇〇供養と称した会で料金表を定めて喜捨を求めたようなケース、②仮に、本件宗教法人が料金表を公表していなかったようなケース）を想定して本判決の射程を検討すれば、次のようです。

区分	本件判旨	上記①のケース	上記②のケース
重要な事実	ア　宗教法人によるペット葬祭業である。 イ　そのパンフレット及びホームページによれば、火葬料金について、動物等の重さと火葬方法との組合わせによる料金表を掲載 ウ　墓地への埋蔵には無料と有料とがあり、有料墓地について、ホームページでは「お手頃にご用意できます」と掲載	ア　宗教法人による〇〇供養である。 イ　同左に準じた料金表を掲載 ウ　同左に準じた内容を掲載	ア　宗教法人によるペット葬祭業である。 イ　そのパンフレット及びホームページには、料金表の掲載はない。 ウ　そのホームページには、同左のような掲載はない。

	エ　帳簿記載の収入金額は、イの料金表の金額に一致している。	エ　同左	エ　現実に受領した金額は、ほぼ同左に準ずるものであった。
法律上の論点	法人税法2条13号の収益事業に当たるか【積極】。	同左【積極】	法人税法2条13号の収益事業に当たるか【消極】。

　すなわち、本件と同様に、他の宗教法人が○○供養と称して本件に準じた料金表を公表しておれば、それは、収益事業に当たるとされる公算が極めて大きいという結論になり、また、本件宗教法人が仮にそのパンフレット及びホームページに料金表を掲載していなければ、収益事業に当たらないとされた公算が極めて大きいといえます。

　もっとも、本最高裁判決でも述べているように、これらの事実関係を基に、「事業に伴う財貨の移転が役務等の対価の支払として行われる性質のものか、それとも役務等の対価でなく喜捨等の性格を有するものか、また、当該事業が宗教法人以外の法人の一般的に行う事業と競合するものか否か等の観点を踏まえた上で、当該事業の目的、内容、態様等の諸事情を社会通念に照らして総合的に検討して判断する」のですから、上記重要な事実から出された法律上の論点がそのまま結論とはならないことに留意する必要があります。

3　本件高裁判決（全文）

［文献番号：LEX/DB 25421419］

◇　法人税額決定処分等取消請求控訴事件
◇　名古屋高等裁判所平成17年（行コ）第31号
◇　平成18年3月7日民事第4部判決

■ 税務判決要旨〔提供：TKC税務研究所〕
【文献番号】LEX/DB 60050548
【判示事項】宗教的行為に対する財貨移転の任意性と収益事業該当性
【判決要旨】〔省略〕
【文献番号】LEX/DB 60050549
【判示事項】宗教法人が行うペット葬祭業・墓地管理業が収益事業に該当するとされた事例
【判決要旨】〔省略〕

《判　決》

◇ 控訴人　X^1
◇ 代表者代表役員　X^2
◇ 訴訟代理人弁護士　草野勝彦　他5人
◇ 補佐人税理士　飯島達男　他1人
◇ 被控訴人　Y^1税務署長[注)]
◇ 指定代理人　Y^2　他3人

【主　文】

本件控訴を棄却する。

控訴費用は控訴人の負担とする。

【事実及び理由】

第1　控訴の趣旨

1　原判決を取り消す。
2　被控訴人が、控訴人の下記各事業年度について、平成14年5月20日付けでした法人税決定処分及び無申告加算税賦課決定処分(ただし、平成14年10月18日付け異議決定及び平成15年10月28日付け裁決によって一部取り消された後のもの)を取り消す。

(1) 平成9年3月期（平成8年4月1日から平成9年3月31日まで）

(2) 平成10年3月期（平成9年4月1日から平成10年3月31日まで）

(3)　平成11年3月期（平成10年4月1日から平成11年3月31日まで）
　(4)　平成12年3月期（平成11年4月1日から平成12年3月31日まで）
　(5)　平成13年3月期（平成12年4月1日から平成13年3月31日まで）
3　訴訟費用は、1、2審を通じて被控訴人の負担とする。
第2　事案の概要
1　本件は、宗教法人である控訴人が、死亡したペット（愛玩動物）の飼い主から依頼を受けて葬儀や供養等を行う（以下「ペット葬祭」といい、その事業を「ペット葬祭業」という。）などして、金員を受け取ったことに対し、被控訴人から、ペット葬祭業は法人税法（以下、条文を示すときは単に「法」という。）2条13号及び同法施行令（以下「施行令」という。）5条1項各号所定の収益事業に当たるとして、前掲各事業年度（以下「本件各事業年度」と総称する。）における法人税の決定処分及び無申告加算税賦課決定処分（以下、両者を併せて「本件課税処分」という。）を受けたため、ペット葬祭業は宗教的行為であって収益事業に当たらないなどと主張し、同処分（ただし、異議決定及び審査裁決により一部取消後のもの）の取消しを求めて抗告訴訟を提起したところ、原審は、被控訴人が行うペット葬祭業は収益事業に当たるなどとし、本件課税処分は適法であるとして請求を棄却したため、これを不服とする控訴人が控訴した事案である。
2　前提事実、争点及び争点に関する当事者の主張は、後記3のとおり当審における主張を付加するほか、原判決「事実及び理由」欄の「第2「事案の概要」の「1」ないし「3」に摘示のとおりであるから、これを引用する。
3　当審における主張
【控訴人】
　　控訴人が行うペット葬祭業のうち、僧侶による読経等の純粋な宗教

行為については、収益事業に該当しないから、同行為に関して収受した金員は法人税及び無申告加算税の課税対象とはならないところ、別紙「審判所認定収入内訳」と題する表中「ペット供養料」欄記載の金員のうちの火葬料（供養件数1件当たり1,750円）を除いた部分、「法要布施収入」、「納骨供養料」、「納骨堂管理料」、「ペット墓地管理料」及び「人間墓地管理料」の各欄記載の金員は、いずれも読経等の純粋な宗教行為に関して収受されたものであるから、本件課税処分のうち少なくとも上記各金員に関する部分は取り消されるべきである。

【被控訴人】
　　　控訴人の上記主張は争う。
第3　当裁判所の判断
1　当裁判所は、控訴人の請求をいずれも棄却した原判決の判断は正当であると判断するが、その理由は、次のとおり訂正し、後記2のとおり当審における控訴人の主張に対する判断を付加するほか、原判決「事実及び理由」欄の「第3　当裁判所の判断」に説示のとおりであるから、これを引用する。
　(1)　原判決36頁14行目の「個人墓」を「個別墓」と、20行目の「同5万円」を「5万円」とそれぞれ改める。
　(2)　同46頁11行目の「原告は、」から14行目「行為は、」までを、「控訴人が毎月17日に行う合同の法要（合同供養）は、ペット葬儀という事業の性質上これに付随して行われる行為に該当すると解され、また、初七日法要や七七日法要については、遺骨を納めた飼い主からの依頼に基づいて行われ、あらかじめ定めた金員が支払われるのであるから、」と改める。
2　当審における控訴人の主張に対する判断
　　　控訴人は、僧侶による読経等の行為が純粋な宗教行為であって収益事業に該当しないから、本件課税処分のうち少なくともこれらの行為に関して収受された金員に関する部分は取り消されるべきものであると主張するが、宗教行為であるか否かによって、直ちに当該行為の収

益事業該当性が左右されるものでなく、控訴人が行ったペットの葬儀、遺骨の処理等の行為は、僧侶による読経等を含め、いずれも収益事業に該当すると解されることは前記判示のとおりであるから、控訴人の上記主張は採用できない。

3　以上によれば、本件控訴は理由がないから棄却することとし、主文のとおり判決する。

名古屋高等裁判所民事第4部
裁判長裁判官　野田武明　裁判官　鬼頭清貴　裁判官　濱口浩
別紙　審判所認定収入内訳（省略）

(注) 行政事件訴訟法の一部を改正する法律（平成16年法律第84号・平成17年4月1日施行）により、処分をした行政庁が国に属する場合には国が被告とされたが、この改正は、同一部改正法附則第3条により、同一部改正法の施行の際現に係属している抗告訴訟についてなお従前の例によることとされているので、本件は、税務署長が被告となっています。

4　本件地裁判決（全文）

［文献番号：LEX/DB 28100900］

※　高裁判決による訂正部分を併記

◇　法人税額決定処分等取消請求事件
◇　名古屋地方裁判所平成16年（行ウ）第4号
◇　平成17年3月24日民事第9部判決

■　税務判決要旨［提供：TKC税務研究所］
【文献番号】LEX/DB 60041598
【判示事項】宗教的行為に対する財貨移転の任意性と収益事業該当性
【判決要旨】〔省略〕
【文献番号】LEX/DB 60041599

【判示事項】宗教法人が行うペット葬祭業・墓地管理業が収益事業に該当するとされた事例

【判決要旨】〔省略〕

《判　決》

【主　文】
1　原告の請求をいずれも棄却する。
2　訴訟費用は原告の負担とする。

【事実及び理由】

第1　原告の請求

被告が、原告の下記各事業年度について、平成14年5月20日付けでした法人税決定処分及び無申告加算税賦課決定処分（ただし、平成14年10月18日付け異議決定及び平成15年10月28日付け裁決によって一部取り消された後のもの）を取り消す。

(1)　平成9年3月期（平成8年4月1日から平成9年3月31日まで）

(2)　平成10年3月期（平成9年4月1日から平成10年3月31日まで）

(3)　平成11年3月期（平成10年4月1日から平成11年3月31日まで）

(4)　平成12年3月期（平成11年4月1日から平成12年3月31日まで）

(5)　平成13年3月期（平成12年4月1日から平成13年3月31日まで）

第2　事案の概要

本件は、宗教法人である原告が、死亡したペット（愛玩動物）の飼い主から依頼を受けて葬儀や供養等を行う（以下「ペット葬祭」といい、その事業を「ペット葬祭業」という。）などして、金員を受け取ったことに対し、被告から、ペット葬祭業は法人税法（以下、条文を示すときは単に「法」という。）2条13号及び同法施行令（以下「施行令」という。）5条1項各号所定の収益事業に当たるとして、前掲各事業年度（以

下「本件各事業年度」と総称する。）における法人税の決定処分及び無申告加算税賦課決定処分（以下、両者を併せて「本件課税処分」という。）を受けたため、ペット葬祭業は宗教的行為であって収益事業に当たらないなどと主張して、同処分（ただし、異議決定及び審査裁決により一部取消後のもの）の取消しを求めた抗告訴訟である。

1　前提事実（当事者間に争いのない事実、証拠によって明らかな事実等）

(1)　原　告

　原告は、嘉暦元年（1326年）ころ、慈妙上人によって開山されたと伝えられる古刹であり、昭和44年10月28日、比叡山延暦寺を総本山とする宗教法人天台宗を包括法人として設立された宗教法人であって、現在、その代表役員には、住職を兼任するA（以下「A」という。）が就任している。

(2)　ペット葬祭業の概要（甲16、22、乙5ないし12。以下書証の引用は省略します。）注1)

　原告は、「B　動物霊園」の名称で、約3,000坪の境内に、ペット用の火葬場、墓地、納骨堂、待合室等を設置して、昭和58年ころから、ペット葬祭業を執り行っているところ、その概略は、以下のとおりである。

　ア　死体の引取り

　　希望する飼い主に対し、引取車を派遣して死亡したペットを原告まで運搬する。

　イ　葬儀

　　火葬場に隣接するペット専用の葬式場で、人間用祭壇を用い僧侶が読経して行う。

　ウ　火葬

　　以下の3種類がある。

　　(ｱ)合同葬　葬儀終了後、その日のうちに原告により合同火葬場にて合同火葬される。

　　(ｲ)一任葬（個別葬）　葬儀終了後、立会葬のない時間に原告によ

り個別火葬場にて単独火葬される。
　(ウ) 立会葬　葬儀終了後、飼い主らが待合室にて待機するうち、個別火葬場にて単独火葬される。
エ　埋蔵・納骨
　原告の境内に、ペット専用の合同墓地、個別墓地、納骨堂を設置し、飼い主らの希望に従って利用することができる。
オ　法要
　毎月17日には、合同の法要がなされるほか、希望者には、位牌を祭り、初七日法要や七七日法要を行う。
カ　その他
　希望者には、塔婆、ネームプレート、位牌、骨壺、袋、石版及び墓石を頒布している。
(3) 人間用の墓地管理等
　原告は、愛知県蒲郡市○○町○○○番地○に「C」という名称の霊園を設置して、利用者から管理料を収受し、また墓石の販売を行っている（以下、ペット葬祭業と併せて「ペット葬祭業等」という。）。
(4) 本件課税処分から本訴提起に至る経緯
　被告は、原告に対し、平成14年5月20日付けで、本件課税処分を行った（同日付けで源泉徴収に係る所得税の納税告知処分及び重加算税賦課決定処分並びに源泉徴収に係る不納付加算税賦課決定処分も行われているが、本訴の対象となっていないので、以下においては割愛する。）。
　これに対し、原告は、平成14年7月19日、被告に対して異議を申し立てたところ、被告は、同年10月18日、本件課税処分のうち、平成13年3月期（平成12年4月1日から平成13年3月31日まで）の無申告加算税賦課決定処分の全部並びにそれ以外の法人税決定処分及び無申告加算税賦課決定処分の一部をそれぞれ取り消し、その余の申立てを棄却する旨の異議決定をした。
　さらに、原告は、平成14年11月15日、国税不服審判所長に対して審査請求をしたところ、同審判所長は、平成15年10月28日、平成12

年3月期の法人税決定処分及び無申告加算税賦課決定処分の一部を取消し、その余の審査請求を棄却する旨の裁決をした。以上の経緯は別表1記載のとおりである。

　原告は、平成16年1月20日、本訴を提起した。
(5) 関係法令等の抜粋〔省略〕
2　本件の争点
　原告の営むペット葬祭業等が法2条13号、施行令5条1項各号所定の収益事業に該当するか。
3　争点に関する当事者の主張（項目のみで、内容は省略）
(1) 被告の主張
　ア　公益法人に対する課税制度
　イ　特掲事業該当性の判断基準
　ウ　原告の営むペット葬祭業等の特掲事業該当性
　　(ｱ) 原告の営むペット葬祭業等の内容
　　(ｲ) 収益事業の定型的特徴の具備
　　　a　葬祭について
　　　b　遺骨の処理について
　　　c　物品販売について
　　　d　法要及び死体の引取りについて
　　　e　人間用の墓地管理等について
　エ　原告の主張に対する反論
　　(ｱ) 宗教的意義について
　　(ｲ) 非課税事業との比較について
　　(ｳ) 一般事業者の事業参入について
(2) 原告の主張
　ア　公益法人に対する課税制度
　　(ｱ) 税法解釈・運用の在り方
　　(ｲ) 公益法人と収益事業
　イ　被告の主張に対する反論

(ｱ) 宗教行為における対価性の欠如

　(ｲ) 一般事業者の事業参入を基準とすることの不当性

　(ｳ) 非課税事業との比較

　(ｴ) 個々の行為の特掲事業該当性についての反論

　　a　葬祭について

　　b　遺骨の処理について

　　c　物品販売について

　　d　法要及び死体の引取りについて

第3　当裁判所の判断

1　収益事業の意義とその判断基準

　(1) 公益法人等に対する課税制度と宗教法人（省略）

　(2) 公益法人に対する課税制度の経緯（省略）

　(3) 収益事業概念の解釈の在り方（省略）

　(4) 宗教行為と収益事業性の有無（省略）

2　本件において、被告は、原告の行うペット葬祭業等は収益事業（請負業、倉庫業、物品販売業、これらの付随事業）に当たると主張するのに対し、原告は、その属する天台宗の教義やペットに対する国民の認識に照らすと、ペットの供養は、人の供養と同様の宗教行為であるから、ペット葬祭業は収益事業に当たらない旨主張するので、以下、その当否について判断する。

　(1) 前記前提事実(1)ないし(3)に証拠及び弁論の全趣旨を総合すれば、以下の事実が認められる。

　　ア　原告は、嘉暦元年（1326年）ころ、慈妙上人によって開山され、その後は、同上人によって開山された密蔵院住職の隠居寺として利用されてきたと伝えられる古刹であり、最澄を開祖とし比叡山延暦寺を総本山とする天台宗に属していて、現在は、徳川5代将軍綱吉の守り仏と伝えられる薬師如来像を本尊としている。原告は、昭和44年10月28日、実質的に先代住職のEによって法人化されたが、平成6年10月31日、同人の死去に伴い、Aが

代表者兼住職に就任した。

　ところで、大乗仏教においては、「一切衆生悉有仏性」とか「六道輪廻」といった教義が示すように、すべての存在に仏性があり、現在は因果によって畜生道にいるとしても、功徳を積むことによって、天上界、人間界へ転生することができると考えられていることから、人間以外の動物に対する供養も否定されないところ、特に綱吉が、1687年から22年間にわたって、後に「生類憐れみの令」と総称される動物等の殺生や虐待を禁じた種々の法令を出し続けたことについて、かかる教義の影響が指摘されている。

イ　原告は、昭和58年ころ、Eが、知人である愛知県動物保護管理センターの所長から、処分した動物の遺骨等が放置されている状況を聞いたのを契機に、愛知県条例に基づく許可を受けて、動物の死体処理のための火葬場を設け、ペット葬祭業を始めた。もっとも、当初は特段の広告活動を行わず、専ら口コミに頼っていた上、それを必要とする国民の意識も希薄であったことから、依頼件数は1か月に2、3件程度であったが、ペットブームの隆盛に伴い、平成元年ころになると年間で犬・猫合わせて130件に増加し、お布施の合計額も74万6,000円位となった（1件当たり平均5,738円）。

　原告は、元々檀家が少ないために、運営に苦慮することが多く、特に、昭和52年ころ、火災によってその本堂や庫裡などが焼失した際には、寺院の再建に大きな困難を伴ったが、ペット葬祭を開始した後は、徐々に運営が安定してきた。そして、現在では、かなり広範囲な地域から、ペット葬祭の依頼を受けるようになり、その数は、年間約2,000件程度に達している。

ウ　原告が営むペット葬祭業の概要は、以下のとおりである。

　(ア)　原告は、約3,000坪の境内に、動物専用の火葬場（個別用及び合同用の2基）、墓地（約30坪の穴を有する合同墓地と、区画された個別墓地から成り、後者には人間用に模した墓石を設

置することができる。）、納骨堂、待合室、駐車場を備え、引取りのための自動車を数台保有している。
(イ)　ペットを亡くした飼い主が原告によるペット葬祭を行うことを希望する場合、まず、その死体を原告に持ち込むか、自動車で原告に引き取ってもらって運搬してもらうかを選択することになる。後者の場合、依頼者は、原告に対して3,000円を支払うことを求められる。
(ウ)　葬儀は、火葬場に隣接するペット専用の葬式場において人間用祭壇を用いて僧侶が読経して行う。これが終了した後、死体を火葬に付すが、これには、以下のとおり、合同葬、一任葬（個別葬）及び立会葬の3種類がある。
　　a　合同葬　依頼者は、葬儀終了後、併設火葬場において死体を原告に預けてお別れする。死体は、その日のうちに原告によって合同火葬され、合同墓に納骨される。
　　b　一任葬（個別葬）依頼者は、葬儀終了後、併設火葬場において一時死体を原告に預ける。死体は、立会葬のない時間に原告によって単独火葬される。依頼者は、後に遺骨を引き取った上、納骨堂、単独墓（以上は有料）、合同墓（無料）への納骨を選択することができる。
　　c　立会葬死体は、葬儀終了後、直ちに併設火葬場にて単独火葬される。依頼者らは、この間、待合室にて待機し、焼却後、自ら拾骨する。納骨方法は、bと同様の選択が可能である。
　　なお、原告の発行するパンフレット又は開設しているホームページには、火葬・納骨方法について3種類の方法があることの説明とともに、別表2記載のとおり、動物の重さと火葬方法とを組み合せた金額表（8,000円から5万円まで）が、「料金表」ないし「供養料」の表題の下に掲載されているところ、これは、Aが、愛知県豊田市所在の有限会社Fの料金表を参考にして作成したものである。また、同ホームページには、「上記は一式

全てを含む費用です（引取・お迎え費用等は別）」との記載がある。

　もっとも、同ホームページは、その後に改定され、本訴提起後である平成16年8月当時には、金額表は「お布施について」の表題に代えられるとともに、「以下の費用には僧侶へのお布施が含まれます」との注記が記載されている。

(エ)　原告は、境内にペット専用の合同墓地と個別墓地を設置しており、上記のとおり、個人墓［個別墓］注2)依頼者の希望に従い、合同墓に埋蔵する。その際も、僧侶による読経がなされる。合同墓地の利用は、原告にペット葬祭を依頼した者については無料であるが、個別墓地については、年間2,000円の「管理費」のほか、3年間の使用期間を3回更新した時（9年経過時）には、「継続利用料」1万円の支払を求められる。

　また、納骨堂の利用を希望する場合は、「永代使用料」（小さめの納骨箱については3万5,000円、大きめのそれについては同5万円［5万円］注2)のほか、「管理費」として年間2,000円の支払が必要であり、また、3年間の使用期間を3回更新した時（9年経過時）に「契約更新料」の支払が求められるのは、個別墓地と同じである。そして、3ヶ月以上管理費が納入されなかった場合は、中身一切と利用を含む権利を放棄したものとして扱われ、遺骨は合同墓へ埋蔵され、仏具も処分されることになっている。

　なお、前記ホームページには、「合同のお墓は上記費用にて無料でお使いいただけます。また、納骨堂・石墓地（個別墓）などのご利用の場合でもお手ごろにご用意できます（下記参照）。B動物霊園では葬式後に護持会費などを請求することはありません。」などと記載され、さらに、それぞれの写真とともに、合同のお墓、納骨堂、石墓地の説明と費用（納骨堂は1区画3万5,000円、石墓地は3万円より）が示されている。

(オ) 原告は、ペット葬祭業に関連して、次のとおり、物品の頒布をしている。
　　a　塔婆1本1,000円
　　b　位牌作成費5,000円。なお、これを年間5,000円で預かるが、3ヶ月以上管理費を納入しなかった場合は位牌・利用利益を放棄したものと扱う。
　　c　ネームプレート、骨壺、袋、石版及び墓石
(カ) 原告は、毎月17日に合同の法要を行っており、これについては、任意の志以外の金員が収受されることはないが、遺骨を納めた飼い主からの依頼に基づいて、初七日法要や七七日法要を行う際には、あらかじめ定められた金員を受け取っている。
(キ) 原告は、「B動物霊園」の名称を用いて、ペット葬祭業のあらましを写真入りで説明したパンフレットを発行し、同様の内容のホームページを開設するなど、その周知に努めている。また、動物病院や獣医師からペット葬祭の希望者を紹介してもらった際に謝礼金を渡したり、紹介を依頼するために中元等を贈ることもしている。
(ク) 原告は、ペット供養による収入金額について記帳した平成8年4月以降の帳簿を保管しているところ、その概要欄は、ほとんどペットの種類の記載しかなく、収入金額の内訳の記載もないが、その収入金額がいずれも料金表の金額又はこれに運搬料を加えた金額に合致していることから、ペット葬祭依頼者のほとんどが、「料金表」ないし「供養料」として掲示された金員を原告に支払っていると推測される。また、それ以外の管理費等は、すべて掲示されている金額が入金されている。
エ　動物、特に家畜を死なせた場合に、それを供養することは、日本においては、古くから見受けられるが、ペットについての供養や葬祭を行うことは、昭和50年代くらいから広まり始めたといわれている。

その背景としては、少子化傾向が進み、ペット動物を家族と同様の愛情を注ぐ対象と考え、その死亡の際には空虚感を埋め、精神的ないやしを求める風潮が強まったことが挙げられる。その結果、ペット専用の葬儀や動物霊園を取り扱う事業者が増加し、平成11年には、これらの情報を提供することを目的とする「全国ペット霊園ガイド」が発刊され、平成14年には、ペットに関するビジネス全体の概要を内容とする「図解で分かる1兆円市場ペットビジネスのすべて」が発刊され、その中で、「ペットの終末ビジネス」の表題の下にペット葬祭業についても解説が施され、平成16年4月には、寺院運営に関する月刊誌「寺門興隆」が、「ペット供養寺院」についての特集記事を掲載し、山梨県都留市の曹洞宗G、東京都世田谷区の日蓮宗H及び原告の3例を紹介する（もっとも、前2者は、宗教法人とは別個に会社を設立し、同社がペット葬祭業を営む形態を採用しているところ、その概要は、後記のとおりである。）など、ペット葬祭業への一般的な関心の高まりが見られる。

現在では、ペット専用の葬儀社は全国で6,000ないし8,000社あるといわれ、その事業主体は、仏教寺院だけでなく、倉庫業、運送業、不動産会社（出資）、石材店、動物病院などの民間業者にも広く及んでいる。

オ　原告以外にペット葬祭業を営む者として、以下のような具体例が挙げられる。
　(ｱ)　埼玉県所沢市所在の「Ｉ」では、動物愛護家から連絡を受けると、霊柩車で引取りに行き、焼却から葬儀セレモニー、埋蔵までを行うが、火葬して共同埋蔵する場合は、依頼者は、小型中型犬の場合は1万9,000円、大型犬の場合は2万4,000円、猫やウサギの場合は1万5,000円、小鳥の場合は5,000円をそれぞれ支払わねばならない。なお、立会葬では、希望する宗派の読経テープが流れるが、別途に3万8,000円の支払を要する。

(イ)　山梨県都留市所在の有限会社「J」は、曹洞宗Gの住職が設立したもので、移動用火葬炉やペット用合同慰霊碑、納骨堂を備え、火葬には一任合同葬、一任個別葬及び立会葬の3種の中から選択でき、これと動物の大きさの組み合わせによって料金が異なり、中型犬の場合は合同葬で1万9,000円、一任個別葬で2万4,000円、立会葬で3万9,000円と定められているが、これには、引取費用、棺桶や骨壺等の料金が含まれている。立会葬では、僧侶が20分ほど読経する。合同葬の場合、遺骨は合祀スペースに埋蔵するが、その料金は5,000円であり、個別葬及び立会葬で返骨を希望する場合は、1万円の追加支払が必要である。納骨堂へ安置する場合は、仕切のない棚は1万円、それ以外は納骨箱の大きさに応じて3万円、5万円、7万円、10万円と料金が設定され、納骨から3年経つと、合同慰霊碑に合葬するか、5,000円の更新料で3年間継続するかを選択する。

(ウ)　東京都世田谷区所在の株式会社Kは、日蓮宗Hが母体となって設立した株式会社で、以下の3つのコースを用意している。①立会葬は、飼い主が同席し僧侶による読経ともに行う告別式とお別れの儀の後火葬し、骨揚げ後は骨壺に入れて返骨するコースであり、中型犬の場合の料金は6万2,500円である。②個別一任葬は、動物の遺骸を一体づつ供養・火葬し、同じく返骨するコースであり、中型犬の場合の料金は3万8,800円である。③合同葬は、何体かまとめて供養・火葬し、合同墓所の地下に埋蔵するコースであり、中型犬の場合の料金は2万6,700円である。そして、合同葬以外は、別料金で納骨棚に安置でき、棚の大きさに応じて、2年間で2万5,000円から5万5,000円までの使用料が設定されている。

(エ)　岐阜県土岐市所在の有限会社Dは、僧侶の立会い・読経による葬儀の後、合同火葬するか個別火葬するかの選択と動物の重

さ（極小、10キログラムまでの小、15キログラムまでの中、30キログラムまでの大、30キログラムを超え40キログラムまでの特大）の組み合わせに応じて、7,000円から5万円までの志納料が設定されている。法要については、単独供養か否か及びその回数に応じて、2万円から10万円まで志納料が異なり、納骨についても、納骨塔への収納（無料）、墓への埋蔵（有料）、位牌供養（一部有料）かを選択することができる。

(オ)　愛知県豊田市所在の有限会社Fは、原告の行う葬儀・火葬と同じ方法を用意し、原告と同様に、合同供養・合同火葬、個別供養・合同火葬、個別供養・個別火葬の別と動物の重さの組み合わせに応じた料金表を用いている。そのホームページには、その業務内容はペット葬祭業であり、契約先は動物菩提寺宗教法人妙楽寺とされ、その住職による読経が個別供養等の際になされることが記載されている。

(2) 以上の認定事実を基に、原告のペット葬祭業等が特掲事業に該当するか否かについて判断する（原告のペット葬祭業が、収益事業性の他の要件、すなわち継続性や事業場の設置の要件を満たすことは明らかである。）。

ア　原告の行う合同葬、一任葬及び立会葬の請負業該当性の有無

(ア)　請負契約とは、当事者の一方がある仕事を完成することを約し、相手方がその仕事の結果に対して報酬を与えることを約する契約であり（民法632条）、請負契約の目的たる「仕事」とは、物の製作のような有形のものでも、運搬のような無形のものでもよいが、いずれにしても仕事の完成によってもたらされる結果そのものが契約の目的とされる必要がある。また、施行令5条1項10号の請負業に含められている事務の委託契約（準委任契約）とは、当事者の一方が法律行為以外の事務をなすことを相手方に委託し、相手方がこれを承諾することによってその効力を生ずる契約であり（民法656条、643条）、受任者に

ある程度の自由裁量権がある点で雇傭契約と異なり、委託された事務を処理すること自体を内容とし、仕事の完成を内容としない点で民法上の請負契約と異なっている。そして、民法上の準委任契約は無償契約であることを原則とするが、特約によって報酬支払を約することもできるところ、特掲事業は収益事業が列挙されたものであるから、報酬の支払が合意され、受任者はその支払請求権を取得することが要件となると解される。

しかるところ、前記認定事実ウによれば、原告が行う合同葬、一任葬及び立会葬は、いずれも、原告がペットの葬儀を執り行い、ペットの死体を焼却することを約し、他方、ペット供養希望者が「料金表」ないし「供養料」の表題が付された金額表に記載された金員を交付することを約しているのであるから、死体の焼却については請負契約、それ以外については準委任契約の成立要件を充足すると解される。

(イ) この点について、原告は、①大乗仏教においては、その教義上、ペットなどの動物に対する供養は本来的な宗教行為であること、②僧侶の供養は、布施という宗教行為のうち法施であり、僧侶あるいは寺院に対する財物の交付は布施のうち財施であり、いずれも宗教行為そのものであって、両者は対価関係に立つものではない旨主張するところ、請負契約であれ報酬支払の特約付き準委任契約であれ、いずれも有償双務契約たる性質を有するから、これらの契約が成立するためには、報酬支払債務と仕事を完成させる債務ないし事務を処理する債務とが対価関係にあることを要することは明らかである。そして、証拠によれば、原告にペット葬祭を依頼する者の多くが、そこに何らかの意味の宗教的意義を見いだしていると認められ、原告も、本来の宗教行為である人の葬祭の形式を踏んでペット葬祭を執り行っていることは明らかである。

しかしながら、前記のとおり、法人税法上の特掲事業該当性

は、当事者が当該行為に宗教的意義を見いだし、あるいはその外形を取ることによって直ちに否定されるべきものではなく、これを取り巻く具体的諸事情をも総合的に考慮し、一般事業者の類似事業と比較しつつ、社会通念に従って、財貨移転が任意になされる性質のものか否かを判断して決せられるべきものである。しかるところ、原告のペット葬祭業は、前記認定事実ウないしオのとおり、「料金表」ないし「供養料」の表題の下に、3種類の葬儀内容と動物の重さの組み合わせに応じた確定金額から成る表を定め、ホームページにも同様の表を明示的に掲載していること、ペット葬祭依頼者のほとんどが、あらかじめホームページなどを通じ、あるいは依頼時に同表を示されるなどして同表の存在を認識し、実際にも同表に記載された金員を支払っていたこと、ペット葬祭を実施する民間業者が多数存在しており、その料金システムは原告のものと極めて類似していることなどに照らせば、原告のペット葬祭業においては、依頼者は、原告がその支払う金員に対応する葬祭行為をするものと期待し、原告も、その提供する葬祭行為に対応する金員が支払われるものと期待しているというべきであるから、依頼者の支払う金員が任意のものであるとは到底解されず、両者の間に対価関係を肯認するのが相当である。

　原告は、さらに、「料金表」を設けたのは、ペット供養が国民の間に一般化されるようになってまだそれほど年月が経っていないため、金額が多くないときちんと供養してもらえないのではないかという国民の不安を取り除くべく、一応の目安として設定したものにすぎない旨主張するが、国民が上記のような不安を抱いているということ自体、その裏返しとして、支払う金額の多寡に応じた葬祭行為（サービス）がなされることを当然視していると考えられる上、そもそも、前記「料金表」には、3種類の葬儀形式と6段階の重量等を組み合わせた18の確定

金額が明示されており、また、パンフレットやホームページには、同表の金額が一応の目安にすぎない旨の注記が記載されていないことなどに照らすと、原告の上記主張は、到底採用できない。

イ　遺骨処理の倉庫業ないし請負業該当性の有無

(ｱ)　倉庫業とは、業として（有償かつ継続して）、他人のために物品を倉庫に保管することを意味する（商法597条）ところ、倉庫とは、その名称のいかんを問わず、物品の滅失若しくは損傷を防止するための工作物又は工作を施した土地等であって、物の保管の用に供するものをいう（倉庫業法2条1項）。

しかるところ、前記認定事実ウによれば、原告は、火葬したペットの遺骨を、利用者の依頼に応じて、設置している納骨堂内の納骨箱において保管し、その使用許可料及び管理費の支払を受け、9年の使用期限が到来した際は、更新料の支払がなされればそのまま保管を継続するが、そうでない場合は、合同墓へ改葬するとしているのであるから、倉庫寄託契約の成立要件を満たすと解される。また、個別墓地についても、その利用者の依頼に応じて墓地を管理し、利用者から一定額の管理費の支払を受け、9年の使用期間が経過すれば、納骨堂の使用とほぼ同じ取扱いをするというのであるから、報酬支払特約付きの事務委託契約の成立要件を満たすというべきである。そして、上記のとおり、原告の行うものとされている給付行為と金員の支払との間の対価性も優に認められる。

(ｲ)　この点について、原告は、①永久保管が前提となっていること、②寄託物の出し入れが予定されていないこと、③寄託期間に応じて費用が決定されていないこと、④管理費は「護持会費」であることなどを理由に、倉庫業等に該当することを否定する。

しかしながら、典型的な倉庫業においても、保管期限を定めない契約形態は十分にあり得る上、本件において、仮に納骨堂

利用者から遺骨の返還を求められれば、原告がこれを拒絶する理由は見当たらないばかりか、逆に管理料や更新料の支払がない場合には、納骨堂の利用を拒絶されて、遺骨は合同墓地に改葬されることになっているから、①や②は、倉庫寄託契約の類型に当たることの支障となるものではない。また、上記のとおり、寄託期間や管理期間に応じて管理費が定められていること、原告のホームページで護持会費を請求しないと明言していること（これに関する原告代表者の説明は理解し難い。）などからすれば、上記主張はいずれも採用できない。

(ｳ) なお、施行令5条1項5号ニは、「墳墓地の貸付け」が収益事業に該当しない旨定めているが、本件のような個別墓地におけるペットの遺骨の埋蔵がこれに該当しないことは明らかである。すなわち、税法上、「墳墓地」の意義は明定されていないが、墓地法は、2条4項で「死体を埋葬し、又は焼骨を埋蔵する施設をいう」と規定しているところ、ここにいう死体ないし焼骨が人間のそれを指すことは疑う余地がないから、「墳墓地」も人間に関するものに限られると解される上、実質的にも、墳墓地が、周辺住民の生活環境との関係で配慮が求められる一方、国民生活にとって必要な施設である（墓地法4条1項により、人の遺骨は墓地に埋蔵することが義務付けられている。）ことから、その永続性と非営利性を確保する必要性が高いのに対し、ペットの死体の処理については、現行法上、特段の規制はなく、法的には「廃棄物」として、市町村が処理すべき性質のものであるから、人についての墳墓地と同様の公共性、公益性は見出し難いからである。

ウ 物品販売業該当性の有無

(ｱ) 施行令5条1項1号の「物品販売業」とは、動産である物品を有償かつ継続して販売することを意味すると解されるところ、前記認定事実ウのとおり、原告は、ペット葬祭業に関連し

て、塔婆、プレート、骨壺、袋、位牌、石版、墓石を交付し、これに対して、あらかじめ定められた一定額の金員を受領しているのであるから、これらの行為は、［控訴人が毎月17日に行う合同の法要（合同供養）は、ペット葬儀という事業の性質上これに付随して行われる行為に該当すると解され、また、初七日法要や七七日法要については、遺骨を納めた飼い主からの依頼に基づいて行われ、あらかじめ定めた金員が支払われるのであるから、］注2) 物品を有償かつ継続して販売しているものに該当する。

(イ) この点について、原告は、墓石や位牌は、そのままでは加工した石・木などの物質にすぎないのであり、これが仏壇や墓地に設置され、お精入れという宗教的儀式が加えられることによって、はじめて鎮魂とお祭りの対象となる位牌・墓となるのであり、また、塔婆も塔を擬したものであるなど、極めて宗教性の強いものであるから、一般事業者の販売と同視することはできない旨主張する。

しかしながら、前記のとおり、法人税法は、宗教的意義の有無、強弱を特掲事業該当性の判断基準とする立場を採用していないところ、本件においては、支払うべき金額は、あらかじめ原告によって定められており、同物品の取得を希望する者としては、同金額を支払う以外の途を選択することができないことや、このような物品の販売は、一般事業者においても行われていることなどに照らせば、その支払は任意の性質を有するものではなく、両者間に対価性が存在すると認めることができるから、原告の上記主張は採用できない。

エ　死体引取り及び法要の請負業付随事業該当性の有無

(ア)　前記認定事実ウのとおり、原告は、ペット葬祭を依頼した者の希望によって、ペットの死体の引取りを行い、これに対して、あらかじめ定められた3,000円の支払を受けているところ、こ

の行為は、ペットの葬儀を執り行うに先立って、その準備行為として行われることが明らかであるので、その付随的事業活動に該当すると解される。

　原告は、ペットの供養行為と一体として考えるべきであり、受け取る金員も実費にすぎないと主張するところ、本件におけるペットの供養自体が請負業に当たると解されることは前記のとおりであり、また、あらかじめ3,000円という確定金額が定められている以上、仮に引取り自体からは収益を上げることが稀であったとしても、両者間における対価性の存在を否定することはできないというべきである。

(イ)　また、前記認定事実ウによれば、原告は、合同供養については、志以外の金員を受け取っていないものの、遺骨を納めた飼い主からの依頼に基づいて、初七日法要や七七日法要を行う際には、あらかじめ定められた金員を受領しているところ、このような行為は、請負業に該当すると解される。

オ　人間用墓地管理の請負業該当性の有無

　前記認定事実ウのとおり、原告は、愛知県蒲郡市内に人間についての墓地を設置し、その利用者から依頼を受けて管理し、その対価としてあらかじめ定められた料金を取得しているところ、このような行為は、通常の霊園墓地経営と同様であるから、10号の請負業に該当すると解される。

3　本件課税処分の適法性

　本件各事業年度における原告のペット葬祭業等による収入金額、事業経費及び法37条4項（平成14年法律第79号による改正前のもの）所定の寄付金の額とみなされる金額は、それぞれ別紙3の当該欄記載のとおりである（原告は、同各金額を明らかに争わない。）ところ、これらに基づいて所得金額を計算し、さらに関係法条を適用して納付すべき法人税額及び無申告加算税の額を算出すると、別紙3の当該欄記載のとおりとなる。

しかるところ、本件課税処分（ただし、平成14年10月18日付け異議決定及び平成15年10月28日付け裁決によって一部取り消された後のもの）により原告が納付すべきこととなった法人税額等は、これと同額か又はこれを下回っているから、同処分は適法というべきである。
　4　結　論
　以上の次第で、原告の本訴各請求はいずれも理由がないから棄却することとし、訴訟費用の負担につき、行訴法7条、民訴法61条を適用して、主文のとおり判決する。
〔名古屋地方裁判所民事第9部裁判長裁判官　加藤幸雄　裁判官　舟橋恭子　裁判官　尾河吉久〕
別表1　本件課税処分の経緯（省略）
別表2　料金表（省略）
別紙3　（省略）

（注1）民事訴訟及び行政事件訴訟において、「甲」は原告Xが提出した書証である甲号証を意味し、「乙」は被告Yが提出した書証である乙号証を意味します。参加人等がある場合には、丙号証、丁号証等々と称します。
（注2）本件控訴審判決で、　　　の箇所は、その後の［　　］内の文言（波線の箇所）に読み替えられています。

参考4　「LEX/DBインターネット」の概要

1　はじめに

　株式会社 TKC では、昭和58年から判例のデータベース構築を開始し、今では収録件数24万8千件を超える判例等を収録する「LEX/DB」は、日本最大級の法律情報データベース「TKC ローライブラリー」の中核をなすサービスとして提供されています。

　現在、最高裁判所をはじめ、官公庁（国税庁、国税局、国税不服審判所等）、大学（法科大学院等）、企業、弁護士事務所、会計事務所、さらには海外の政府機関や大学等の法律専門家及び実務家に広く利用されています。

《利用事例》
① 資産対策や相続対策などのコンサルティング・アドバイスや税務対策における判断の裏付文献として
② 税務に関する判断の参考資料として
③ クライアントからの相談事案への対応や経営助言の情報源として
④ 研修のケーススタディ情報として

2　サービスの概要
(1) 収録内容
① 判例データベース（収録件数：248,674件〔平成25年8月末現在。以下同じ。〕）
ⅰ）総合検索
　◇　判例総合検索
　　明治8年の大審院判例から今日までに公表された判例を網羅的に収録した日本最大級のフルテキスト型（判例全文情報）データベー

ス。民事法、民事特別法、公法、社会経済法、刑事法のすべての法律分野を網羅的に収録

ⅱ）分野別検索

分野別に収録されているため、目的に合わせた確実な検索が可能

◇ 税務判例総合検索（国税不服審判所裁決含む）（収録件数：29,309 件）

明治 24 年以降の税務判例及び国税不服審判所裁決事例をフルテキストで収録

そのほか、「知的財産権判例検索」、「交通事故判例検索」、「医療判例検索」のデータベースが個別に用意されています。

ⅲ）LEX ニュース・レター

必要なキーワード等を事前に予約し、新着の判例が収録されるたびに、電子メールとホームページ上にて新着案内するクリッピング・サービス

② 行政機関等（審決・裁決）データベース

行政機関が公開している審決及び裁決をデータベースとして収録。「国税不服審判所裁決」・「特許庁審決」・「公正取引委員会審決」の検索が可能

◇ 国税不服審判所裁決検索（収録件数：2,975 件）
◇ 特許庁審決検索（収録件数：359,105 件）
◇ 公正取引委員会審決検索（収録件数：3,287 件）

③ 要旨データベース

◇ 税務判例要旨検索（国税不服審判所裁決含む）（収録件数：61,065 件）

明治 26 年以降の税務判決及び国税不服審判所の裁決事例を、TKC 税務研究所がわかりやすく要約したもの。税法自体の解釈部分や、各措置における法的判断を明確にし、論点をめぐる必要最小限の要点を網羅

④　Q&A データベース（収録件数：9,993 件）
　◇　税務 Q&A 検索
　　現実に起こり得る税務事例を取り上げ、質問に対する回答と詳細な解説を提供。また、結論を導くための関連法令、及び根拠となる判例・裁決事例等の紹介を収録

(2) 更新サイクル
　日次更新（営業日のみ 1 日 1 回更新）

(3) 提供価格（平成 25 年 8 月末現在）
　「TKC ローライブラリー」基本サービスセットは、1 ID 14,000 円（月額・税別）からご利用になれます。LEX/DB はこのサービスのセットコンテンツです。
　このサービスは、次のコンテンツから構成されています。
《構成コンテンツ》
　①　LEX/DB インターネット（判例）
　②　新・判例解説 Watch（ロージャーナル）
　③　公的判例集データベース（判例）
　④　Super 法令 Web（法令・過去改正履歴）
　⑤　法律文献総合 INDEX（文献情報）
　⑥　法律関係リンク集（リンク）
　⑦　日経四紙からの選りすぐり情報（ニュース）

※　なお、サービスの詳細は、下記の URL から確認することができます。
　→〔http://www.lawlibrary.jp/guide.html〕

(4) ブラウザ等
　Microsoft Internet Explorer 6.0 SP2 以上を推奨
　JavaScript、Cookie を使用可能に設定

(5) 主な検索機能

① フリーキーワード等による検索

1) フリーキーワード、2) 判決年月日、3) 裁判所名、4) 事件番号、5) 民刑区分、6) 法編、7) 法条、8) 裁判種別、9) 掲載文献名、10) 文献番号

② 税目による検索（税務判決要旨のみ）

(6) 主な参照・補助機能

① 税務判決要旨と判決全文及び判決の上下審など、関連する文献を相互に参照することが可能
② 判決全文中の「事実」、「理由」など、判決を読む上で重要な部分にジャンプ可能
③ 関連する図表情報の参照が可能
④ 引用している判例・引用されている判例の相互リンクが可能
⑤ 文献内を任意の文字列で検索可能

3　詳細の問い合わせ先

株式会社TKC東京本社　リーガルデータベース営業本部
TEL：(03) 3235-5639　FAX：(03) 3235-5649
ホットライン：0120-114-094（9:00〜17:00 土・日・祝日除く）

■ TKC会員向けサービスのご案内

　TKC会員事務所については、TKC全国会ネットワーク「ProFIT」スタンダードコースをご利用の場合は、「LEX/DB」は利用サービスに含まれています。

　また、「TKC会計・税務法令データベース」、「TKC税研情報」、中央経済社『税務弘報』、同『企業会計』等と連携して便利に利用できる「TKCローライブラリー」（TKC会員用）※は、1 ID 5,000円（月額・税別）、追加ID 2,500円（月額・税別）でご利用になれます。

第 4 章　判例の読み方

※　「TKC ローライブラリー」(TKC 会員用)の収録コンテンツ及び申込については、ProFIT メニューの「リーガルデータベース」をご参照下さい。

索引

ア

- 後引き ……………………………… 82
- あわせ審理 ………………………… 277
- and/or 的用法 …………………… 145

イ

- 以下 ………………………………… 159
- 以外 ………………………………… 163
- 違憲立法審査権 …………………… 305
- 以後 ………………………………… 161
- 以上 ………………………………… 159
- 以前 ………………………………… 161
- 著しく ……………………………… 210
- 一般的効力説 ……………………… 305
- 一般的法命題 ………………… 296、321
- 一般法 ………………… 32、37、76、84
- 一般名称 …………………………… 8
- 一方上訴 …………………………… 287
- 偽りその他不正の行為 …………… 215
- 以内 ………………………………… 161
- 委任命令 ………………… 21、23、87
- 違法性の承継 ……………………… 275
- 違法性の判断時点 ………………… 286
- 隠ぺい又は仮装 ……………… 215、218

ウ

- 疑わしきは国庫の利益に ………… 78
- 疑わしきは納税者の利益に ……… 78
- 訴えの対象 ………………………… 275
- 訴えの利益 ………………………… 274
- 運用違憲 …………………………… 306

オ

- おおむね …………………………… 215
- 乙号証 …………………………… 280、362
- 及び ………………………………… 145

カ

- 会計法 ……………………………… 38
- 解釈規定 …………………………… 53、55
- 解釈通達 …………………………… 88
- 解釈の放棄 ………………………… 78
- 価格 ………………………………… 204
- 価額 ………………………………… 204
- 係る ………………………………… 169
- かかわらず ………………………… 197
- 各号列記 …………………………… 96
- 各号列記以外の部分 ……………… 97
- 各税法 ……………………………… 84
- 拡張解釈 …………………………… 65
- 確認規定 …………………………… 48、55
- 確立した判例 ………………… 302、303
- 学理的解釈 ………………………… 50、57
- 課税要件 …………………………… 22
- かつ ………………………………… 202
- かっこ書 ……………………… 96、98、100
- 仮定の条件 ………………………… 151
- 「…から」 ………………………… 163
- 「…から…まで」 ………………… 163
- 関する ……………………………… 169

キ

- 期間 ………………………………… 205
- 期間の計算 …………………… 164、207
- 棄却 ………………………………… 288
- 期限 ………………………………… 205
- 期限の特例 ………………………… 4
- 期日 ………………………………… 205
- 規則 ………………………………… 24
- 既判力 ………………… 288、289、319
- 義務付けの訴え …………………… 272
- 却下 ………………………………… 288
- 吸収説 ……………………………… 277
- 旧税法 ……………………………… 36
- 旧ドイツ租税調整法 ……………… 50
- 旧方式 ……………………………… 312
- 強行規定 …………………………… 47
- 強制調査 …………………………… 44
- 行政解釈 …………………………… 56

369

行政事件訴訟法 …………………… 38	効力規定 …………………………… 46
行政処分 …………………… 270、271	超える ……………………………… 159
行政先例 ……………………… 27、87	告示 ………………………………… 22
行政手続法 ………………………… 38	国税収納金整理資金に関する法律 … 38
行政不服審査法 …………………… 38	国税徴収法 ………………………… 37
共通法 ……………………… 32、36、84	国税通則法 ………………………… 84
共通法規 …………………………… 13	国税犯則取締法 …………………… 37
	国内法 ……………………………… 25

ク

靴、草履の外、昇るべからず …… 61、73	この限りでない …………………… 181
句点 ………………………………… 110	個別具体説 ………………………… 285
句読点 ……………………………… 110	個別具体的な名称 ………………… 8
訓示規定 …………………………… 46	個別税法 …………………… 13、32、37
	個別的効力説 ……………………… 305

ケ　　　　　　　　　　　　　サ

経過した日 ………………………… 165	災害減免法 ………………… 37、86
経過する日 ………………………… 165	罪刑法定主義 ……………………… 60
形式的確定力 ……………… 271、288、289	裁決 ………………………………… 28
形成力 ……………………… 289、319	裁決の取消しの訴え ……………… 271
決定 ………………………… 266、287	裁判管轄 …………………………… 277
結論命題 …………………… 294、296、321	裁判官独立の原則 ………………… 304
原告適格 …………………………… 276	裁判規範 …………………………… 284
検索方法 …………………………… 91	裁判所ウェブサイト ……………… 311
現状 ………………………………… 205	裁判の形式 ………………………… 287
原状 ………………………………… 205	裁判の種類 ………………………… 266
原処分中心主義 …………… 271、273	差止めの訴え ……………………… 273
憲法秩序帰納説 …………………… 285	妨げない …………………………… 182
憲法判断 …………………………… 304	算式 ………………………………… 135

コ　　　　　　　　　　　　　シ

後 …………………………………… 161	時期 ………………………………… 205
行為規範 …………………………… 284	時機に後れた攻撃防御方法 ……… 283
甲号証 ……………………… 280、362	施行 ………………………………… 220
抗告訴訟 …………………………… 270	事実 ………………………………… 312
控訴 ………………………………… 287	事実関係 …………………………… 316
拘束力 ……………………… 270、289、319	事実審 ……………………………… 307
後段 ………………………………… 96	事実認定 …………………………… 320
公定解釈 …………………………… 56	事実の確定 ………………………… 89
公定力 ……………………………… 270	事情判決 …………………………… 288
口頭弁論 …………………… 266、279、287	執行力 ……………………… 271、289
公平の原則 ………………………… 17	実質課税 …………………………… 48
後法は、前法を破る ……………… 77	実質課税の原則 …………… 60、218
後法優越の原理 …………………… 77	実質主義 …………………………… 17

実質的確定力	271、288
実施命令	21、23、87
質問検査権	55
してはならない	180
釈明権	280
借用概念	59
射程範囲	295、308、315、319、321、322、327
事由	199
重加算税	215
終局判決	287
自由裁量	19
修飾句	96、98、106
従文	95、104、116
重要な事実	269、296、308、315、316、319
縮小解釈	67
主語	96
趣旨解釈	43、44
趣旨規定	53、55
述語	96
出訴期間	277
主文	95、104、116、312
主要構文	95
準ずる	186
準用	321
準用する	183
上下一対	109
条件句	96、98、103
上告	287
上告受理申立て	287
上告理由（趣意）書	310、317
上告理由の制限	304
証拠収集手続	279
証拠調べ	283
証拠方法	283
少数意見	294
上訴	287、305
消費税簡易課税制度選択届出書	4
条文を当たる	6
条文に当たる	6、91、256
条文の単純化	98
条文の特色	94
条文見出し	83、91

情報通信技術利用法	38、86
条約	24
省令	21、23
条例	24
書誌情報	311、325
職権探知主義	284
処分の存在	274
処分の取消しの訴え	270
自力執行権	16
親族	59
新方式	313
審理の対象	280
審理不尽	78

ス

随時提出主義	280
推定する	174
すみやかに	187
する	175
することができない	180
することができる	178
（する）ものとする	176

セ

請求の原因	278
請求の趣旨	278
制定法	26
正当な理由	18、199
成文法	41
税法学	15
税法の構成	13、30
税務訴訟	270
政令	21、23
節税対策	218
前	161
選択的接続	137
前段	97

ソ

総額主義	280
創設規定	48
争点	269、308、316
争点主義	280

371

争点整理手続	279	通達課税	20
争点中心主義	282	強い判例	302、324
争点に対する判断	308		

テ

相当の	19、212	定義規定	53、99
相当の理由	201	丁号証	362
双方上訴	287	適時提出主義	280
訴訟費用	314	適法性推定説	284
訴訟要件	274	適用	220
訴状	278	適用違憲	306
租税回避行為	218	適用する	183
租税救済法	30	「…で…するもの」	106
租税債権債務関係	15	撤回	208
租税実体法	30	「…で…もの」	113、156
租税条約実施特例法	86	「…で、…もの」	113、158
租税処罰法	30	電子帳簿保存法	38、86

ト

租税手続法	30	「…等」	220
租税特別措置法	36、86	統一解釈	56
租税法律主義	16、18、48、75、201	当該	7、171
その	171	当事者主義	283
その他	166	当事者訴訟	273
その他の	166	同族会社の行為計算否認	218

タ

		統治行為の理論	306
滞調法	37	読点	111
代表例	98	当分の間	191
襷掛け	143、150	同様とする	186
ただし書	96	とき	151、153
直ちに	187	時	153、191
脱税犯	215	特別な事情	201
単一租税制度	13	特別の定め	192
段階説	277	特別法	32、37、76、84
段階的用法	139、146	特別法優先の原理	76、85
単なる計算期間	208	ところ	154

チ

		「…とする」	175
遅滞なく	187	「…と…と」	202
地方税	36	取消し	208
地方税法	25		

ナ

ツ

対句	109	内	161
通常必要である（でない）	214	内閣法制局	57
通達	28	なお従前の例による	193

| なおその効力を有する ……… 193
| 中点 ……………………………… 114
| 並びに …………………………… 145

ニ

「…に掲げる」 ………………… 196
「…に規定する」 ……………… 194
二国間の租税条約 ……………… 25
「…に定める」 ………………… 196
「…により」 …………………… 170
任意規定 ………………………… 47
任意的口頭弁論 ………………… 287
認容 ……………………………… 288

ノ

「…の…」 ……………………… 194
「…のうち…」 ………………… 107
「…の規定にかかわらず」 …… 181
「…の規定による」 …………… 194
「…の際」 ……………………… 191
「…のほか」 …………………… 197

ハ

場合 ……………………………… 151
配偶者 …………………………… 59
柱書 ……………………………… 97
パチンコ球遊器 ………………… 20
判決 ……………………… 266、287
判決主文 ………………………… 268
判決書 …………………… 287、312
判決の確定 ……………………… 288
判決理由 ………………………… 268
判決（例）要旨 ………… 268、290
万国条約 ………………………… 25
判旨 …………………… 268、308、319
判示事項 ………………… 268、290
反訴 ……………………………… 287
反対意見 ………………………… 294
反対解釈 ………………………… 68
判例 … 9、16、26、263、267、292、308、312
判例の活用 ……………………… 323
判例の働き ……… 292、300、303、304
判例の類推 ……………………… 321

判例変更 ………………………… 299
判例法 ……………… 16、26、267、303
判例予測 ………………………… 320
判例理論 ………………………… 321

ヒ

東日本大震災臨特法 …………… 86
非課税貯蓄申告書 ……………… 24
被告適格 ………………………… 276
必要的口頭弁論 ………………… 287
評価通達 ………………………… 19

フ

不確定概念 ……………… 18、28、201
賦課権の除斥期間 ……………… 217
不可争力 ………………………… 271
不可変更力 ……………………… 271
複数租税制度 …………………… 13
不作為の違法確認の訴え ……… 272
付す ……………………………… 171
不相当に ………………………… 19、212
附則 ……………………………… 86
附帯上訴 ………………………… 287
物納申請書 ……………………… 7
不適当 …………………………… 19
不当に …………………………… 19、212
不服申立前置 …………………… 276
文書提出命令 …………………… 279
紛争解決の一回性 ……………… 281
文理解釈 ………………… 50、57、61

ヘ

丙号証 …………………………… 362
併合審理 ………………………… 277
併合的接続 ……………………… 146
並列的例示 ……………………… 167
別段の定め ……………………… 192
経る ……………………………… 171
変更解釈 ………………………… 52、68
変更適用 ………………………… 185
弁護士報酬 ……………………… 279
弁論主義 ………………………… 283

373

ホ

包括的例示 …………………………… 166
法規裁量事項 …………………………… 19
法規的解釈 …………………………… 53
法源 …………………………………… 16
法的安定性 …………………………… 18
法律解釈 ……………………………… 320
法律上の論点 … 269、293、294、308、317、319
法律審 ………………………………… 307
法律要件分類説 ……………………… 284
法令解釈通達 ………………………… 4
法令データ提供システム ……………… 92
法令の形式的効力の原理 ……………… 75
法令の所管事項の原理 ………………… 75
法令の発見 ……………………… 14、90
傍論 …………………………………… 293
補佐人 ………………………………… 264
補足意見 ……………………………… 294
本則 ……………………………………… 37
本文 ……………………………………… 98

マ

又は …………………………………… 137

ミ

みなす ………………………… 53、174
みなす規定 …………………………… 54
未満 …………………………………… 159
民事訴訟費用等に関する法律 ………… 279

ム

無効 ……………………………… 208、274
無効等確認の訴え ……………………… 272

メ

命令 …………………………… 266、287

モ

目次 …………………………… 82、91
目的規定 …………………………… 53、55
目的論的解釈 ………………………… 50、57

文字解釈 …………………………… 50、57
若しくは ……………………………… 137
もち論解釈 ……………………………… 72
基づき ………………………………… 170
者 ……………………………………… 155
物 ……………………………………… 155
もの …………………………………… 155

ヤ

やむを得ない事情 …………………… 199
やむを得ない理由 ……………… 18、199

ユ

有権解釈 ……………………………… 56
郵送 ……………………………………… 7
輸徴法 …………………………… 37、86

ヨ

予測可能性 ……………………… 16、18
読替規定 ……………………………… 183
余論 …………………………………… 293
弱い判例 ………………………… 302、324

リ

利益の侵害 …………………………… 275
立証責任 ………………… 23、78、284
立法解釈 ……………………………… 53
立法技術 ……………………………… 109
理由 …………………………… 199、312
理由付け命題 ………………………… 294
理由の差替え …………………… 280、282

ル

類推解釈 ……………………………… 69
類する ………………………………… 186

レ

例とする ……………………………… 185
例による ……………………………… 185
LEX/DB ………………………… 309、363
連帯納付義務 ………………………… 82

ロ

論理解釈 …………………… 50、57、64

■著者：伊藤義一(いとうよしかず)

〔略　歴〕

昭和9年10月	三重県に生まれる。
昭和36年	税務講習所高等科（現税務大学校本科）卒
昭和37年	大蔵省（現財務省）主税局
昭和51年～58年	大蔵省（現財務省）主税局税制第三課課長補佐
昭和59年	山梨税務署長
平成2年	藤沢税務署長
平成3年	関東信越国税不服審判所・審判第二部長
平成4年	高松国税不服審判所長
平成5年	退官　税理士登録　ＴＫＣ税務研究所入所
平成6年～11年	(株)ＴＫＣ取締役（ＴＫＣ税務研究所副所長）
平成6年～現在	ＴＫＣ全国政経研究会政策審議委員
平成10年～15年	東京経済大学講師（租税法）
平成14年～現在	ＴＫＣ租税判例研究会指導講師
平成15年～17年	麗澤大学大学院客員教授
平成16年～現在	ＴＫＣ・中央大学クレセント・アカデミー講師
平成16年	瑞宝小綬章受章
平成19年4月	松蔭大学大学院教授
	現在に至る

〔主　著〕

『会社税務釈義』（第一法規）（共著）
『企業再編の税務』（第一法規）（共著）
『TAX&LAW会社税務の実務』（第一法規）（共著）
『コンメンタール所得税法』（第一法規）（共著）
『コンメンタール消費税法』（第一法規）（共著）
『コンメンタール国税通則法』（第一法規）（共著）
『国税通則法精解』（大蔵財務協会）（共著）
『国税徴収法精解』（大蔵財務協会）（共著）
『租税救済』（新日本法規出版）（共著）
『税理士の民事責任とその対応策』（新日本法規出版）
『租税法［新版］』（有斐閣）（共著）
『仮登記担保法と実務』（金融財務）（共著）
『新編不動産登記法』（三省堂）（共著）
その他論文多数

税法の読み方　判例の見方

1999年3月4日	第1版第1刷
2007年8月3日	改訂新版第1刷
2014年2月24日	改訂第三版第1刷

定価（本体2,400円＋税）

著　者	伊藤　義一
発行者	石岡　正行
発行所	株式会社ＴＫＣ出版

〒102-0074　東京都千代田区九段南4-8-8
日本YWCA会館4F　TEL03(3239)0068

印刷・製本	東京ラインプリンタ印刷株式会社
制作協力	株式会社ぺぺ工房

ⓒYoshikazu Ito 2014　Printed in Japan
落丁・乱丁本はお取り替えいたします。
ISBN 978-4-905467-15-1